PRAXISBUCH ZIMMERPFLANZEN

PRAXISBUCH ZIMMERPFLANZEN

JANE COURTIER

Die Deutsche Bibliothek –
CIP-Einheitsaufnahme
Praxisbuch Zimmerpflanzen / Jane Courtier
[Übers.: Helene Weinold-Leipold. Ill.: David
Ashby ; Linden Artists ; Lynn Chadwick ;
Kuo Kang Cheng]. – München : Augustus-
Verl., 1999
Einheitssacht.: Praxisbuch Zimmerpflanzen
<dt.>
ISBN 3-8043-7176-0

Titel der englischen Originalausgabe:
HOUSEPLANT GENIUS
Copyright © Team Media Ltd. 1999
Redaktion: Antonia Cunningham,
Gwen Rigby, Fiona Plowman
Layout: Frances de Rees, Thomas Keenes,
Max Newton, Zoe Quayle
Bildredaktion: Sarah Moule
Illustrationen: David Ashby, Linden Artists,
Lynn Chadwick, Kuo Kang Chen
Fotos: A. Crawford, C. King, C. Tatham
Design: Eljay Yildirim

Augustus Verlag München 1999
© Deutsche Ausgabe: Weltbild
Ratgeber Verlage GmbH & Co. KG

Realisation der deutschen Ausgabe: Thema
Produktmarketing und Werbung GmbH,
Fullservice für Buchverlage, München
Projektleitung & Redaktion: Kerstin Uhl
Übersetzung: Helene Weinold-Leipold
Consultant: Dr. Ehrentraud Bayer
Umschlagfoto: Augustus Verlag/Archiv
Umschlaggestaltung: Vera Faßbender,
Augustus Verlag
Reproduktion: Repro Ludwig, Zell a. See
Druck & Bindung: Druckerei Appl, Wemding
Gedruckt auf chlorfrei gebleichtem Papier
Printed in Germany
ISBN 3-8043-7176-0

Alle Rechte vorbehalten. Kein Teil dieses Buches darf ohne ausdrückliche Genehmigung des Verlages reproduziert, vervielfältigt oder übertragen werden. Dies gilt auch für elektronische Medien. Es ist nicht gestattet, Abbildungen dieses Buches zu scannen, in PCs oder auf CDs zu speichern oder in PCs/Computern zu verändern oder einzeln oder zusammen mit anderen Bildvorlagen zu manipulieren, es sei denn mit Genehmigung des Verlages.

INHALT

EINFÜHRUNG 6

KAPITEL 1
LEXIKON DER ZIMMERPFLANZEN 10

GRÜNPFLANZEN 12

BUNTLAUBIGE BLATTPFLANZEN 46

BLÜTEN- UND FRUCHTPFLANZEN 76

KAKTEEN UND
ANDERE SUKKULENTEN 130

KAPITEL 2
MIT PFLANZEN LEBEN 144

DER STANDORT 146

DIE RICHTIGE PFLANZE
AM RICHTIGEN PLATZ 150

PFLANZEN ARRANGIEREN 154

KAPITEL 3
PFLANZENPFLEGE 156

PFLANZGEFÄSSE 158

SUBSTRATE UND UMTOPFEN 160

GIESSEN 164

DÜNGEN 166

SCHNEIDEN 168

STÜTZEN 169

PFLANZEN VERMEHREN 170

SPEZIELLE KULTURVERFAHREN 174

KAPITEL 4
ERSTE HILFE FÜR ZIMMERPFLANZEN 176

SO BLEIBEN PFLANZEN GESUND 178

SCHÄDLINGE 182

KRANKHEITEN 184

SYMPTOME, URSACHEN UND
BEHANDLUNG AUF EINEN BLICK 186

REGISTER 188

DANKSAGUNG 192

EINFÜHRUNG

NUR WENIGE MENSCHEN können sich dem Zauber von Zimmerpflanzen entziehen. Wie stilvoll ein Raum auch eingerichtet sein mag – eine Pflanze belebt ihn mehr als jede andere Dekoration. Das liegt vor allem daran, daß eine Pflanze lebt und auf unsere Pflege reagiert. Die Pflanze wächst, entwickelt und verändert sich im Lauf der Jahreszeiten – und gerade das macht sie zu etwas ganz Besonderem. Statistiken beweisen, daß von Jahr zu Jahr mehr Zimmerpflanzen gekauft werden.

Verwirrende Vielfalt

Die Auswahl an Pflanzen im Handel ist geradezu überwältigend. Da gibt es üppige Blattpflanzen, die ein wenig von der dunstigen Atmosphäre des Dschungels oder der tropischen Regenwälder, ihrer eigentlichen Heimat, verbreiten. Bizarr geformte Kakteen wiederum erinnern an Wüsten und sengende Sonne. Kletter-, Hänge- und Rankpflanzen, aber auch Baumformen stehen zur Wahl. Manche Pflanzen muß man beinahe zum Blühen zwingen, während andere sich Woche für Woche mit einem reichen Flor reizender kleiner Blüten schmücken und dabei kaum Pflege brauchen. Es gibt große und ausladende, aber auch winzige und kompakte Pflanzen, Gewächse, denen der hellstmögliche Standort am liebsten ist, und andere, die schon beim geringsten Sonnenstrahl welken. Manche Pflanzen sehnen sich nach konstanter Wärme, andere hingegen stehen lieber in einem kühlen, luftigen Raum. Angesichts einer so breiten und verwirrenden Auswahl überrascht es nicht, daß wohl jeder von uns schon einmal einen Fehlkauf getan hat. Ahnungslos kaufen wir eine Pflanze, deren Ansprüchen wir gar nicht gerecht werden können, oder wählen eine Art aus, die sehr viel mehr Erfahrung erfordert, als wir mitbringen. Vielleicht kaufen wir eine Pflanze für einen ganz bestimmten Platz in der Wohnung – um nach kurzer Zeit festzustellen, daß

Einführung 7

Links: Oft läßt sich nur schwer feststellen, warum eine ursprünglich gesunde Pflanze welkt und kränkelt. Im Kapitel „Erste Hilfe für Zimmerpflanzen" (ab Seite 176) finden Sie unter anderem eine Übersicht mit Illustrationen und Beschreibungen der wichtigsten Krankheiten und Schädlinge, die Ihnen die entsprechende Diagnose erleichtert.

sie bei weitem zu groß für den vorgesehenen Standort geworden ist. Und dann gibt es immer wieder Pflanzen, die ohne erkennbaren Grund absterben, obwohl wir unser Bestes gegeben haben.

So nutzen Sie dieses Buch richtig

Dieses Buch soll Ihnen helfen, Fehler – und die daraus resultierenden Enttäuschungen – bei der Pflege von Zimmerpflanzen zu vermeiden. Wenn Sie erst einmal die grundlegenden Bedürfnisse einer Pflanze kennen und wissen, wie Sie bei sich zu Hause entsprechende Bedingungen schaffen können, werden Sie auch all jene Faktoren besser begreifen, die darüber entscheiden, ob Zimmerpflanzen gedeihen oder kränkeln. Das Lexikon der Zimmerpflanzen stellt mehr als 250 Arten mit all ihren Vorlieben und Ansprüchen vor, so daß Sie sich bei Ihrem nächsten Ausflug zum Gartencenter schon erheblich sicherer fühlen werden.

Wagen Sie ruhig das eine oder andere Experiment! Wenn eine spezielle Pflanzenart Sie reizt, Sie sich jedoch nicht sicher sind, ob Ihre Erfahrung ausreicht, versuchen Sie es einfach! Pflanzen überraschen uns bisweilen, indem sie unter Bedingungen gedeihen, die jeder Experte für völlig ungeeignet halten würde. Wir sollten uns angewöhnen, Topfpflanzen wie Blumensträuße zu be-

Links: Obwohl es oft schwierig ist, Pflanzen zu finden, die in düsteren Ecken wachsen, gedeihen doch einige Arten an Stellen mit konstant diffusem Licht, wie es beispielsweise durch ein Dachfenster fällt.

Rechts: Für ein Fensterbrett, das fast den ganzen Tag in der prallen Sonne liegt, sollten Sie Pflanzen wählen, die in der Natur unter ähnlichen Bedingungen wachsen: Kakteen und andere Sukkulenten wie z. B. Aloe-Arten.

trachten – zumal zwischen beiden kaum noch Preisunterschiede bestehen. Wenn Schnittblumen zu welken beginnen, werfen Sie sie weg, ohne einen Gedanken daran zu verschwenden. Ein, zwei Wochen hatten Sie Ihre Freude daran – damit hat sich die Anschaffung schon gelohnt. Wenn eine Topfpflanze Sie ebenso lang erfreut, sollte Ihnen das auch genügen. Falls es Ihnen gelingt, sie länger zu erhalten, können Sie das als Glücksfall betrachten und sich selbst zu Ihrem grünen Daumen beglückwünschen.

Vor allen Dingen sollten die Pflanzen Ihnen aber Freude bereiten. Ganz sicher ist diese Freude um so größer, je besser sie sich unter Ihrer Pflege entwickeln. Lesen Sie also weiter – dann sind auch Sie bald ein echter Zimmerpflanzen-Experte.

LEXIKON DER ZIMMERPFLANZEN

Das Lexikon der Zimmerpflanzen umfaßt vier Abschnitte: Grünpflanzen, Buntlaubige Blattpflanzen, Blüten- und Fruchtpflanzen sowie Kakteen und andere Sukkulenten. In jedem dieser Abschnitte sind die Pflanzen alphabetisch nach ihren botanischen Bezeichnungen und mit ihren deutschen Populärnamen aufgeführt.

Grünpflanzen
Das ständige Herzstück jedes Zimmergartens

Buntlaubige Blattpflanzen
Farbe und Abwechslung das ganze Jahr hindurch

Blüten- und Fruchtpflanzen
Glanzvolle Blickpunkte für jede Saison

Kakteen und andere Sukkulenten
Pflegeleichte Originale für Vielbeschäftigte

Links: Wenn Sie Ihre Pflanze nach Hause gebracht und an den geeignetsten Platz gestellt haben, braucht sie Nährstoffe. Im Kapitel „Pflanzenpflege" (ab Seite 156) lesen Sie Schritt für Schritt, was Sie über das Gießen, Düngen, Beschneiden, Stützen und Aufbinden Ihrer Pflanzen wissen müssen.

Rechts: Das Kapitel „Pflanzenpflege" liefert Ihnen auch Informationen über die Auswahl von Töpfen und Substraten. Sie erfahren alles über das Umtopfen nach der Wachstumsphase und lernen alle Techniken der Vermehrung von Pflanzen sowie spezielle Kulturmethoden kennen.

SO VERWENDEN SIE DAS LEXIKON DER ZIMMERPFLANZEN

Jeder Eintrag nennt zunächst den botanischen Namen der Pflanze. In Einzelfällen erscheint dahinter der Sortenname in einfachen Anführungszeichen. Darunter steht der deutsche Populärname. Wenn Sie die botanische Bezeichnung nicht kennen, können Sie den deutschen Namen im Register nachschlagen und werden dort auf den richtigen Eintrag verwiesen. Im Lexikon finden Sie zu jeder Pflanze eine kurze Beschreibung, aber auch Pflegetips und weitere Hinweise.

Wissenschaftliche, weltweit gültige Bezeichnung und deutscher Populärname.

Jedes Kapitel des Lexikons ist mit einem eigenen Farbbalken gekennzeichnet.

Spezielle Hintergrundmotive erleichtern es Ihnen, das richtige Kapitel zu finden.

Pflegesymbole zeigen, welche Ansprüche die Pflanze stellt (Näheres siehe unten).

Der Text beschreibt die Pflanze sowie Sorten und verwandte Arten.

Tips zu Wachstum und Pflege der jeweiligen Pflanze sind durch Punkte markiert.

Die Pflanzen werden in der Größe gezeigt, in der sie verkauft werden.

Pflegesymbole

Die Symbole in den Kästchen am Anfang der Pflanzenporträts nennen Ihnen die Ansprüche der Pflanze an Licht, Feuchtigkeit und Temperatur und liefern Hinweise, welche Größe die Pflanze im Zimmer erreichen kann. Falls die Pflanze je nach Saison unterschiedliche Anforderungen stellt, sind Symbole für den Sommer und solche für den Winter angegeben.

GRÖSSE: Sehr groß, Groß, Mittelgroß, Klein

LICHT: Volle Sonne, Hell, indirekte Sonne, Halbschatten, Schatten

WASSER: Häufig, Maßvoll, Wenig

TEMPERATUR: Warm, Mittel, Kühl

1

LEXIKON DER ZIMMERPFLANZEN

GRÜNPFLANZEN

♦

BUNTLAUBIGE BLATTPFLANZEN

♦

BLÜTEN- UND FRUCHTPFLANZEN

♦

KAKTEEN UND ANDERE SUKKULENTEN

GRÜN-PFLANZEN VON A BIS Z

BLATTPFLANZEN stellen das Gerüst eines Zimmergartens dar. Diese – mit wenigen Ausnahmen – immergrünen Pflanzen sehen das ganze Jahr über dekorativ aus. Ihre Blätter unterscheiden sich meist deutlich in Größe, Form, Gestalt und Zeichnung. Panaschierte und buntlaubige Blattpflanzen werden in einem eigenen Kapitel behandelt, doch auch unter den grünblättrigen Pflanzen läßt sich für jeden Geschmack und nahezu jeden Standort eine große Vielfalt an Formen und Schattierungen finden.

Adiantum raddianum
Frauenhaarfarn

 Diese zarte Pflanze hat hellgrüne, mehrfach gefiederte Wedel an gebogenen, drahtigen, schwarzen Stielen. Im Handel findet man viele Sorten, zum Beispiel die kräftige, vitale 'Fragrantissimum' und 'Fritz Luthi', die sich durch eine dichte, attraktive Wuchsform auszeichnet. Seltener werden 'Double Leaflet' mit ihrem sehr fein geteilten Blattwerk und 'Pacotii', eine Sorte mit dichtstehenden und überlappenden Blättchen, angeboten.
- *Stellen Sie den Topf auf feuchte Kiesel und besprühen Sie die Pflanze zweimal täglich mit Wasser.*
- *Die zarten Blätter werden bei direkter Sonneneinstrahlung versengt.*
- *Vermehrung durch vorsichtiges Teilen der Wurzelstöcke.*

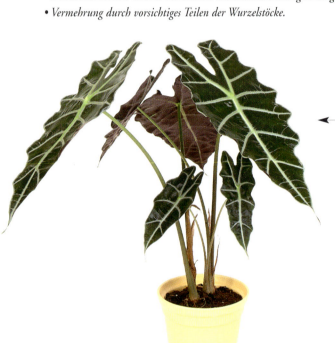

Alocasia x amazonica
Alokasie

 Die Blätter der Alokasie sind wie eine Pfeilspitze geformt und sitzen an langen Stielen. Das glänzende Dunkelgrün der Blattfläche steht in Kontrast zu den hellgrünen oder silbrigen Adern und dem wellenförmigen Rand. In der Wachstumsperiode benötigt die Pflanze hohe Luftfeuchtigkeit und konstante Wärme.
- *Im Winter seltener gießen. Halten Sie die Pflanze gut feucht, aber vermeiden Sie Staunässe.*
- *Besprühen Sie die Blätter in der Wachstumsperiode mit klarem Wasser.*

Anthurium crystallinum
Flamingoblume

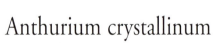

 Blühende *Anthurium*-Arten und -Hybriden werden öfter angeboten als *Anthurium crystallinum*, das nur wegen seines Blattwerks gezogen wird. Die weichen, dunkel- bis olivgrünen Blätter sind von silbernen Adern durchzogen. Sie sind oval oder herzförmig und können bis zu 30 cm lang werden. *Anthurium crystallinum* ähnelt *Alocasia x amazonica*.
- *Stellen Sie den Topf auf feuchte Kiesel.*
- *Schützen Sie die Blätter vor direkter Sonneneinstrahlung.*
- *Halten Sie die Pflanze von Ventilatoren oder Heizkörpern fern.*
- *Im Winter sparsamer gießen.*
- *Besprühen Sie die Blätter im Sommer täglich.*

Asparagus densiflorus
Zierspargel

Asparagus ähnelt mit seinen hellgrünen und nadelförmigen „Blättern" einem Farn. Die drahtigen Stengel der Sorte 'Sprengeri' wachsen in anmutigen Bögen, so daß sie in einer Ampel oder einem Hängekorb am besten zur Geltung kommen. Die Sorte 'Meyeri' hat aufrechte Stengel mit dichtstehenden spitzen Blättern, die der Pflanze Ähnlichkeit mit mehreren Fuchsschwänzen verleihen.

- *Falls das Substrat austrocknet oder die Luftfeuchtigkeit zu niedrig ist, werden die Blättchen gelb und fallen bei der geringsten Berührung ab.*
- *Vermehrung durch Teilen der Wurzeln im Frühjahr oder im Sommer.*
- *Aus unscheinbaren weißen oder hellrosafarbenen Blüten entstehen mitunter rote Beeren.*

Aspidistra elatior
Schusterpalme, Schildblume

In England trägt die Schusterpalme den Populärnamen „Gußeisenpflanze", da sie überaus robust ist und mit ganz unterschiedlichen Bedingungen zurechtkommen kann. Ihre lanzettförmigen Blätter können bis zu 45 cm lang werden; sie sind dunkelgrün und entwickeln sich aus langen Stengeln, die direkt dem Rhizom entspringen. Die Blätter der Sorte 'Variegata' sind unregelmäßig weiß oder gelblich gestreift. Diese Sorte ist zwar sehr hübsch anzusehen, aber auch weitaus schwieriger zu pflegen als ihre grüne Verwandte.

- *Die Schusterpalme wächst sowohl an schattigen als auch an hellen Standorten; direkte Sonneneinstrahlung ist zu vermeiden.*
- *Gelegentlich bringen einzelne Pflanzen grauviolette, fleischige und becherförmige Blüten hervor. Sie sind unscheinbar, entstehen direkt am Boden und bleiben im allgemeinen vom Blattwerk verborgen.*
- *Im Winter sparsamer gießen.*
- *Während der Wachstumsperiode alle zwei Wochen düngen.*

Asplenium nidus
Nestfarn, Streifenfarn

Die breiten, lanzettförmigen Wedel des Streifenfarns können mehr als 60 cm lang werden. Sie sind von einem frischen, glänzenden Grün mit einer auffälligen braunen Mittelrippe und leicht gewellten Rändern und bilden eine prachtvolle, trichterartige Rosette. Vor allem die jungen Blätter sind zart und können beschädigt werden, wenn man nicht aufpaßt.

Phyllitis scolopendrium, der Hirschzungenfarn, ist eine winterfeste Art. Die Pflanzen der *Crispum*-Gruppe zeichnen sich durch schön gewellte Blattränder aus und sind ideale Zimmerpflanzen für kühlere Standorte. *Asplenium bulbiferum* hat tief geschlitzte, herabhängende Wedel. Diese tragen Babypflanzen, die sich aus kleinen Knollen an den Blattspitzen entwickeln – eine besonders bei Kindern beliebte Zimmerpflanze.

- *A. nidus ist ein Epiphyt aus dem tropischen Regenwald: Die Pflanze wächst nicht am Boden, sondern im Geäst von Bäumen – daher auch ihr deutscher Name Nestfarn.*
- *Asplenium liebt hohe Luftfeuchtigkeit und sollte regelmäßig mit klarem Wasser besprüht werden.*
- *Keiner Zugluft aussetzen, sonst werden die Blattränder und -spitzen braun. Pflanzen Sie den Nestfarn in erdfreies Substrat.*

Blechnum gibbum
Rippenfarn

Im Lauf der Zeit sieht dieser Farn mit seinen harten, gefiederten Wedeln, die aus einem dunklen, schuppigen Rhizom heraus eine Rosette bilden, wie eine Palme aus. Zu Beginn der Entwicklung stehen die Wedel noch aufrecht und dicht. Gelegentlich sollten diese mit Wasser besprüht werden; allerdings kommt der Rippenfarn – anders als einige andere Arten – auch mit trockeneren Bedingungen zurecht.

- *Stellen Sie die Pflanze nicht neben einen Heizkörper – die Luftfeuchtigkeit ist dort zu niedrig.*
- *Pflanzen in der Wachstumsphase häufig gießen, aber Staunässe vermeiden. Im Winter etwas weniger gießen.*

Brassaia actinophylla
Strahlenaralie

Die Pflanze ist mit *Schefflera* verwandt und wird gelegentlich auch unter diesem Namen angeboten. Sie bildet einen relativ schlanken, aufrechten Stamm. Die langstieligen, wechselständigen Fiederblätter setzen sich aus ovalen, grünen Einzelblättchen zusammen, die wie die Speichen eines Schirmes angeordnet sind. Die Anzahl der Fiederblättchen pro Blatt kann je nach Alter der Pflanze von fünf bis mehr als ein Dutzend reichen. Mit der Zeit ähnelt die Strahlenaralie einem kleinen Bäumchen, wird dann allerdings oft unansehnlich. Als Zimmerpflanzen eignen sich in erster Linie jüngere Exemplare.

- *Versehen Sie die Pflanze mit einem Stab, der als Wuchshilfe dient.*
- *Schneiden Sie staksige Pflanzen auf drei oder vier Fiederblätter zurück – in den Blattachseln erscheinen innerhalb kurzer Zeit neue Triebe. Die Stammstecklinge können zwar zur Vermehrung verwendet werden, benötigen aber eine warme und feuchte Umgebung, um Wurzeln auszubilden.*

Callisia repens
Kallisie

Die kriechende Kallisie zeichnet sich durch fleischige Stengel und Blätter aus. Sie ist verwandt mit *Tradescantia* und ähnlich anspruchslos in der Pflege. Die dunkelroten Stengel von *C. repens* (links) sind von hellgrünen Blättchen übersät. *C. elegans* hat matte grüne Blätter mit weißen oder hellgrünen Streifen und einer purpurnen Unterseite. Beide Arten bilden 60–100 cm lange, kriechende Stengel aus und kommen in einer Ampel hervorragend zur Geltung.

- *Sobald ältere Pflanzen unansehnlich werden, können Sie diese durch Stecklinge ersetzen, die im Frühjahr und im Sommer problemlos Wurzeln bilden.*
- *Schneiden Sie die Triebspitzen regelmäßig, damit die Pflanze ihre buschige, kompakte Form behält.*

Caryota mitis
Fischschwanzpalme

Die buschigen, aufrechten oder leicht gebogenen Wedel dieser Palme bestehen aus dreieckig abgestumpften Blättchen. Ähnlich wie bei einem Farn sitzen sie an einem langen Blattstiel, der direkt aus der Erde entspringt. Die Fischschwanzpalme sieht zwar nicht so bezaubernd aus wie viele Farne, doch die robusten Blätter mit den breiten, flachen Fiederblättchen haben eine sehr charakteristische Form, die an einen angenagten Fischschwanz erinnert – daher der populäre Name. Die Pflanze kann bis zu drei Meter hoch und zwei Meter breit werden, wenn sie genügend Platz hat.

- *Obwohl* Caryota *helle Standorte bevorzugt, sollte sie in den heißesten Wochen des Jahres vor direkter Sonneneinstrahlung geschützt werden.*
- *Sorgen Sie für hohe Luftfeuchtigkeit und besprühen Sie die Pflanze immer wieder mit klarem Wasser.*
- *Pflanzen Sie die Palme regelmäßig in einen größeren Topf um.*

Chamaedora elegans
Bergpalme

Chamaedora, eine sehr beliebte und pflegeleichte Palme, wird auch noch unter ihrem alten Namen *Neanthe bella* verkauft. Die langen, gefiederten Blätter setzen sich aus einer Vielzahl mittel- bis dunkelgrüner, spitz zulaufender Blättchen zusammen. Unter optimalen Bedingungen wächst die Bergpalme rasch und bildet eine Gruppe von aufrechten Stämmchen mit weit überhängenden Fiederblättern. Die Pflanzen bringen blaßgelbe Blüten hervor, die für sich allein eher unscheinbar aussehen, zusammen aber eine attraktive Blütenrispe bilden.

- *Wenn Sie die Bergpalme als attraktiven Blickfang aufstellen möchten, sollten Sie sich eine mittlere oder größere Pflanze leisten, da billige, kleine Exemplare nur langsam wachsen.*
- *Besprühen Sie die Blätter regelmäßig mit klarem Wasser und stellen Sie den Topf auf einen Untersetzer mit feuchten Kieseln.*
- *Die Bergpalme ist, besonders wenn die Luft zu trocken ist, anfällig für Spinnmilben (siehe Seite 183). Wenn sich die Milben festgesetzt haben, trocknen die Blätter aus und bekommen Flecken. Die Pflanze blüht dann nicht mehr. Um einem Befall mit Spinnmilben vorzubeugen, sollten Sie ständig für hohe Luftfeuchtigkeit sorgen.*
- *Nur während der Wachstumsperiode düngen.*

Chrysalidocarpus lutescens
Goldfruchtpalme, Arecapalme

 Wie viele andere Palmen besticht auch die Goldfruchtpalme durch ihren Wuchs. Ihr an der Basis verzweigter Sproß bildet hellgrüne Stengelbüschel. Wegen der sichtbaren Blattansätze abgefallener Blätter erinnern ältere Stämme an Bambusstämme. Die gefiederten Blattwedel können bis zu 2 m lang werden. Sie bestehen aus vielen dunkelgrünen Fiederchen, die der Pflanze ein federartiges Aussehen verleihen.

- *Schützen Sie die Pflanze im Sommer vor direkter Sonneneinstrahlung.*
- *Die Blattspitzen und -ränder werden in trockener, heißer Luft rasch brüchig und welk.*
- *Setzen Sie gut entwickelte, mehrjährige Pflanzen in einen größeren Topf um.*
- *Nur während der Wachstumsperiode düngen.*

Cissus rhombifolia
Königswein, Königsklimme

 Der Königswein ist eine beliebte Zimmerpflanze ohne große Ansprüche, die auch unter ihrem früheren Artnamen *Rhoicissus rhomboidea* im Handel angeboten wird. Seine dreiteiligen, rautenförmigen Blätter sind dunkelgrün und weisen einen gezähnten Rand auf. *Cissus* ist eine Kletterpflanze, die sich mit ihren hellgrünen, an der Spitze gegabelten Sproßranken an allem festhält, was in ihre Reichweite gelangt. Der Königswein eignet sich als Ampelpflanze oder zum Begrünen eines Raumteilers. Er wächst sehr schnell – die Triebe ranken bald wirr durcheinander. Die Sorte 'Ellen Danica' (rechts) mit tief eingekerbten Blättern ist sehr beliebt. Junge Triebe sind mit seidigen Haaren bedeckt, was ihnen einen silbernen Schimmer verleiht.

Cissus antarctica, der Känguruhwein (auch Russischer oder Australischer Wein genannt), hat glänzende, ovale und leuchtendgrüne Blätter mit einem gesägten Rand. *Cissus discolor* ist ein sehr attraktiver Vertreter dieser Gattung: Seine Blätter tragen rosafarbene und silberne Zeichnungen. Er ist anspruchsvoller als andere *Cissus*-Arten und verlangt ganzjährig Wärme und hohe Luftfeuchtigkeit. *Cissus discolor* ist meist nur im Blumenfachhandel erhältlich.

- *Bieten Sie der Pflanze ein Spalier oder ein Gerüst aus schmalen Rohren als Kletterhilfe an.* Cissus antarctica *klettert rasch und bedeckt bald eine große Fläche.*
- *Schneiden Sie die Pflanze regelmäßig zurück, um ein allzu starkes Austreiben zu verhindern.*

Blattformen

Wie in anderen Gebieten des Pflanzenreiches gibt es auch unter den Zimmerpflanzen eine Vielzahl an unterschiedlichen Blattformen und -größen. Häufig ist es sogar allein die Form der Blätter, die die Attraktivität einer Pflanze ausmacht.

Der Botaniker unterscheidet Dutzende von Blattformen durch Begriffe wie umgekehrt lanzettlich, spatel- oder rautenförmig, die vielen Pflanzenfreunden oft nur wenig sagen. Aber selbst diese reichen nicht aus, um ein Blatt vollständig zu beschreiben. Es existieren Termini für die Größe der Blattspitzen, für die Blattbasis und für die Blattränder. Dennoch gibt es Pflanzen, deren Blattformen einzigartig für die jeweilige Gattung oder Art sind und die sich nicht in diese Typisierung einordnen lassen.

Blattgröße

Die Größe variiert von den winzigen Blättchen von *Soleirolia soleirolii* (Bubiköpfchen, Seite 73), die nur 2–3 mm breit werden, bis zu den großen Blättern von *Musa acuminata* (Bananenstaude, Seite 35) oder von *Philodendron bipinnatifidum* (Baumfreund, Seite 40), die mehr als ein Meter lang werden können.

Zu den verschiedenen Formen gehören die herzförmigen Blätter von *Epipremnum pinnatum* 'Aureum' (Efeutute, Seite 59), die spitz zulaufenden Blätter von *Syngonium podophyllum* (Purpurtute, Seite 74), die Riemenblätter von *Clivia miniata* (Klivie, Seite 89), die gezackten Blätter von *Gerbera jamesonii* (Gerbera, Seite 97), die feinen Nadeln von *Erica gracilis* (Kapheide, Seite 92), die lanzenförmigen Blätter von *Cordyline fruticosa* (Keulenlilie, Seite 22) und die rundlichen Blätter von *Saintpaulia* (Usambaraveilchen, Seite 121).

Blattränder

Viele Blätter haben gezähnte oder gesägte Ränder. Gelappte Blätter sind in einem regelmäßigen oder einem unregelmäßigen Muster tiefer eingeschnitten, wie bei *Pelargonium quercifolium* (Eichblattpelargonie, Seite 39), der Chrysantheme (Seite 85) und *Hedera helix* (Efeu, Seite 30). Handförmig geteilte Blätter haben fünf oder mehr gleichmäßige Ausbuchtungen, die ihnen das Aussehen einer Hand verleihen, beispielsweise *Abutilon* x *hybridum* (Schönmalve, Seite 78) und *Fatsia japonica* (Zimmeraralie, rechts und Seite 60).

Einfache und zusammengesetzte Bätter

Ein einzelnes Blatt auf einem Blattstiel, das am Trieb angewachsen ist, wird als einfaches Blatt bezeichnet. Viele Pflanzen haben aber zusammengesetzte Blätter, bei denen jedes Blatt von mehre-

ren einzelnen Blättchen gebildet wird, die auch Fiederblätter oder Fiedern genannt werden. Diese Blättchen können auf mannigfaltige Weise angeordnet sein. Sie können strahlenförmig von der Spitze des Blattstiels ausgehen, so daß ein schirmförmiger Eindruck entsteht wie bei *Schefflera arboricola* (Strahlenaralie, Seite 71), *Cyperus involucratus* (Zypergras, Seite 23) oder *Dizygotheca elegantissima* (Fingeraralie, Seite 24). Bisweilen erscheinen sie auch wie ein Fächer, beispielsweise bei *Chamaerops humilis* (Zwergpalme) und *Washingtonia filifera* (Washingtonie, Seite 45). Die Einzelblätter können fischgrätenartig entlang der verlängerten Blattspindel angeordnet sein (gefiederte Blätter) wie bei *Chamaedorea elegans* (Bergpalme, Seite 18), *Phoenix canariensis* (Kanarische Dattelpalme, rechts und Seite 41) und Farnen wie *Nephrolepis exaltata* (Schwertfarn, Seite 38).

Jedes Blatt kann in mehrere Fiedern aufgeteilt sein, die wiederum Fiedern zweiter Ordnung hervorbringen, so daß ein spitzenartiger Effekt entsteht. Auf diese Weise doppelt gefiedert sind die Blätter von Farnen wie *Adiantum raddianum* (Frauenhaarfarn, Seite 14), aber auch die Blätter baumartiger Pflanzen wie *Grevillea robusta* (Australische Silbereiche, Seite 30) und *Radermachera sinica* (Zimmeresche, Seite 42).

Schwertförmige Blätter

Yucca und *Cordyline*, viele Bromelien und einige Sukkulenten wie *Agave americana* haben äußerst spitze Blätter. Manchmal sind die Ränder zusätzlich scharf gezähnt, etwa bei *Yucca aloifolia* (Palmlilie, Seite 75), *Ananas comosus* (Zierananas, Seite 49) und vielen Aloe-Arten. Die Blattränder von *Sansevieria trifasciata* (Sansiverie, Seite 70) tragen zwar keine Dornen, doch die scharfkantigen Blätter sind dennoch bedrohlich.

Außergewöhnliche Blattformen

Einige Pflanzen haben ungewöhnliche Blattformen. *Monstera deliciosa* (Seite 34) ist wegen der Löcher und Schlitze in den großen Blättern als Fensterblatt bekannt, während *Ficus lyrata* (Seite 27) gebuchtete Blätter hat, die der Pflanze den Namen Geigenfeige eingetragen haben. Die beiden fleischigen Blätter von *Lithops lesliei* (Lebende Steine, Seite 140) sehen nicht wie Blätter aus.

Die Blätter „fleischfressender" Pflanzen sind zu raffinierten Fallen umgewandelt. *Platycerium bifurcatum* (Geweihfarn, rechts und Seite 41) hat breite, ausladende Wedel, die wie Geweihe aussehen. Einige der weniger bekannten Sorten von *Streptocarpus*-Hybriden (Drehfrucht, Seite 127) weisen nur ein einziges, bis zu 30 cm langes Blatt pro Pflanze auf.

Cordyline fruticosa
Keulenlilie, Cordyline

 Keulenlilien werden häufig mit den ähnlichen, nahverwandten Dracaenen verwechselt und sogar als solche bezeichnet. *Cordyline fruticosa* wurde früher als *C. terminalis* geführt und wird in manchen Gartencentern fälschlicherweise als *Dracaena terminalis* angeboten. Die Sorte *C. f.* 'Glauca' (rechts) hat lanzettförmige, 50 cm lange und 10 cm breite Blätter mit einer gebogenen Spitze; sie sitzen an langen Blattstielen und fächern sich vom Hauptstamm in alle Richtungen auf. Die jungen Blätter sind zunächst rötlich gefärbt und gehen mit zunehmendem Alter in ein tiefes Kupfergrün über. Es gibt viele buntblättrige Zuchtformen (siehe Seite 54).

- *Die langlebige Pflanze bildet einen kräftigen Stamm aus, der an der Spitze eine Blattrosette trägt. Sein unteres Ende wird mit der Zeit kahl, da die Pflanze ältere Blätter abwirft. Um dies zu kaschieren, kann Cordyline zu anderen, langsam wachsenden Pflanzen gestellt werden.*
- *Hohe Luftfeuchtigkeit ist nötig, damit die Blätter nicht braun werden und vorzeitig abfallen. Besprühen Sie die Pflanze häufig mit einem feinen Zerstäuber und stellen Sie den Topf in nassen Kies.*
- *Cordyline wird häufig von Blattläusen befallen – insbesondere die Unterseiten junger Blätter. Besprühen Sie infizierte Pflanzen alle 14 Tage mit einem Insektizid, bis die Blattläuse vernichtet sind.*

Cryptanthus acaulis
Versteckblüte

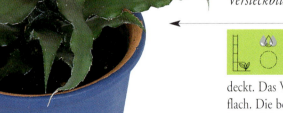 **Die Versteckblüte** zeigt die typische Rosettenform einer Bromelie. Ihre derben Blätter mit gewelltem Rand sind dornig gezähnt und mit Schuppen bedeckt. Das Wurzelsystem dieser langsam wachsenden Pflanzen ist flach. Die beliebtesten Arten und Sorten haben buntgefärbte Blätter (siehe Seite 56–57).

- *Halten Sie das Substrat in der Wachstumszeit ständig feucht. Vermeiden Sie jedoch Staunässe, da die Basis andernfalls zu faulen beginnt.*
- *Eine hohe Luftfeuchtigkeit ist nötig; kleine Pflanzen eignen sich gut für Flaschengärten und Miniaturgewächshäuser (siehe Seite 174).*
- *Sprühen Sie in der Wachstumszeit ab und zu verdünnten Flüssigdünger auf die Blätter.*

Cycas revoluta
Palmfarn, Cycaspalme

Trotz seines deutschen Namens und seiner eindrucksvollen gefiederten Blätter zählt der Palmfarn nicht zu den echten Palmen. Die Pflanze zeichnet sich durch einen runden Stamm aus und trägt einen Schopf sehr harter, langer Blattwedel, die in viele kleine, gegenständige Fiederblättchen unterteilt sind und eine kräftige Rosette bilden.

- *Cycas wächst extrem langsam – ein neues Blatt pro Jahr – und ist daher normalerweise sehr teuer.*
- *Palmfarne gehören zu den ältesten Pflanzen überhaupt: Sie existierten bereits im Zeitalter der Dinosaurier.*

Cyperus involucratus
Zypergras

Die riedartigen Halme von *Cyperus involucratus*, das früher als *C. alternifolius* bezeichnet wurde, tragen Rosetten zarter, grasartiger Blätter. In der Mitte dieser Rosette erscheinen mitunter grünlichbraune, flaumige Blütendolden. *Cyperus* kann nicht zu viel gegossen werden: Lassen Sie die Pflanze ständig in einer Schale mit Wasser stehen.

- *Cyperus kann ohne Erde in Wasser gehalten werden. Fügen Sie dem Wasser aber Kieselsteine hinzu, damit die Wurzeln Halt finden.*
- *Um neue Pflanzen zu erhalten, schneiden Sie eine Blattrosette mit einem kurzen Stielstück ab und legen Sie sie mit der Oberseite nach unten in ein mit Wasser gefülltes Gefäß.*
- *Ältere Halme werden braun; schneiden Sie sie an der Basis ab.*
- *Braune Blattspitzen sind ein Anzeichen für zu niedrige Luftfeuchtigkeit oder zu wenig Dünger.*

Davallia solida *var.* fejeensis
Büchsenfarn

Die hellgrünen, zierlich gefiederten Wedel verleihen der Pflanze ein attraktives Aussehen, besonders interessant ist jedoch der Wurzelstock. Die kriechenden pelzigen Rhizome schieben sich über den Topfrand und sehen wie eine behaarte Tierpfote aus.

- *Davallia kommt in einer Ampel gut zur Geltung, da die behaarten Rhizome dann besonders betont werden.*
- *Die Pflanzen legen im Winter vor allem in kühleren Räumen eine Ruheperiode ein. Während dieser Zeit nur spärlich gießen.*
- *Vermehrung durch Teilung des Rhizoms: Geben Sie die Teilstücke in einen Topf, halten Sie das Substrat feucht und stellen Sie den Topf warm, aber nicht in die pralle Sonne.*

Dionaea muscipula
Venusfliegenfalle

 Fleischfressende Pflanzen wie die Venusfliegenfalle ergänzen die Nährstoffe, die sie aus dem Boden aufnehmen, durch Insekten. Die flachen Stiele sind in einer Rosette angeordnet. Am Ende der Stiele befindet sich jeweils ein Fangblatt, das am Rand lange, spitze Borsten trägt. Sobald ein Insekt auf der Blattinnenseite landet, klappen die beiden Blatthälften zusammen und die Blattfortsätze verzahnen sich ineinander – das Insekt ist gefangen. Es wird durch Sekrete aus Drüsen an der Blattoberfläche verdaut.
- Verwenden Sie ein Substrat aus Torf und Moos.
- Die Venusfliegenfalle gehört zu den wenigen Pflanzen, die es vertragen, ständig in kaltem, abgekochtem Wasser zu stehen.
- Sie können die Pflanze füttern, indem Sie ab und zu tote Insekten auf die Blattinnenseite legen.
- Schützen Sie die Pflanze im Sommer vor direktem Sonnenlicht.

Dizygotheca elegantissima
Fingeraralie

 Diese buschige Pflanze ist auch unter den Namen *Aralia elegantissima* und *Schefflera elegantissima* bekannt. Die Blätter setzen sich aus etwa acht engstehenden Einzelblättchen zusammen, die anfangs einen purpurnen Bronzeton aufweisen und im Alter ein dunkles Grün mit Bronzefärbung annehmen. Die Sorte 'Gemini' trägt breitere, weniger zarte Blättchen an einer aufrechten, kompakten Pflanze.
- *Wenn ihre Wurzeln zu trocken sind, wirft die Fingeraralie die Blätter ab. Besprühen Sie die Pflanze täglich mit klarem Wasser.*
- *Gießen Sie die Pflanze nicht zu stark.*
- *Vermeiden Sie Temperaturschwankungen.*

Dryopteris erythrosora
Wurmfarn

 Der Wurmfarn ist im Garten winterhart, eignet sich aber auch gut als Topfpflanze. Er bringt eine Rosette hellgrüner, gefiederter Wedel hervor, die sich aus gezähnten Einzelblättchen zusammensetzen.
- Stellen Sie den Wurmfarn in einen kühlen Raum und besprühen Sie das Laub gelegentlich mit klarem Wasser.
- Rötlichbraune Punkte auf den Unterseiten der Blätter sind Sporenlager – einzellige Keimkörner, die der Farn zu seiner Vermehrung produziert.

x Fatshedera lizei
Efeuaralie

Als Kreuzung aus *Fatsia japonica* (Zimmeraralie, unten) und *Hedera helix* (Efeu, Seite 30) vereint diese Pflanze in Habitus und Erscheinungsbild die charakteristischen Eigenschaften beider Elternteile. Die großen Blätter sind handförmig gelappt und weisen wellige Ränder auf. Der *Fatsia* unter den Vorfahren ist es zu verdanken, daß die Triebe nur mäßig klettern und durch einen Moosstab oder ähnliche Hilfen gestützt werden müssen. Wenn die Triebspitzen regelmäßig gekappt werden, wächst die Pflanze buschig. Größere Pflanzen bringen gelegentlich Rispen gelbgrüner, runder Blütenköpfe hervor.

- *Die Efeuaralie stellt wenig Ansprüche und verträgt sowohl halbschattigen Stand als auch Temperaturschwankungen.*
- *Im Frühjahr geschnittene Kopfstecklinge bewurzeln sich leicht.*
- *Die meisten Hybridpflanzen sind das Ergebnis einer Kreuzung zwischen zwei Arten derselben Gattung. Kreuzungen zwischen zwei verschiedenen Gattungen – wie bei der Efeuaralie – kommen sehr viel seltener vor.*
- *Wolläuse und Rote Spinne können die Efeuaralie befallen. Verwenden Sie ein enstprechendes Insektizid und erhöhen Sie die Feuchtigkeit.*

Fatsia japonica
Zimmeraralie

Diese nahezu winterharte Pflanze schätzt einen kühlen, hellen Standort, wo sie einen dekorativen, ausladenden Strauch mit großen, gelappten, glänzend mittelgrünen Blättern bildet. Sie wächst schnell und wird bei guter Pflege zu einem wahren Prachtexemplar. Runde Dolden cremefarbener Blüten erscheinen gewöhnlich im Herbst – allerdings nur bei Pflanzen, die ausgepflanzt wurden. Die Sorte 'Moseri' wächst kompakt und ist als Zimmerpflanze beliebt.

- *Zu große Pflanzen können im Frühjahr stark zurückgeschnitten werden.*
- *Wischen Sie die Blätter mit einem feuchten Tuch ab, um ihren Glanz zu erhalten. Blattglanz aus der Dose kann der Pflanze schaden.*
- *Wässern Sie die Pflanze an kühlen Standorten nicht zu stark.*
- *Die Pflanze liebt eine Sommerfrische im Garten. Wählen Sie dafür einen geschützten, halbschattigen Platz.*
- *Zwicken Sie die jungen Triebspitzen im Frühjahr ab, damit die Pflanze buschig bleibt.*

Ficus benghalensis
Banyanbaum, Bengalischer Feigenbaum

 Der Banyanbaum ist eine robuste Pflanze mit breiten, ledrigen, elliptischen Blättern in dunklem Grün, die in ihrer Form den Blättern des Gummibaums (*Ficus elastica*) gleichen. Allerdings weisen sie eine bläuliche Tönung auf und glänzen nicht; vor allem die jungen Blätter sind leicht behaart.
- *Dank seiner Größe und seinem kräftigen Wuchs ist* Ficus benghalensis *eine stattliche Erscheinung.*
- *F. benghalensis zählt zu den selteneren* Ficus*-Arten und ist noch immer schwer erhältlich, obwohl sich die Sorte 'Audrey' mittlerweile wachsender Beliebtheit erfreut.*
- *Die unteren Blätter fallen im Lauf der Zeit ab und hinterlassen einen kahlen Stamm.*

Ficus benjamina
Birkenfeige

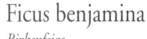 **Die Birkenfeige** ist ein beliebtes Mitglied der Feigen-Familie. Aufgrund ihrer anmutigen, baumartigen Gestalt zählt sie zu den attraktivsten Zimmerpflanzen überhaupt. Die spitzen, glänzend dunkel- bis mittelgrünen Blätter sitzen an gebogenen Stielen, die im Lauf der Zeit mehr und mehr überhängen. Bei guter Pflege trägt die Pflanze bis zur Basis der Zweige Blätter. Es gibt viele Sorten: 'Danielle' hat glänzende, dunkelgrüne Blätter, während die Blätter von 'Monique' auffällig gewellt sind. 'Natasja', ein aufrecht wachsender Busch, weist kleine, schmale Blätter auf. Die Stämmchen von 'Rianne' sind stark verdreht, so daß die Pflanze einem betagten Bonsai ähnelt.
- *Junge Pflanzen benötigen eine Stütze, damit sie aufrecht wachsen und eine hübsche, baumartige Gestalt entwickeln können.*
- *Formen mit zusammengeflochtenen Stämmchen sehen zwar sehr dekorativ aus, sind aber ziemlich teuer.*
- *Heiße, trockene Luft bewirkt, daß die Blätter abfallen.*

Ficus pumila
Kletter-Ficus

 Ficus pumila hat wenig Ähnlichkeit mit den größeren Mitgliedern der Feigen-Familie. Der Kletter-Ficus bildet schlanke, drahtige Triebe aus, die zu klettern beginnen, sobald sie irgendwo Halt finden. Die kleinen, blaßgrünen Blätter sind herzförmig oder rund. Die Pflanze ist nicht so robust wie ihre baumartigen Verwandten und benötigt konstante Temperaturen, eine hohe Luftfeuchtigkeit und ein feuchtes Substrat.
- *Ficus pumila ist ideal für ein Terrarium oder einen Flaschengarten – vor allem die kleinblättrige, weniger stark wuchernde Sorte 'Minima'.*
- *Die Klettertriebe, die sich mit Hilfe von Haftwurzeln festhalten, wachsen gut auf einem Moospolster.*
- *Achten Sie darauf, daß die Pflanze nicht austrocknet. Besprühen Sie die Blätter häufig.*

Ficus binnendijkii
Feige

Ficus binnendijkii ist in jüngster Zeit sehr beliebt geworden, obwohl Zweifel hinsichtlich seiner korrekten botanischen Einordnung bestehen. Die bekannteste Sorte, 'Alii', wächst zu einem großen, anmutigen Bäumchen heran, dessen lange, schmale, schlanke Blätter eine glänzende, tiefgrüne Färbung aufweisen.

- *Ficus binnendijkii 'Alii' braucht nicht so viel Platz wie Ficus benjamina, so daß diese Sorte für beengte Räume besser geeignet ist.*
- *Besprühen Sie die Pflanze gelegentlich mit klarem Wasser, um die Luftfeuchtigkeit zu erhöhen.*
- *Bei zu trockener Luft ist die Pflanze anfällig für die Rote Spinne.*

Ficus elastica
Gummibaum

Der Gummibaum verdankt sein auffallendes Aussehen den breiten, ledrigen, dunkelgrün glänzenden Blättern, die wechselständig an einem kräftigen Stämmchen sitzen. Neue Blätter entwickeln sich an der Spitze des Stämmchens aus einer hellroten oder rosafarbenen Blattscheide. Neben 'Decora' erfreuen sich 'Robusta' mit größeren Blättern und 'Melany' (rechts) mit dunklen Blättern zunehmender Beliebtheit.

- *Die Pflanzen vertragen zwar einige Stunden am Tag direkte Sonneneinstrahlung, nicht aber in den heißen Sommermonaten.*
- *Gummibäume werfen im Lauf ihres Wachstums die unteren Blätter ab. Moosen Sie den oberen Teil verkahlter Pflanzen ab und setzen Sie den bewurzelten Blattschopf neu ein (siehe Seite 172).*
- *Reinigen Sie die Blätter gelegentlich mit einem feuchten Tuch.*

Ficus lyrata
Geigenfeige

Die Blätter von *Ficus lyrata* sind groß, glänzend grün und auffallend geformt. Die Andeutung einer „Taille" verleiht ihnen Ähnlichkeit mit einer Geige. Die Blätter haben leicht gewellte Ränder und können bis zu 45 cm lang werden. Die Geigenfeige beansprucht viel Raum, da sie schnell wächst und ziemlich hoch wird.

- *Stützen Sie die Pflanze mit einem Stab.*
- *Für Räume, in denen der Platz knapp ist, empfiehlt sich die Sorte 'Bambino' mit ihrem kompakteren Wuchs.*
- *Gießen Sie die Pflanze keinesfalls zu stark.*

Blattstrukturen

Das Laub von Zimmerpflanzen differiert nicht nur in Farbe und Form, sondern bietet auch ein breites Spektrum an faszinierenden Strukturen. Einige Arten haben weiche und seidige Blätter, während die Blattoberflächen anderer Pflanzen tief gewellt oder gefurcht sind. Diese sehr unterschiedlichen Strukturen sprechen nicht nur unseren Tastsinn an, sondern wirken auch optisch interessant, da sie Abwechslung in eine Pflanzengruppe bringen.

Einige außergewöhnlich strukturierte Blätter verführen den Betrachter geradezu dazu, sie zu berühren, doch sollte man diesem Drang widerstehen: Einige empfindliche Oberflächen von Pflanzen werden durch Berührung beschädigt; die Borsten- oder Brennhaare anderer wiederum können unsere Haut verletzen.

So kommen die Blätter zur Geltung

Die unterschiedlichen Blattstrukturen können vor allem durch geschickte Beleuchtung betont werden. Einige dieser Strukturen wirken bereits auf einem Fensterbrett attraktiv, da die natürlichen Lichtverhältnisse die Oberflächenstruktur dort ausreichend hervorheben. Der dramatische Effekt anderer Blätter kann dagegen erst mit Hilfe von künstlichem Licht akzentuiert werden, das gefurchte und gewellte Oberflächen kontrastreich betont. Man kann auch mit Lichtstrahlern experimentieren, die die Pflanzen von der Seite oder von unten beleuchten, doch sollte man in diesem Fall darauf achten, daß die Lichtquelle nicht zu nah an den Blättern steht und diese versengt.

Pflanzen mit behaarten Blättern

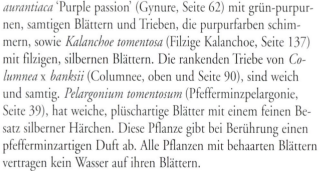

Pelzige, behaarte Pflanzen erregen stets Aufsehen. Zu den auffälligsten dieser Pflanzen zählen *Gynura aurantiaca* 'Purple passion' (Gynure, Seite 62) mit grün-purpurnen, samtigen Blättern und Trieben, die purpurfarben schimmern, sowie *Kalanchoe tomentosa* (Filzige Kalanchoe, Seite 137) mit filzigen, silbernen Blättern. Die rankenden Triebe von *Columnea* x *banksii* (Columnee, oben und Seite 90), sind weich und samtig. *Pelargonium tomentosum* (Pfefferminzpelargonie, Seite 39), hat weiche, plüschartige Blätter mit einem feinen Besatz silberner Härchen. Diese Pflanze gibt bei Berührung einen pfefferminzartigen Duft ab. Alle Pflanzen mit behaarten Blättern vertragen kein Wasser auf ihren Blättern.

Manche Blätter bekommen durch ihre feinen Härchen einen seidigen Glanz. Die Blätter von *Anthurium crystallinum* (Flamingoblume, Seite 14) sind ein wahrer Blickfang. Weniger Aufwand hat man aber mit den *Begonia-Elatior*-Hybriden (Seite 81), von denen es viele Sorten mit seidigen Blättern gibt. Ähnlich pflegeleicht ist *Tradescantia*

zebrina (Dreimasterblume, auch als *Zebrina pendula* im Handel; Seite 28 unten und Seite 75), deren kristalline Blätter grüne, silbrige oder purpurne Bänder tragen.

Blätter mit Borsten

Manche Pflanzen besitzen anstelle von feinen Härchen Borsten. Einige Begonien wie *Begonia boweri* (Blattbegonie, Sei-te 50) haben schnurrbartähnliche Haare an den Rändern und auf der Oberseite ihrer Blätter. *Begonia rex* (links und Seite 51) weist haarige und gewellte Blätter auf. Eine weitere borstig behaarte Art ist *Asparagus densiflorus* 'Sprengeri' (Zierspargel, Seite 15) mit nadelartigen Blättern.

Auffällig geäderte Blätter

Stark hervortretende Blattadern variieren von fein bis stark gewellt. Die gerippten Blätter von *Alocasia* x *amazonica* (Alokasie, großes Bild links und Seite 14) und jene von *Spathiphyllum wallisii* (Einblatt, großes Bild ganz links und Seite 126) zeigen nur zwei der möglichen Varianten.

Die herzförmigen Blätter von *Peperomia caperata* (Pfeffergesicht, Seite 65) sind gefaltet und gewellt. Dieser Effekt ist bei Sorten mit dunkelfarbenen Blättern wie 'Lilian' oder der bronzeroten 'Luna' noch auffälliger. *Episcia cupreata* (Schattenröhre) gibt es mit Blättern in vielen Farbschattierungen. Zwei Arten der Gattung *Pilea* haben besonders interessante Blattstrukturen: Die in Felder unterteilten Blätter von *P. cardierei* (Kanonierblume, Seite 68) erscheinen silbergrau, während jene von *P. involucrata* 'Moon Valley' auffällige Falten werfen.

Kontraste erzielen

Effektvolle Kontraste lassen sich über Pflanzen mit festen, ledrigen Blättern wie *Codiaeum variegatum* (Kroton, Seite 53) oder *Ficus elastica* (Gummibaum, Seite 61) und solchen mit filigranen Blättern schaffen. Hierzu zählen *Caladium bicolor* (Kaladie, Seite 51) und *Maranta leuconeura* (Marante, Seite 64), die beide papierdünne Blätter haben, aber auch spitzenartig belaubte Farne wie *Adiantum raddianum* (Frauenhaarfarn, Seite 14). *Scirpus cernuus* (Frauenhaar, Seite 43) unterscheidet sich mit seinen grasartigen Blättern ebenfalls deutlich von Pflanzen mit dicken Blättern.

Pflegeansprüche

Man sollte immer die Ansprüche der einzelnen Pflanzen berücksichtigen, wenn man ein Ensemble zusammenstellt. Selbst die effektvollsten Arrangements lassen sich zuweilen nicht verwirklichen, da die verschiedenen Pflanzen unterschiedliche Wachstumsbedingungen haben.

Grevillea robusta
Australische Silbereiche

  Die fein geteilten Blätter der Australischen Silbereiche sehen wie Farnwedel aus und verleihen der Pflanze ein dekoratives Aussehen. Trotz ihrer zarten Erscheinung ist *Grevillea* relativ robust und pflegeleicht. Sie wächst schnell zu einem kleinen Baum heran. Besonders die jungen Blätter sind mit weichen, silbrig schimmernden Härchen bedeckt, die der Pflanze ihren deutschen Namen verliehen. Mit zunehmendem Alter nehmen die Blätter einen gröberen Umriß an – daher sind junge Pflanzen besonders attraktiv. *Grevillea* gedeiht gut in einem hellen, unbeheizten Raum oder einem kühlen Wintergarten.

- *Topfen Sie die Pflanze um, sobald die Wurzeln aus dem Abzugsloch des Topfes herauswachsen. Da* Grevillea *sehr schnell wächst, muß sie mitunter mehrmals im Jahr umgetopft werden.*
- *Versorgen Sie junge Pflanzen in der Wachstumszeit etwa alle zwei Wochen mit flüssigem Fertigdünger.*
- *Bei Hitze besprühen Sie die Blätter täglich mit Wasser.*
- *Werfen Sie ältere Pflanzen, die unansehnlich geworden sind, weg. Aus Samen können problemlos neue Pflanzen gezogen werden.*

Hedera helix
Efeu

  Efeu-Arten sind pflegeleichte Pflanzen, die schnell wachsen, nur geringe Ansprüche stellen und sowohl nach oben klettern als auch nach unten ranken können. Die Blätter sind gelappt und unterscheiden sich bei den einzelnen Sorten in Größe und Form. Sie sitzen in Gruppen an drahtigen Trieben, die selbstklimmende Luftwurzeln ausbilden. Wenn Sie Efeu im Zimmer ziehen, sollten Sie bedenken, daß sich diese Haftorgane an jeder rauhen Oberfläche festklammern können. Zu den beliebtesten grünblättrigen Sorten zählen 'Très Coupé' (links), die fein geschnittene, spitze Blätter hat, 'Wonder' mit rund gelappten, kleeblattähnlichen Blättern, die kraftvolle 'Green Riple' und 'Mein Herz' mit kleinen, ungelappten, herzförmigen Blättern. 'Parsley Crested' hat dunkelgrüne Blätter mit flachen Einbuchtungen und gekräuseltem Rand. *Hedera colchica* 'Dentata' findet man nur selten als Topfpflanze. Ihre ungelappten, herzförmigen, glänzendgrünen Blätter sind größer als die von *Hedera helix* – sie erreichen einen Durchmesser von 15 cm.

- *Bieten Sie jungen Pflanzen möglichst bald eine Kletterhilfe, zum Beispiel in Form eines Spaliers, an.*
- *Die Blattfülle, vor allem der kleinblättrigen Sorten, kommt besonders gut in einer Ampel zur Geltung.*
- *Efeu-Arten mögen es kühl und relativ feucht. Warme, trockene Luft kann zum Befall mit Roter Spinne führen.*

Helichrysum petiolare
Strohblume

Diese *Helichrysum*-Art bildet lockere, wild wuchernde oder rankende Triebe aus, an denen ovale bis herzförmige Blätter sitzen. Sowohl die Triebe als auch die Blätter sind dicht mit silbergrauen, weichen, filzigen Haaren bedeckt. 'Goring Silver' hat besonders schön gefärbte Blätter; die filzigen Blätter von 'Limelight' schimmern hellgrün bis gelb. Achten Sie darauf, die Blätter nicht mit Wasser zu benetzen – sie könnten andernfalls Schaden nehmen.

- *Helichrysum ist eine dekorative Ampelpflanze für den Wintergarten.*
- *Wenn die Pflanze zu stark wuchert, können Sie die zarten Triebspitzen im Frühjahr oder Sommer abschneiden und einpflanzen.*
- *Helichrysum wächst im Sommer sehr gut im Freien. Die Pflanze wird oft als Setzling verkauft.*

Howeia forsteriana
Kentie, Kentiapalme

Howeia forsteriana, die manchmal noch als *Kentia forsteriana* bezeichnet wird, zählt zu den beliebtesten und widerstandsfähigsten Zimmerpflanzen. Ihre auffälligen Blattwedel, die sich aus 4 cm breiten, spitz zulaufenden, lanzettlichen Fiedern zusammensetzen, werden von langen, gebogenen Stielen getragen. Die Kentiapalme wächst sehr langsam, ist anspruchslos und eignet sich auch für schattige Standorte. Aufgrund ihres langsamen Wachstums sind größere Exemplare zwar relativ teuer, aber dafür ein dekorativer Blickfang für jeden Raum.

- *Vermeiden Sie direktes Sonnenlicht – es versengt die Blätter.*
- *Damit die Blattspitzen und -ränder nicht braun werden, müssen Sie für eine hohe Luftfeuchtigkeit sorgen: Besprühen Sie die Pflanze häufig mit Wasser und stellen Sie den Topf in feuchten Kies.*
- *Vorsicht vor Schildläusen und Roten Spinnen (siehe Seite 183), die Palmen gerne befallen.*
- *Umtopfen ist etwa alle zwei oder drei Jahre erforderlich.*
- *Stellen Sie die Pflanze während der Winterruhe an einen kühlen Standort und gießen Sie sie nicht mehr.*
- *Im Frühjahr und Sommer alle zwei Wochen düngen.*
- *Stellen Sie die Palme im Sommer ins Freie.*

Jacaranda mimosifolia
Jacaranda, Palisanderbaum

 In warmen Klimazonen wächst Jacaranda im Freiland zu mächtigen Bäumen heran, die im Frühjahr blau-violette Blüten hervorbringen. Als Topfpflanze hingegen wird sie wegen ihres farnartigen Laubwerks gezogen. Die gefiederten hellgrünen Blätter setzen sich aus vielen kleinen Einzelblättchen zusammen. Die Pflanzen wachsen sehr schnell, neigen jedoch zum Verkahlen. Unansehnlich gewordene Pflanzen können im Frühjahr stark zurückgeschnitten werden.
- *Ein paar Stunden Sonne täglich tun Jacaranda gut.*
- *Während der Wintermonate sollten Pflanzen, die in kühlen Räumen stehen, nur sparsam gegossen werden.*
- *Aus im Frühjahr gesäten Samen können Jungpflanzen gezogen werden.*

Leea coccinea
Leea

 Die buschige Leea wird wegen ihres Laubwerks geschätzt. Die Blätter setzen sich aus ovalen Blättchen mit spitzen Enden und gewellten Rändern zusammen. Die bronzefarbenen Blätter werden später dunkelgrün. Die beliebte Sorte 'Burgundy' (links) hat weinrote Blätter und rote Blattstiele. Die Pflanzen werden auch als *Leea guineensis* angeboten.
- *Stellen Sie 'Burgundy' hell, damit die rote Blattfärbung erhalten bleibt. Die Pflanzen vertragen im Winter etwas direkte Sonne; intensive Sommersonne jedoch schadet ihnen.*
- *Sprühen Sie das Laubwerk während der Wachstumsperiode häufig ein. Im Winter sollten die Pflanzen in einem kühlen Raum stehen und sparsamer gegossen werden.*

Livistona australis
Schirmpalme, Livistonie

 Diese langsam wachsende Palme hat große, fächerartige Blätter mit ovaler Kontur und herabhängenden Spitzen. Die Blätter können mehr als einen Meter lang werden. Die langen, dornigen Blattstiele werden von einem kurzen, kräftigen Stamm getragen. *Livistona chinensis* ist ein wenig kleiner. Ihre Blätter weisen stärker abgerundete Konturen auf. Schirmpalmen sind als Zimmerpflanzen nicht sehr verbreitet.
- *Schirmpalmen eignen sich gut für einen Wintergarten, wo sie genügend Platz zum Wachsen haben.*
- *Pflanzen Sie die Palme in durchlässiges Substrat, dem Sie nötigenfalls Splitt untermischen.*
- *Achten Sie auf eine feuchte Atmosphäre, um zu verhindern, daß die Blätter braun und trocken werden. Allerdings werden die Blattspitzen von Natur aus ein wenig braun.*

Grünpflanzen 33

Lygodium japonicum
Kletterfarn

 Lygodium, der im ostasiatischen Raum heimisch ist, ist ein äußerst ungewöhnlicher Farn, der aus einem Rhizom herauswächst und lange, drahtartige Klettertriebe hervorbringt, die die Mittelrippen der Blätter darstellen. Die Blättchen in dekorativem frischem Hellgrün erscheinen in gegenständigen Paaren und variieren in der Form: Sie können spitz oder herzförmig sein oder einem Efeublatt ähneln. Die Pflanze klettert an einer geeigneten Stütze problemlos empor und bildet – ähnlich wie Jasmin – bereits nach kurzer Zeit einen hübschen grünen Raumteiler. Jedes Kletterblatt kann bis zu zwei Meter lang werden.

- *Die Pflanzen können an einem Spalier gezogen werden. Wenn die Triebe dagegen herabhängen, entsteht ein aus Blättern gewebter Vorhang.*
- *Achten Sie stets auf eine konstante Temperatur und vermeiden Sie unbedingt Zugluft.*
- *Halten Sie das Substrat immer gut feucht.*

Microlepia speluncae
Kleiner Schuppenfarn

 Dieser tropische Farn hat blaß- bis mittelgrüne Blätter in der Form von langen, weichen, spitz zulaufenden Wedeln. Diese sind tief eingeschnitten und wachsen in einer Rosette. An ausgewachsenen Pflanzen können sie eine Länge von einem Meter und mehr erreichen.

- *Halten Sie das Substrat ständig feucht, aber gießen Sie keinesfalls zu stark, sonst könnte das Rhizom faulen.*
- *Sprühen Sie die Blätter oft mit klarem Wasser ein, um die Luftfeuchtigkeit hoch zu halten.*
- *Die Pflanze verträgt Schatten.*
- *Direktes Sonnenlicht führt dazu, daß die Blätter welken.*

Mikania dentata
Mikanie

Die Mikanie zeichnet sich vor allem durch die Form ihrer Blätter aus. Diese sind gewöhnlich aus fünf Einzelblättchen mit gesägten Rändern zusammengesetzt und besonders auf der Unterseite von weichen Härchen überzogen, so daß sie wie Samt schimmern. Die Blattoberseite erscheint dunkel purpurgrün, die Unterseite dagegen stärker purpurrot. Obwohl die Triebe klettern, wird die Mikanie eher als rankende Pflanze gezogen. Sie braucht eine hohe Luftfeuchtigkeit, um sich gut entwickeln zu können.

- *Stellen Sie den Topf in feuchten Kies. Seien Sie vorsichtig, wenn Sie die Pflanze besprühen: Die behaarten Blätter werden leicht durch Wassertropfen beschädigt – verwenden Sie deshalb einen sehr feinen Zerstäuber.*
- *Die Triebspitzen können gelegentlich abgeknipst werden, damit die Pflanze ihre buschige Form behält. Allerdings wird die Mikanie mit der Zeit unansehnlich und sollte nach einigen Jahren weggeworfen werden.*
- *Die Pflanze kann nur schwer vermehrt werden – am erfolgversprechendsten ist es, im Frühsommer Absenker bewurzeln zu lassen.*

Monstera deliciosa
Fensterblatt

An einem günstigen Standort kann das Fensterblatt so riesige Ausmaße annehmen, daß es für einen durchschnittlich großen Raum zu wuchtig wird. Vor allem wegen seiner auffälligen Blätter hat sich *Monstera* zu einer beliebten Zimmerpflanze entwickelt. Die Blätter – mit einem Durchmesser von mehr als 60 cm – sind glänzend dunkelgrün, bei jüngeren Pflanzen herzförmig. Im Lauf der Zeit entwickeln sie Löcher und tiefe Einbuchtungen, die sich vom Rand bis zur Mittelrippe hinziehen. Die kletternden Stämmchen bringen dicke, spröde Luftwurzeln hervor. *Monstera* stammt aus dem tropischen Regenwald und wächst schnell in einer warmen, feuchten Atmosphäre. Gutentwickelte Pflanzen können Blüten tragen: cremeweiße Hüllblätter (Spatha), die einen zentralen weißen, eßbaren Kolben (Spadix) umgeben, der stark nach Bananen oder Ananas duftet.

- *Geben Sie den schwachen Stämmchen einen Moosstab als Stütze. Besprühen Sie den Stab häufig mit Wasser, damit das Moos feucht bleibt.*
- *Setzen Sie die Pflanze in einen stabilen Kübel, der das Gewicht der üppig wachsenden Blätter ausgleichen kann.*
- *Senken Sie die unteren Luftwurzeln in das Substrat ein. Die höher sitzenden Luftwurzeln können im Moos des Stützstabes verankert werden.*
- *Die Pflanze kann im Frühjahr stark zurückgeschnitten werden.*

Murraya paniculata
Orangenraute, Rispige Orangenraute

Die Orangenraute ist eine hübsche, aufrecht wachsende Pflanze mit gefiederten Blättern, die in regelmäßigen Abständen an leicht hängenden Trieben sitzen. Die eiförmigen, zugespitzten Blättchen sind dunkelgrün glänzend. Wenn sie berührt werden, verströmen sie einen Duft, der an den einer Zitrone erinnert. Gutentwickelte Pflanzen bringen im Sommer mitunter eine Fülle weißer Blüten hervor, die nach Jasmin duften; dennoch ist *Murraya* vor allem wegen ihrer Blätter beliebt.

Die Blätter der nahe verwandten *Murraya koenigii* sondern ein schärferes und würzigeres Aroma ab – sie werden in der Küche mitunter als Gewürz verwendet, weshalb die Pflanze im Volksmund auch Curryblatt heißt.

- *Murraya bevorzugt gleichmäßig warme Temperaturen ohne größere Schwankungen.*
- *Verwenden Sie einen Wuchsstab, um die dünnen Stämmchen zu stützen.*
- *Besprühen Sie die Blätter gelegentlich mit klarem Wasser, um die Luftfeuchtigkeit zu erhöhen.*

Musa acuminata
Bananenstaude, Zwergbanane

Bananenstauden bringen einen Hauch tropischer Atmosphäre ins Zimmer; allerdings brauchen sie aufmerksame Pflege. Ihre großen, derben, nahezu rechteckigen Blätter werden bis zu einen Meter lang. Sie bilden an der Basis eine Blattscheide aus und reißen entlang den Adern auf. Falls die Zwergbanane Blüten hervorbringt, sitzen diese auf einem Kolben in rosafarbenen oder weißen Blütenblättern. Aus ihnen entwickeln sich aufwärts gebogene bananenförmige Früchte – allerdings bilden Bananen, die als Zimmerpflanzen gehalten werden, nur selten Blüten und Früchte aus. Einige Zwergformen, die etwa zwei Meter hoch werden, eignen sich als Zimmerpflanzen. Zu den bekanntesten zählt 'Dwarf Cavendish', die im Wintergarten sogar Früchte ausbildet. Daneben findet man im Handel 'Dwarf Chyla', 'Tropicana' und 'Purple Rain', deren Blätter purpurrot schimmern.

- *Besprühen Sie die Blätter häufig mit Wasser, um die Luftfeuchtigkeit zu erhöhen.*
- *Halten Sie das Substrat ständig feucht, aber vermeiden Sie Staunässe.*
- *Spinnmilben befallen zu trocken stehende Bananenstauden.*

Bonsai

Die Kunst, Miniaturbäume zu ziehen, die so gestaltet sind, daß sie in jeder Hinsicht – außer in der Größe – einem vollständig entwickelten Baum gleichen, entstand in China und verbreitete sich später in Japan. Diese Kultur wird als Bonsai bezeichnet, was wörtlich übersetzt „Baum im Topf" bedeutet.

So werden die Bäume gezogen
Man pflanzt Baumsämlinge in flache Schalen. Die Wurzeln und Triebe von Jungpflanzen werden vorsichtig beschnitten, um sie klein und in einer gefälligen Form zu halten. Stamm und Äste werden ebenfalls geformt, indem man sie mit Kupferdraht oder eloxiertem Aluminiumdraht umwickelt. Im Lauf der Zeit werden die Bäumchen knorrig und bekommen ein interessantes Erscheinungsbild. Im Handel findet man Bäume, die 60 Jahre oder älter sind. Da die Gestaltung von Bonsai einen großen Aufwand an Zeit und Können erfordert, sind die kleinen Bäume oft teuer.

Bonsai im Freien
Früher wurden nahezu alle Bonsai aus winterharten Bäumen wie *Acer* (Ahorn; großes Bild) und *Malus* (Zierapfel), aber auch aus Koniferen wie *Pinus* (Kiefer), *Chamaecyparis* (Scheinzypresse) und *Juniperus* (Wacholder) gezogen. Alle diese Gehölze sind keine Zimmerpflanzen. Sie dürfen nur im Frühjahr und im Sommer, wenn sie am prächtigsten aussehen, für einige Tage ins Haus geholt werden. Im Freien sollte man die Pflanzen vor sengender Sonne, Wind und starkem Regen schützen. Traditionellerweise verwendet man dazu einen Unterstand aus Latten oder eine Konstruktion aus Holz und schattenspendendem Tüll. Während ihrer Ruhephase im Winter müssen Bonsai im Freien bleiben.

Zimmerbonsai
In jüngster Zeit werden neue Bonsaitypen angeboten, die aus Bäumen tropischer und subtropischer Zonen gezogen werden. Da diese Zimmerbonsai nicht winterhart sind, müssen sie in kalten Klimazonen im Haus überwintern. Im allgemeinen vertragen sie die trockene Heizungsluft im Haus besser als „echte" Bonsai und eignen sich daher besser als Zimmerpflanzen. Obwohl sie die meiste Zeit im Zimmer bleiben können, tut ihnen während des Sommers ein kurzer Aufenthalt im Freien gut.

Bonsai pflegen
Die Pflege von Zimmerbonsai ist nicht ganz einfach. Sie benötigen einen hellen Platz ohne starke, direkte Sonneneinstrahlung. Mittlere Raumtemperaturen vertragen sie, jedoch weder Luftzug noch die heiße, trockene Luft in der Nähe von Heizkörpern oder anderen Wärmequellen. Zimmerbonsai müssen häufig mit klarem, lauwarmem Wasser besprüht und normalerweise täglich gegossen werden. Am einfachsten ist es, das Pflanzgefäß in lauwarmes Wasser zu tauchen, bis das Substrat völlig durchnäßt ist, und überschüssiges Wasser anschließend ablaufen zu lassen. Die

Grünpflanzen 37

Pflanzen sollten während der Wachstumsphase alle drei bis sechs Wochen mit Bonsaidünger gedüngt werden.

Umtopfen
Alle paar Jahre müssen die Pflanzen umgetopft und an den Wurzeln beschnitten werden. Nehmen Sie das Bäumchen aus dem Pflanzgefäß und lösen Sie das Substrat mit einem angespitzten Holzstöckchen von der Unterseite und den Seiten des Wurzelballens ab, bis etwa ein Viertel bis ein Drittel davon entfernt ist. Mit einer scharfen Schere schneiden Sie alle freiliegenden Wurzeln bis auf kurze Fransen zurück und pflanzen den Baum mit etwas frischer, grobkörniger Bonsaierde wieder in die Schale.

Formen und Schneiden
Im Lauf ihres Wachstums muß die Pflanze geformt und beschnitten werden. Schneiden Sie Triebe zurück, damit die Bäumchen buschig bleiben und das oberirdische Wachstum sich proportional zum Wurzelsystem entwickelt. Das Schneiden und Drahten von Bonsai ist eine besondere Kunst.

Als Zimmerbonsai geeignete Arten
Sie haben die Wahl unter vielen Pflanzen, von denen einige im „Lexikon der Zimmerpflanzen" beschrieben sind.

Bougainvillea x *buttiana* – Bougainvillea (rechts und Seite 82)

Citrus spec. – z. B. Calamondin-Orange, Zitrone (Seite 88)

Ehretia microphylla – Philippinischer Tee, Fukientee

Ficus benjamina – Birkenfeige (links sowie Seite 26 und Seite 61)

Murraya paniculata – Orangenraute (Seite 35)

Nerium oleander – Oleander (rechts und Seite 110)

Olea europaea – Ölbaum

Pistacia chinensis – Pistazie

Punica granatum – Granatapfelbaum (Seite 119)

Schefflera arboricola – Strahlenaralie (links und Seite 71)

Serissa foetida – Junischnee

Nepenthes x hookeriana
Kannenpflanze, Kannenstrauch

 Die Kannenpflanze zählt zu den insektenfressenden Pflanzen. Die langen, schmalen Blätter enden in einer Ranke, von der eine purpurrot gesprenkelte, krugförmige Kanne mit einem blattähnlichen Deckel herabhängt. Wenn ein Insekt auf dem Rand der Kanne landet, findet es auf der schlüpfrigen Innenseite keinen Halt; es stürzt in die Verdauungsflüssigkeit, die sich am Grund der Kanne befindet. Kannenpflanzen kommen in einer Blumenampel oder in einem hölzernen Orchideenkorb zur Geltung. *Nepenthes* braucht Wärme, viel Feuchtigkeit und ein gutgewässertes Substrat.
- *Stellen Sie die Pflanze in erdfreies Substrat und Torfmoos.*
- *Häufig mit weichem, lauwarmem Wasser gießen.*
- *Besprühen Sie die Pflanze zweimal täglich mit weichem oder abgekochtem Wasser.*

Nephrolepis exaltata
Schwertfarn

 Dieser pflegeleichte Farn ist als Zimmerpflanze sehr beliebt. Die langen hellgrünen Wedel laufen spitz zu und tragen gegenständige Einzelblättchen, die wie die Sprossen einer Leiter angeordnet sind. Die Wedel können über einen Meter lang werden. Sie stehen zunächst aufrecht und hängen später mit den Spitzen leicht über. Von der genannten Art gibt es zahlreiche Sorten. Sehr beliebt ist 'Bostoniensis', ein anmutiger Farn mit stark überhängenden Wedeln. Außerdem werden 'Atlanta', 'Maasii', 'Rooseveltii' und der 'Teddy Junior' angeboten.
- *Setzen Sie den Schwertfarn in eine Blumenampel oder einen Topf mit hohem Fuß, damit seine überhängenden Wedel zur Geltung kommen.*
- *Halten Sie das Substrat ständig feucht und besprühen Sie den Schwertfarn täglich mit Wasser, um die Luftfeuchtigkeit zu erhöhen und ein Braunwerden der Blätter zu verhindern.*

Pelargonium crispum
Zitronenpelargonie

 Obwohl Pelargonien als blühende Topfpflanzen weit verbreitet sind, werden einige Formen nur wegen ihrer duftenden Blätter gezogen. *Pelargonium crispum* hat kleine, graugrüne, gekerbte, leicht behaarte Blätter mit fein gewellten Rändern. Wenn man die Blätter streift oder drückt, sondern sie einen starken Zitronenduft ab. Die Pflanze wächst äußerst aufrecht und gerade. Die Sorte 'Minor' hat kleinere Blätter.
- *Gießen Sie die Pflanzen regelmäßig und achten Sie darauf, daß das Substrat niemals völlig austrocknet – sonst werden die Blätter abgeworfen.*
- *Die kleinen, lila- bis rosafarbenen Blüten sind nicht besonders attraktiv und können entfernt werden, um die hübsche Erscheinung der Pflanze nicht zu beeinträchtigen.*

Grünpflanzen

Pelargonium graveolens
Rosenpelargonie

Die Rosenpelargonie ist dank ihrer tief gelappten und gezähnten Blätter eine attraktive Erscheinung. Die Blätter variieren in ihren Farben von Hell- bis Graugrün, fühlen sich klebrig an und verströmen einen süßlichen Duft, der sich schon bei leichter Berührung der Pflanze bemerkbar macht. *Pelargonium graveolens* hat eine kräftige Statur und wächst schnell zu einem robusten Strauch heran; unter den Duftpelargonien zählt sie zu den pflegeleichten Arten. Die zarten Blüten sind blaßrosa mit dunkelroter Zeichnung auf den oberen Blütenblättern.
- *Stecklinge, die im Frühjahr und im Frühsommer geschnitten werden, wurzeln schnell ein.*
- *Schneiden Sie die Pflanzen im Frühjahr stark zurück, wenn sie hochschießen und staksig werden.*

Pelargonium quercifolium
Eichblattpelargonie

Die tief gelappten Blätter dieser Pelargonie haben die gleiche Form wie Eichenblätter. Sie sitzen an kräftigen, stark verzweigten Stengeln, sind dunkelgrün und harzig und kleben bei Berührung. Der scharfe Duft dieser buschig wachsenden Pelargonie erinnert an Pfeffer. Die am häufigsten verkaufte Sorte, 'Royal Oak', hat große Blätter mit einem dunkelbraunen Fleck.
- *Die Pflanzen im Winter wenig gießen und kühl stellen.*
- *Einige getrocknete Blätter, die Sie einem Potpourri beigeben, sorgen für einen erfrischenden, nicht zu süßen Duft.*

Pelargonium tomentosum
Pfefferminzpelargonie

Die großen, rundgelappten Blätter sind dicht von feinen silbernen Härchen bedeckt, die der Pflanze ein samtartiges Aussehen verleihen. Die Blätter duften stark nach Pfefferminze. Die Pfefferminzpelargonie wächst zu einer wild wuchernden Staude heran. Die Sorte 'Chocolate Peppermint' zeigt eine ähnliche Wuchsform und trägt einen schokoladebraunen Fleck auf den Blättern, duftet aber nicht nach Pfefferminze.
- *Falls notwendig, binden Sie die Stämmchen an einem Stab fest.*
- *Ähnlich wie bei anderen Duftpelargonien können die Blätter von* Pelargonium tomentosum *in der Küche verwendet werden, um Kuchen und Nachspeisen zu verfeinern.*
- *Behandeln Sie die zarten, flaumigen Blätter nicht zu grob, um den Duft freizusetzen – sie sind empfindlicher als die Blätter anderer* Pelargonium-*Arten und* -*Sorten.*

Pellaea rotundifolia
Pellefarn, Knopffarn, Pellaea

Der Knopffarn bildet dunkelbraune, drahtige, überhängende Triebe, an denen ovale, glänzende dunkelgrüne Blättchen sitzen. Er besitzt nicht die zarte Gestalt vieler anderer Farne. Seine Blätter sind ledrig und die Mittelrippe ist hart. Dafür ist er auch weniger anfällig und verträgt sogar relativ trockene Bedingungen.

- *Ein flacher Topf oder Korb ist für diese Pflanze ideal, da sich ihre Wurzeln oberflächlich ausbreiten.*
- *Obwohl der Pellefarn trockene Luft verträgt, wächst er besser in einer Schale mit feuchten Kieselsteinen, die besonders bei höheren Temperaturen die Luftfeuchtigkeit erhöhen.*
- *Wenn eine Pflanze für ihren Topf zu groß geworden ist, kann sie im Frühjahr geteilt werden.*

Philodendron bipinnatifidum
Philodendron, Baumfreund

Philodendron bipinnatifidum ist nicht so weit verbreitet wie sein kletternder Verwandter *Philodendron scandens*. Er braucht viel Raum, da sich seine großen, auffallend geformten Blätter vom Boden bis zu einer Höhe von einem Meter ausbreiten. Ältere Blätter haben tief eingekerbte Ränder – bei manchen Pflanzen erreichen die Einkerbungen sogar die Mittelrippe –, so daß sie aussehen, als wären sie in Fiederblättchen unterteilt. Junge Blätter sind ungekerbt, herzförmig und haben einen gebogenen Rand.

- *Die Pflanze kann durch einen Stock oder Moosstab gestützt werden.*
- *Besprühen Sie gelegentlich die Blätter und wischen Sie sie mit einem feuchten Tuch oder Schwamm ab.*

Philodendron scandens
Kletterphilodendron

Philodendron scandens ist eine gefällige, rankende oder kletternde Pflanze, die sich großer Beliebtheit erfreut. Sie hat herzförmige, glänzende Blätter, die an festen, rankenden Stielen sitzen. Junge Blätter sind rötlich-bronzefarben angehaucht, ältere sind von einem kräftigen Grün.

- *Die Pflanze wächst gut mit Hilfe eines Moosstabes: Die Triebe klammern sich daran fest und die Luftwurzeln wachsen in das Moos ein.*
- *Bei Lichtmangel schießen die Triebe und es entstehen große Abstände zwischen den Blättern.*
- *Die Pflanze wirkt besonders attraktiv, wenn die Triebe beispielsweise von einem hohen Regal herunterhängen. Zwicken Sie die Triebspitzen regelmäßig ab, damit die Pflanze eine buschige Form behält.*

Phoenix canariensis
Kanarische Dattelpalme

Die langen, gefiederten, steifen Wedel dieser Palme stehen aufrecht. Sie entspringen einer zierlichen, knolligen, faserigen Basis und bestehen aus langen, zugespitzten Fiederblättchen in Hellgrün. Die Palme begeistert durch ihre auffällige Gestalt. Im Gegensatz zu einigen anderen Palmen produziert die Kanarische Dattelpalme keine unterirdischen Ausläufer. *Phoenix roebelenii*, die Zwergdattelpalme, wird zwar nur halb so hoch wie *P. canariensis*, aber ebenso breit, so daß sie genausoviel Platz braucht. Die Zwergdattelpalme hat weichere, federartige Wedel und produziert manchmal unterirdische Ausläufer.

- *Besprühen Sie die Wedel gelegentlich mit Wasser. Die Zwergdattelpalme benötigt eine höhere Luftfeuchtigkeit als die Kanarische Dattelpalme.*
- *Das Substrat während der Wachstumsperiode ständig feucht halten, in den Wintermonaten nur mäßig gießen.*
- *Vermeiden Sie Staunässe. Wenn nötig, können Sie dem Substrat zusätzlich Sand beimischen.*
- *Aus den Steinen eßbarer Datteln können Sämlinge von P. dactylifera herangezogen werden, die aber nur sehr langsam wachsen.*

Platycerium bifurcatum
Geweihfarn

 Dieser Farn kann sich bei entsprechender Pflege zu einem echten Blickfang entwickeln. Der Geweihfarn wächst unter natürlichen Bedingungen auf Stämmen und Ästen von Bäumen und bezieht seine Nahrung aus abgestorbenen Pflanzenteilen. Während die sterilen Blätter flach und kreisrund sind und eng ineinandergreifen, laden die graugrünen, fertilen Blätter weit aus. Die Blattwedel sind mit mehlig-weißen Schuppen bedeckt. Bei *Platycerium bifurcatum* sind die fertilen Blätter dekorativ, dagegen sorgen bei *Platycerium superbum* die sterilen Blätter für den besonderen Effekt. Sie sind blaßgrün und fächerförmig, messen etwa einen Meter im Durchmesser und sind an der Spitze eingebuchtet.

- Platycerium *wächst hervorragend in Orchideenerde. Setzen Sie den Farn in eine Blumenampel oder befestigen Sie ihn auf einem Stück Rinde oder Kork.*
- *Schlagen Sie die Wurzeln in feuchtes Moos ein, bevor Sie den Farn mit einem dünnen Bindfaden an das Rindenstück anheften.*
- *Besprühen Sie die Pflanze täglich und tauchen Sie das Rindenstück oder den Topf einmal pro Woche für eine halbe Stunde in lauwarmes Wasser.*

Pteris cretica
Saumfarn, Flügelfarn

Dieser hübsche kleine Farn ist weit verbreitet und sehr pflegeleicht. Seine grob gefiederten Wedel haben zarte, dunkle Stiele. Es sind viele Zuchtformen und Sorten im Handel; besonders beliebt ist *Pteris cretica* var. *albolineata*, deren Fiederblättchen in der Mitte mit einem silbrigen Band gezeichnet sind. Die Sorte 'Parkeri' (rechts) hat breitere Fiederblättchen mit gewelltem Rand, während 'Rowei' und 'Wimsettii' gekrauste Spitzen aufweisen.

- *Das Substrat sollte stets feucht, aber niemals triefnaß sein. Im Winter weniger gießen.*
- *Schneiden Sie ältere, braun gewordene Wedel an der Basis ab.*
- *Stellen Sie den Topf in feuchten Kies und sorgen Sie für eine hohe Luftfeuchtigkeit, indem Sie die Pflanzen regelmäßig besprühen.*
- *Nicht umtopfen, es sei denn, es ist dringend erforderlich, denn* Pteris *nimmt jede Störung seiner Wurzeln übel.*

Radermachera sinica
Zimmeresche, Radermachera

Radermachera hat gefiederte Blätter, die sich aus eiförmigen, hellgrünen, glänzenden Fiederblättchen mit deutlich erkennbaren Adern zusammensetzen. Die Pflanze ist pflegeleicht und gedeiht auch unter ungünstigen Bedingungen. Junge Pflanzen sehen am attraktivsten aus. Ältere Pflanzen kann man zurückschneiden, wenn sie sparrig werden, oder man nimmt im Sommer Kopfstecklinge, um neue Pflanzen zu ziehen – allerdings benötigen sie sehr viel Wärme, um Wurzeln auszubilden. Die Pflanze wird manchmal noch unter ihrem alten Namen *Stereospermum sinicum* oder *S. suaveolens* verkauft.

- *Das Substrat ständig feucht halten, aber vor allem im Winter nicht zu stark gießen.*
- *Die Blätter gelegentlich besprühen, obwohl Radermachera eine niedrige Luftfeuchtigkeit besser verträgt als andere Zimmerpflanzen.*
- *Im Sommer werden die jungen Blätter bisweilen von Blattläusen befallen.*

Sarracenia purpurea
Schlauchpflanze

 Sarracenia purpurea zählt zu den fleischfressenden Pflanzen. Ihre Blätter bilden eine lange, hohle Röhre mit einer Spitze, die einen kapuzenartigen Deckel formt. Im Innern der Röhre befindet sich ein Verdauungssekret: Insekten, die dort hineinfallen, werden von der Pflanze verdaut. Im Sommer bilden ältere, kräftige Pflanzen Blüten aus, die an langen Stielen sitzen. Die Blüten sind durch fünf Kelchblätter gekennzeichnet, die ein gewölbtes Zentrum einschließen. *Sarracenia flava* hat gelblich-grüne Blätter, deren Deckel bisweilen rot geädert ist, und gelbe Blüten.

- *Stellen Sie den Topf während der Wachstumszeit in eine Schale mit Wasser. Im Winter halten Sie nur das Substrat gleichmäßig feucht.*
- *Verwenden Sie zum Gießen Regenwasser oder abgekochtes und wieder abgekühltes Wasser.*
- *Pflanzen Sie* **Sarracenia** *unter Zusatz von Torfmoos und Sand in Substrat ohne Erde.*
- *Wenn das Substrat austrocknet oder die Luftfeuchtigkeit zu niedrig ist, werden die Blattfallen braun und zerbröseln. Schneiden Sie abgestorbene Blätter glatt an der Basis ab.*

Scirpus cernuus
Frauenhaar, Nickende Simse

Obwohl diese Pflanze heute fast ausschließlich unter dem Namen *Scirpus cernuus* verkauft wird, war sie lange Zeit als *Isolepis cernua* bekannt. Die hellgrünen, fadenförmigen Blätter stehen in dichten Gruppen zusammen. Sie wachsen zuerst aufrecht und biegen sich später nach unten – eine prächtige Fontäne aus grünen Blättern. Die Pflanzen werden oft eingezwängt in eine Plastikröhre verkauft, damit sie in die Höhe wachsen und die Blätter kaskadenartig von der Spitze der Röhre herabhängen; dabei kommen sie als Ampelpflanze oder auf einem Sockel viel besser zur Geltung. In der Natur wächst die Simse im Sumpf oder in seichtem Wasser; daher zählt sie zu den ganz wenigen Zimmerpflanzen, die ständig in einer Schale mit Wasser stehen können.

- *Stellen Sie den Topf während der Wachstumszeit in eine Schale mit Wasser, die Sie ständig nachfüllen. Sobald im Winter die Temperatur sinkt, nehmen Sie die Pflanze aus der Schale heraus, halten das Substrat aber gleichmäßig feucht.*
- *Wenn das Substrat austrocknet, werden die Blätter schnell braun.*
- *Besprühen Sie die Pflanzen täglich oder jeden zweiten Tag mit klarem Wasser, damit sie ihr frisches Aussehen behalten.*
- *Im Frühjahr können große Pflanzen durch Teilen vermehrt werden.*

Selaginella kraussiana
Moosfarn, Mooskraut

Moosfarn, ein hellgrünes Bärlapp-Gewächs, bildet eine dichte, ausladende Matte. Die winzigen, schuppenartigen Blätter sitzen an verzweigten Trieben, die überall dort Wurzeln schlagen, wo ihre Unterseite den Boden berührt. Die Pflanze braucht viel Feuchtigkeit und verträgt weder trockene Luft noch Temperaturschwankungen oder Zugluft. Sie gedeiht in der feuchten Atmosphäre eines Miniaturgewächshauses oder eines Flaschengartens (siehe Seite 174), kann dort aber Mitbewohner verdrängen. Die Sorte 'Brownii' hat sehr dichtes, moosartig buschiges Laubwerk. *Selaginella lepidophylla* bildet in trockenem Zustand eine faserige, scheinbar leblose Kugel, die sich, sobald die Pflanze in Wasser gelegt wird, zu einer hellgrünen Rosette entfaltet. Sie wird deshalb Auferstehungspflanze genannt.
- *Halten Sie die Erde ständig feucht.*
- *Sprühen Sie Pflanzen, die nicht in einem Miniaturgewächshaus oder Flaschengarten wachsen, zweimal täglich mit lauwarmem Wasser ein.*
- *Alle vier Wochen mit verdünntem Blumendünger gießen.*

Stromanthe sanguinea
Stromanthe

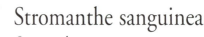

Die Stromanthe gehört zur selben Pflanzenfamilie wie Marante und Korbmarante und zeigt aus diesem Grund ebenso auffälliges Laubwerk. *Stromanthe sanguinea* hat schmale, lanzettförmige Blätter auf langen, roten Blattstielen. Die Oberseiten der Blätter schimmern grün mit blaßgrünen Mittelrippen, die Unterseiten sind purpurrot. Die Sorte 'Stripestar' (links) wird am häufigsten im Handel angeboten; ihre Blätter sind sehr hell geädert, so daß sie gestreift erscheinen. Die Blattunterseiten zeigen ein dunkles Burgunderrot. Die Blätter sind zunächst eng zusammengerollt und wachsen aufrecht, neigen sich dann aber allmählich, bis das Blatt einen rechten Winkel mit dem Stiel bildet.

Die bisher als *Stromanthe amabilis* bezeichnete Pflanze wurde zwar inzwischen als *Ctenanthe amabilis* klassifiziert, wird aber möglicherweise noch ab und zu als Stromanthe angeboten.
- *Setzen Sie diese empfindliche Pflanze weder Zugluft noch Temperaturschwankungen aus.*
- *Halten Sie das Erdreich feucht, aber nie naß: Vor dem nächsten Gießen sollten die oberen 2,5 cm des Erdreichs austrocknen.*
- *Sprühen Sie die Blätter regelmäßig mit lauwarmem Wasser ein.*

Grünpflanzen

Washingtonia filifera
Washingtonie, Petticoatpalme

 Washingtonia filifera ist eine Fächerpalme mit weit ausgebreiteten Blättern, die zu einer stattlichen Größe heranwachsen kann. Die Blätter sind in vielerlei Abschnitte unterteilt, die nicht bis zur Blattbasis reichen; von der Spitze und den Rändern schälen sich gekräuselte hellbraune Bastfäden ab. Die robusten grünen Blattstiele tragen kräftige Dornen. Der beste Platz für die Washingtonie ist ein Wintergarten, hier kann sie prächtig heranwachsen.

- *Achten Sie darauf, daß das Gießwasser ablaufen kann, da die Wurzeln keine Staunässe vertragen.*
- *Gießen Sie die Palme in der Wachstumsphase reichlich, im Winter dagegen nur sparsam.*

Yucca elephantipes
Riesenpalmlilie

 Die schwertförmigen Blätter der *Yucca elephantipes* stehen in dunkelgrünen Rosettenschöpfen und können bis zu einem Meter lang werden. Die Blattrosetten wachsen in Büscheln knapp unterhalb der Spitze eines abgesägten Stammes und geben der Pflanze ihr charakteristisches Aussehen. Die langen, gebogenen und gezähnten Blätter von *Yucca elephantipes* sind nicht so starr und spitz wie die von *Yucca aloifolia* (siehe Seite 75), und daher auch nicht so gefährlich. Tiefer liegende Blätter werden während des natürlichen Wachstums abgeworfen; ein kräftiger, kahler Stamm bleibt zurück. Große Exemplare mit mächtigem Stamm können sehr teuer sein, stellen aber einen außergewöhnlichen Blickfang dar. Eine farbenprächtigere Variante hat mittelgrüne Blätter mit deutlich abgesetzten, milchweißen Rändern.

Yuccas lieben helle Standorte mit viel Sonne; sie eignen sich auch gut für Räume mit Zentralheizung, da sie trockene Luft vertragen.

- *Stellen Sie die Pflanze während des Sommers an einen geschützten Standort ins Freie.*
- *Im Winter nur so viel gießen, daß die Erde nicht austrocknet.*
- *An der Basis bilden sich manchmal Ableger, die zur Vermehrung herangezogen werden können. Schneiden Sie diese vorsichtig ab und pflanzen Sie sie separat wieder ein.*
- *Geben Sie acht, daß eine große Pflanze in einem entsprechend stabilen Topf steht – sonst könnte die Palme umkippen und Schaden nehmen.*

BUNTLAUBIGE BLATTPFLANZEN VON A BIS Z

BLATTPFLANZEN müssen nicht zwangsweise grün sein: Es gibt Hunderte von farbigen Arten, die dank ihrer bunten Blätter mit jeder Blütenpflanze konkurrieren können. Manche Farben sind blaß und unauffällig, andere leuchtend und ausdrucksvoll. Die Färbung kann das ganze Blatt einnehmen oder Muster bilden. Die Auswahl ist riesig – und im Gegensatz zu den eher kurzlebigen Blüten ziehen dekorative Blätter das ganze Jahr über die Blicke auf sich.

Acalypha wilkesiana
Katzenschwanz, Nesselschön

 Die brennesselartigen, kupfergrünen Blätter von *Acalypha* sind mit roten und purpurnen Sprenkeln überzogen. Die Pflanze wächst buschig und relativ schnell, ist im Zimmer jedoch nur kurzlebig. Ältere, verholzte Exemplare weisen sparrige Triebe auf. Die beliebtesten Varietäten sind 'Can Can' mit rot, violett und cremeweiß getönten Blättern sowie 'Marginata' mit herzförmigen, olivgrünen Blättern, die bronzefarben und karminrot gesäumt sind. Den Katzenschwanz hält man besser im Wintergarten, da seine Blätter 5 cm breit und 15 cm lang werden und die Pflanze eine Höhe von 1,8 m erreichen kann.

- *Schneiden Sie im Frühjahr und im Frühsommer Stecklinge von halbreifen Trieben, um neue Pflanzen zu ziehen. Ein Vermehrungsbeet mit Bodenheizung unterstützt das Einwurzeln.*
- *Besprühen Sie die Pflanzen täglich mit Wasser und stellen Sie den Topf in feuchten Kies, um die Luftfeuchtigkeit zu erhöhen.*
- *Vorsicht vor Spinnmilben: Diese befallen die Pflanzen, wenn die Luftfeuchtigkeit zu niedrig ist.*

Aglaonema spec.
Aglaoneme, Kolbenfaden

 Die langen, lanzettförmigen Blätter der Aglaoneme sitzen an langen Stielen, die dem Substrat in Gruppen entsprießen. Ältere Pflanzen entwickeln einen kurzen Stamm. Die Blätter der beliebten Sorte 'Silver Queen' (rechts) sind silbergrau und haben einige olivgrüne Flecken und Tupfen. 'Maria' hat grüne Blätter, die ganz leicht silbern gesprenkelt sind, während 'Maria Christina' von kompaktem Wuchs ist und breite Blätter hat, die cremegelb gefärbt sind und grüne Flecken aufweisen.

- *Obwohl* **Aglaonema** *Schatten verträgt, sollten die stärker gefärbten Sorten ausreichend hell stehen, damit die Blattfarben nicht verblassen.*
- *Stellen Sie den Topf auf feuchte Kiesel, um die Luftfeuchtigkeit zu erhöhen. Die Pflanze braucht Wärme (mindestens 18° C).*
- *Während der Wachstumsperiode regelmäßig mit Stickstoff düngen.*

Buntlaubige Blattpflanzen 49

Ampelopsis brevipedunculata *var.* elegans
Scheinrebe, Jungfernrebe, Zimmerwein

 Diese winterharte Pflanze aus der Familie *Vitaceae* ist mit *Parthenocissus quinquefolia*, dem Wilden Wein, verwandt. Die Sorte 'Elegans' ist von kleinerem Wuchs als die Wildart und daher besser als Zimmerpflanze geeignet. Ihre gelappten Blätter ähneln denen von Efeu oder Hopfen und sind auffällig weiß, manchmal auch rosa panaschiert. Auf die traubenartigen Büschel kleiner grüner Blüten folgen porzellanblaue Beeren – allerdings selten bei Zimmerpflanzen, sondern eher bei Exemplaren, die auf der Terrasse stehen. Ein heller Standort ist die Voraussetzung für das Ausbilden von prächtigen Blattfarben.

- *Ziehen Sie die Pflanze an einem Spalier oder stellen Sie sie auf einen dekorativen Sockel, von dem die Triebe herunterhängen können.*
- *Schneiden Sie die Triebspitzen regelmäßig, damit die Pflanze ihr buschiges Aussehen behält.*
- *Stellen Sie die Pflanze in den Sommermonaten an einen geschützten Ort ins Freie.*
- *Vermehrung durch Kopfstecklinge, die Sie im Sommer schneiden.*

Ananas comosus 'Variegatus'
Zierananas

 Die schwertförmigen Blätter der Ananas entspringen der für Bromeliaceen typischen Rosette. Die eßbaren Früchte stammen von der Art *Ananas comosus*. Die Sorte 'Variegatus' zeigt eine kompaktere Wuchsform; ihre grünen Blätter haben einen breiten, weißen Rand. Wenn die Pflanzen in der Sonne stehen, schimmern die Blattränder rosa. Ältere Pflanzen bringen mitunter purpurne Blüten hervor, die von einem Büschel Blätter bedeckt sind; aus diesen entstehen kleine rosafarbene Früchte, die nicht zum Verzehr geeignet sind.

- *Besprühen Sie die Blätter regelmäßig.*
- *Die stachligen Blätter können Verletzungen verursachen.*
- *Die Pflanzen beginnen erst nach mehreren Jahren zu blühen und Früchte zu tragen.*
- *Vermehrung durch Ableger an der Basis, die von der Mutterpflanze getrennt und eingetopft werden.*

Begonia boweri
Blattbegonie, Schiefblatt

Die Blätter von *Begonia boweri* sind schief herzförmig, etwa 8 cm lang und am Rand gewellt. Die Blattränder weisen schokoladebraune Flecken auf und tragen einen spärlichen Fransensaum aus weißen Härchen. Im Winter oder zu Beginn des Frühjahrs werden zwar zarte, blaßrosafarbene Blüten an langen Stielen ausgebildet, allerdings ist das Schiefblatt vor allem wegen seiner ungewöhnlichen Blätter eine beliebte Zimmerpflanze.

- *Das Substrat während der Wachstumszeit feucht halten; im Winter sparsam gießen.*
- *Vermehrung durch Teilung der rhizomähnlichen Wurzelknollen oder durch Blattstecklinge. Die Pflanzen sollten nach einigen Jahren ersetzt werden, da sie mit zunehmendem Alter immer unansehnlicher werden.*
- *Dieses Schiefblatt ist eine der kleinsten Blattbegonien und eignet sich daher besonders für eher kleine Räume.*

Begonia masoniana
Eisernes Kreuz

Eine gutentwickelte *Begonia masoniana* zählt zu den schönsten Blattpflanzen überhaupt. Ihre Blätter sind ziemlich groß – bis zu 15 cm lang – und grob herzförmig, die Blattränder leicht gebogen. Die Blattoberseite ist auffallend runzlig. Sie wirkt wie abgesteppt und ist von borstigen, rötlichen Härchen bedeckt. Die Umgebung der Hauptadern wird durch unterschiedlich breite, schokoladebraune Bänder hervorgehoben, deren Arme sich an den Spitzen verbreitern.

- *An einem hellen Standort behält die Pflanze ihre kompakte Form.*
- *Sorgen Sie für zusätzliche Feuchtigkeit, indem Sie den Topf in feuchten Kies stellen, die Blätter aber nicht besprühen.*
- *Gönnen Sie der Pflanze eine kurze Winterruhe mit etwas niedrigeren Temperaturen und geringeren Wassergaben.*

Buntlaubige Blattpflanzen 51

Begonia rex
Königsbegonie

Die Königsbegonie ist die bekannteste Blattbegonie. Sie besticht durch ihr spektakuläres Aussehen. Die im Handel erhältlichen Pflanzen sind allesamt Hybridformen. Die derben, behaarten, herzförmigen Blätter können eine Länge von 30 cm erreichen. Manche Sorten haben fein gefiederte, fransenartige Blattränder, während bei anderen der Blattgrund schneckenförmig eingerollt ist. Die Blätter sind durch hellrosa-, purpur- oder silberfarbene Flecken, Bänder oder Adern gekennzeichnet. Einige Sorten haben Blätter mit drei oder vier Zonen von unterschiedlicher Färbung, andere dagegen sind fast ganz rosa oder silbrig gefärbt. Die Blätter zeigen oft einen metallischen Glanz. Zu den beliebtesten Sorten zählen 'Merry Christmas', 'Argentea', 'Bettina Rothschild' und 'Raspberry Swirl'.

- *Mitunter werden auch Zwergformen von Begonia rex angeboten.*
- *Vermehrung durch Blattstecklinge. Aus einem einzigen Blatt, das in Abschnitte zerteilt wird, können mehrere Pflanzen gezogen werden.*
- *Eine hohe Luftfeuchtigkeit ist wichtig, damit die Blätter nicht braun werden und sich an den Rändern einrollen.*

Caladium bicolor
Kaladie, Buntblatt, Buntwurz

Die Kaladie ist zwar nicht leicht zu kultivieren, doch die prächtig gefärbten Blätter lohnen den Kauf, auch wenn man die Pflanze nur einjährig hält. Die Kaladie wächst aus einer Knolle und – ungewöhnlich für eine Blattpflanze – stirbt im Herbst ab, während die Knolle Winterruhe hält. Die papierdünnen, herzförmigen Blätter stehen an langen Stielen und zeichnen sich durch eine Fülle auffälliger Muster in Weiß, Rosarot, Rot und Grün aus, wobei die Blattadern in Kontrastfarben erscheinen.

- *Schützen Sie die Pflanze vor Zugluft und direkter Sonneneinstrahlung.*
- *Besprühen Sie die Blätter in der Wachstumsphase täglich.*
- *In der Wachstumszeit häufig gießen; etwas weniger, sobald die Blätter im Spätsommer absterben. Während die Knolle Winterruhe hält, nur so viel gießen, daß das Substrat nicht völlig austrocknet.*

Calathea roseopicta
Korbmarante

Calathea roseopicta zählt zu einer artenreichen Gattung, die viele Zimmerpflanzen hervorgebracht hat. Sie sind mit der Gattung *Maranta* verwandt. *Calathea roseopicta* hat große, ovale Blätter mit unregelmäßigen, hellen und dunklen Bändern auf jeder Seite der Mittelrippe. Eine unregelmäßige Linie zieht sich um das gesamte Blatt: Bei der Sorte 'Angela' ist sie weißlich-grün, während die weißen Blätter von 'Sylvia' einen grau-grünen Rand haben.

Die langen roten Blattstiele von *C. lanceolata* (Klapperschlangen-Pflanze) entspringen aus dem Boden. Diese Art zeichnet sich durch lanzettförmige Blätter mit gekerbtem Rand aus, die ovale, olivgrüne Flecken tragen. *C. litzei* 'Greenstar' hat breitere Blätter als *C. lancifolia*, die hellgrüne und glänzend dunkelgrüne Querstreifen aufweist. *C.* 'Wavestar' hat lanzettförmige, hellgrüne, gemusterte Blätter mit gewellten Rändern, die an langen roten Blattstielen sitzen. Die bekannteste Art ist *C. makoyana* (Pfauenpflanze) mit ovalen, hellgrünen Blättern, die dunkelgrüne Flekken tragen. *C. zebrina* (Zebrapflanze) hat lange, dunkelgrüne Blätter mit einer hellgrünen Mittelrippe, hellgrünen Adern und einer purpurroten Unterseite.

- *Besprühen Sie die Blätter häufig mit weichem Wasser.*
- *Geben Sie den Pflanzen in der Wachstumsperiode regelmäßig Dünger mit hohem Stickstoffanteil.*
- Calathea *schätzt den Halbschatten. An einem zu hellen Standort bleichen die Blätter aus und die bezaubernden Muster gehen verloren.*

Carex brunnea *'Variegata'*
Gestreifte Segge

Die winterharten Seggen sind typische Freilandpflanzen, doch ein oder zwei Arten können als Zimmerpflanzen gehalten werden. *Carex brunnea* 'Jeneke' (links) bildet ein aufrecht stehendes Büschel aus gelb und bronzegrün gestreiften Blättern, wobei sich die äußeren zur Erde neigen. *C. morrowii* 'Variegata' sieht ähnlich aus; ihre gebogenen, schmalen Blätter zeigen auffällige weiße Streifen.

- *Achten Sie darauf, daß die Erde in der Wachstumsphase feucht bleibt, aber vermeiden Sie Staunässe.*
- *Obwohl* Carex *einen sonnigen Standort bevorzugt, toleriert sie Schatten.*
- *Sie sorgen für einen kräftigen Wuchs, indem Sie die Pflanze teilen, sobald die Wurzeln den Blumentopf ausfüllen.*

Buntlaubige Blattpflanzen 53

Chlorophytum comosum
Grünlilie, Graslilie

Grünlilien benötigen so wenig Pflege, daß sie oft mißachtet werden – zu Unrecht, denn sie können äußerst attraktive Zimmerpflanzen sein. Die grasähnlichen Blätter sind kräftig grün und weiß gestreift und bilden Büschel aus anmutig gebogenen Blättern. Im Sommer erscheinen weiße Blüten an langen, drahtigen Trieben; sobald die Blüten welken, bilden sich viele Kindel an der Spitze der Triebe. Auf einem Sockel, in einer Ampel oder auf dem Fensterbrett, wo die Blätter hübsch nach unten fallen können, kommt die Pflanze gut zur Geltung. Junge Pflanzen haben breitere Blätter, die mit dem Wachstum schmaler werden. Die Sorte 'Vittatum' (rechts) hat grüne Blätter mit einem weißen Streifen in der Mitte, während die weniger bekannte Sorte 'Variegatum' grüne Blätter mit weißem Rand aufweist.

- *Ein heller Standort ist notwendig für die Farbenpracht; allerdings läßt direkte Sonneneinstrahlung die Blätter braun werden. Im Winter verträgt die Pflanze einige Stunden direktes Sonnenlicht.*
- *Kindel können in separaten Töpfen angezogen werden. Die Wurzeln bilden sich bereits aus, während die Jungpflanzen noch mit der Mutterpflanze verbunden sind.*
- *Geben Sie im Sommer Dünger mit einem hohen Stickstoffanteil.*

Codiaeum variegatum *var.* pictum
Croton, Wunderstrauch

Diese Pflanze wächst buschig mit ledrigen, ovalen bis lanzettförmigen Blättern an einem kräftigem Stamm. Die Blätter sind grün, purpurn oder rot, normalerweise mit gelben oder rosafarbenen Blattadern, und können getupft oder gefleckt sein. Die Form der Blätter variiert sehr stark unter den verschiedenen Sorten; sie können lang und bandförmig, gekräuselt, in sich gedreht oder gelappt sein. Die Blätter der Sorten 'Golden Bells' und 'Purple Bells' laufen in einen schmalen Faden aus, an dem eine becherförmige Blattspitze baumelt.

- *Die unteren Blätter von* Codiaeum *fallen nicht selten ab und lassen in der Folge ein Stück kahlen Stamm zum Vorschein kommen. Von verkahlten Pflanzen kann man allerdings durch Abmoosen völlig problemlos Ableger gewinnen.*
- *Halten Sie die Pflanze ständig warm und setzen Sie sie keinesfalls Zugluft aus.*
- *Besprühen Sie die Blätter täglich mit lauwarmem Wasser.*
- *Etwas Sonne sorgt zwar für leuchtendere Farben, doch sollten Sie die Pflanze vor allem im Sommer nicht über längere Zeit direkter Sonneneinstrahlung aussetzen.*

Coleus-Blumei-*Hybriden*
Buntnessel, Flammennessel, Ziernessel

Die vierkantigen Stengel und die spitzen, gezähnten Blätter der Buntnessel sind typisch für Lippenblütler. Die Blattfarben variieren von Rosa, Ziegel- und Purpurrot über Gelb und Orange bis hin zu Grün, wobei zwei bis vier Farben auf demselben Blatt vorkommen. Die geäderten oder gefleckten Blätter weisen regelmäßig oder unregelmäßig gemusterte Ränder auf. 'Sabre' ist eine Zwergform mit langen Blättern; 'Carefree' hat gekräuselte Blätter mit schöner Farbzeichnung. Die rot gefärbten Blätter von 'Black Dragon' haben einen schwarzen Rand.
• *Die Pflanzen werden im Alter sparrig und sollten dann ersetzt werden. Stecklinge wurzeln leicht und sorgen für einen ausreichenden Nachwuchs.*
• *Coleus kann im Frühling aus Samen gezogen werden.*
• *Entspitzen Sie junge Pflanzen, damit sie buschig wachsen.*
• *Ein heller Standort ist notwendig, damit die Blätter kräftige Farben ausbilden können.*

Cordyline fruticosa
Keulenlilie

Cordyline und *Dracaena* werden oft miteinander verwechselt. *Cordyline fruticosa* ist auch als *Dracaena terminalis* oder als *Cordyline terminalis* erhältlich. Die lanzettartigen Blätter sitzen an einem kurzen Stamm und sind hell gefärbt. Junge Blätter sind rosarot, ältere kupfergrün. Es gibt viele prachtvoll gefärbte Sorten: 'Atom' ist rosa und purpurrot gestreift; 'Kiwi' (rechts) hat grün und cremefarben gestreifte Blätter mit einem rosafarbenen Rand; die kompakte 'Red Edge' hat rote und purpurfarbene Blätter. Die kürzeren, glänzend purpurroten Blätter von 'Purple Compacta' stehen sehr dicht am Stamm.
• *Im Alter fallen die unteren Blätter ab.*
• *Besprühen Sie die Pflanze täglich, damit die Blätter nicht braun werden.*
• *Halten Sie das Substrat im Sommer feucht; im Winter weniger gießen.*

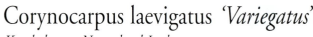

Corynocarpus laevigatus *'Variegatus'*
Karakabaum, Neuseeland-Lorbeer

In seiner Heimat Neuseeland wächst *Corynocarpus* zu einem stattlichen Baum heran; als Kübelpflanze für Haus oder Wintergarten bleibt er eher strauchartig. Die ovalen, ledrigen Blätter sitzen an dicken, ausgebreiteten Zweigen und sind grün mit cremig-weißem Rand.
• *Setzen Sie den Karakabaum in einen großen Topf oder einen Kübel.*
• *Besprühen Sie die Blätter regelmäßig mit Wasser.*
• *Schützen Sie die Pflanze hinter Glas vor direktem, heißem Sonnenlicht.*
• *Wildformen bringen orangefarbene Blüten hervor, die eßbar sind; diese müssen jedoch sorgfältig zubereitet werden, damit sie ungiftig sind.*

Buntlaubige Blattpflanzen

Cryptanthus bivittatus
Versteckblüte, Erdstern

Die Versteckblüte besitzt Rosetten aus gewellten Blättern mit grünen und cremeweißen Längsstreifen. Die Pflanzen sind rosarot gefärbt. Die aufrecht wachsende Sorte *Cryptanthus bromelioides* 'Tricolor' ist noch ausgeprägter gefärbt und wird deshalb auch Regenbogenstern genannt. *C. zonatus* 'Zebrinus' hat silber- und rotgrüngestreifte Blätter, wobei die Streifen nicht der Länge nach, sondern quer verlaufen.

- *Cryptanthus mit seinem spärlichen Wurzelsystem eignet sich gut für einen flachen Topf. In einem tiefen Topf fault die Basis der Pflanze.*
- *Stellen Sie den Topf auf Kieselsteine und besprühen Sie die Pflanze oft.*
- *Im Frühjahr können Kindel von der Mutterpflanze getrennt werden; halten Sie jene in einer feuchtwarmen Umgebung, bis sie eingewurzelt sind.*
- *Aus der Gattung* Crypthantus *und* Billbergia nutans *wurde die Hybridform* x Cryptbergia *gezüchtet.*

Ctenanthe pilosa
Ctenanthe

Die ovalen Blätter der Sorte 'Golden Mosaic' (rechts) tragen unregelmäßige, cremig-gelbe Flecken. Eine weitere Sorte ist *C. oppenheimiana* 'Tricolor', deren Blätter grau, grün und cremefarben getupft sind.

- *Trockenheit, Zugluft, direkte Sonneneinstrahlung und niedrige Temperaturen führen dazu, daß die Blätter braun werden und vorzeitig abfallen.*

Cupressus macrocarpa *'Goldcrest'*
Zimmerzypresse, Monterey-Zypresse

'Goldcrest', eine robuste Gartenkonifere, ist bei kühlen Bedingungen eine prächtige Zimmerpflanze. *Cupressus* hat goldgelbe, nadelartige Blattorgane und bildet ein wohlgeformtes Bäumchen. Die Pflanze eignet sich nicht für warme Räume mit Zentralheizung.

- *Ein heller Standort ist wichtig, um die leuchtenden Farben der Blätter zu erhalten.*
- *Halten Sie das Substrat feucht, aber achten Sie darauf, die Pflanze vor allem im Winter nicht zu übergießen.*
- *Trockene, warme Luft läßt die nadelartigen Blätter abfallen.*

Bunte Blätter

Blätter und Stengel von Pflanzen sind grün, da sie Chlorophyll enthalten. Dieses Pigment ist unabdingbar für die Photosynthese (siehe Seite 147), mit deren Hilfe Pflanzen die von ihnen benötigten Nährstoffe produzieren können. Pflanzen, die kein Chlorophyll enthalten, sind nicht lebensfähig oder aber Parasiten wie Teufelszwirn *(Cuscuta)* und Sommerwurz *(Orobanche)*. Chlorophyll ist nicht das einzige Blattpigment. Pflanzen enthalten auch die orangegelben Pigmente Xanthophyll und Carotin, die bei der Photosynthese ebenfalls eine Rolle spielen. Zusätzlich weisen manche Pflanzen noch das blaurote Anthocyan auf, das für die Synthese von Nährstoffen allerdings bedeutungslos ist.

Panaschierte Blätter

Wenn ein Blatt – oder ein Teil eines Blattes – keine Pigmente enthält, erscheint es weiß. Gelbe und cremefarbene Blätter weisen etwas Chlorophyll auf, allerdings in viel geringerer Konzentration als grüne Blätter. Dies kann dennoch ausreichen, um die Pflanze am Leben zu erhalten, vorausgesetzt, sie steht an einem Platz, an dem sie viel Licht erhält. Pflanzen mit blassen und goldgrünen Blättern wachsen langsamer als grünblättrige Sorten.

Häufiger kommt es vor, daß nur ein Teil des Blattes seine Pigmente verliert, während der Rest grün bleibt: Derartige Blätter bezeichnet man als panaschiert. Diese weißen oder gelben Stellen können als willkürliche Flecken oder Tupfen erscheinen oder aber ein Muster bilden, das meist in der Nähe der Adern oder der Ränder sichtbar wird. Unter entsprechenden Bedingungen bleibt die Panaschierung der Pflanze deren ganzes Leben lang erhalten. Eine Ausnahme stellt die zeitlich begrenzte Panaschierung dar, die auf einem Mangel an Nährstoffen beruht: Sie verschwindet wieder, sobald der Nährstoffmangel behoben ist.

Natürliche Mutationen

Viele panaschierte Pflanzen treten zunächst als Folge natürlicher Mutationen zutage – als abnorm gefärbte Triebe auf einer grünen Pflanze. Da diese Triebe attraktiv aussehen, werden sie von Züchtern selektiert und mittels Stecklingen vermehrt. Dieser Pflanzentyp muß vegetativ vermehrt werden, damit seine Panaschierung erhalten bleibt. Pflanzen, die aus Samen gezogen werden, weisen die Blattfarbe der Eltern auf. Die Panaschierung ist bei diesen Pflanzen instabil, so daß sie häufig wieder grüne Triebe hervorbringen. Derartige Triebe sollten entfernt werden: Da sie mehr Chlorophyll aufweisen, können sie schneller wachsen und die panaschierten Teile der Pflanze verdrängen.

Der richtige Standort für panaschierte Pflanzen

Da panaschierte Pflanzen weitaus weniger Chlorophyll enthalten als grünblättrige Sorten, benötigen sie einen hellen Standort, an dem sie soviel Licht wie möglich aufnehmen können. Wenn sie nicht genügend Licht erhalten, nehmen die grünen Teile des Blattes überhand, bis die Färbung schließlich ganz verlorengeht.

Buntlaubige Blattpflanzen

Farbige Blätter

Manche Pflanzen, beispielsweise einige Sorten von *Begonia rex* und *Coleus blumei*, haben Blätter, die scheinbar keinen grünen Farbanteil aufweisen und statt dessen orange, gelb, rot, purpurfarben oder silbrig schattiert sind. Dennoch entwickeln sie sich prächtig. Tatsächlich enthalten die Blätter Chlorophyll, doch die grüne Färbung wird von den höheren Anteilen anderer Pigmente überdeckt. Ebenso wie bei den panaschierten Pflanzen erscheinen die Blattfarben intensiver, wenn die Pflanze viel Licht rezipiert.

Die unten aufgeführten Pflanzen sind im „Lexikon der Zimmerpflanzen" beschrieben.

Pflanzen mit rosa, orange oder rötlich gefärbten Blättern:

Acalypha wilkesiana (Seite 48)
Begonia rex (großes Bild links und Seite 51)
Caladium bicolor (Seite 51)
Codiaeum variegatum var. *pictum* (Seite 53)
Coleus blumei (links und Seite 54)
Cordyline fruticosa (Seite 54)
Gynura aurantiaca 'Purple Passion' (rechts und Seite 62)
Hypoestes phyllostachya (Seite 63)
Iresine herbstii (Seite 64)
Peperomia caperata 'Pink Lady' (Seite 65)
Strobilanthes dyerianus (Seite 74)

Pflanzen mit goldfarbenen oder golden panaschierten Blättern:

Alpinia sanderae
Ananas comosus 'Variegatus' (Seite 49)
Carex brunnea 'Variegata' (Seite 52)
Codiaeum variegatum var. *pictum* (Seite 53)
Coleus blumei (Seite 54)
Corynocarpus laevigatus 'Variegatus' (Seite 54)
Cupressus macrocarpa 'Goldcrest' (Seite 55)
Dieffenbachia seguine (Seite 58)
Dracaena fragrans 'Lemon Lime' (Seite 58)
Euonymus japonicus (Seite 59)
Ficus benjamina 'Golden King' (Seite 61)
Pleioblastus viridistriatus (Seite 69)
Schefflera arboricola 'Gold Capella' (Seite 71)
Senecio macroglossus 'Variegatus' (rechts und Seite 73)

Pflanzen mit weiß und cremefarben panaschierten Blättern:

Aglaonema 'Silver Queen' (Seite 48)
Ampelopsis brevipedunculata var. *elegans* (rechts und Seite 49)
Chlorophytum comosum 'Vittatum' (Seite 53)
Dieffenbachia seguine 'Camilla' (Seite 58)
Epipremnum aureum 'Marble Queen' (Seite 59)
Ficus microcarpa 'Hawaii' (Seite 61)
Fittonia verschaffeltii var. *argyroneura* (Seite 62)

Dieffenbachia seguine
Dieffenbachie

Dank ihrer äußerst farbenprächtigen Blätter zählt die Dieffenbachie zu den Dauerbrennern unter den Zimmerpflanzen. Sehr beliebt ist die Sorte *Dieffenbachia seguine* 'Tropic Snow', die spitze, grüne Blätter mit gelben und hellgrünen Flecken in der Mitte hat. Die Blätter von *Dieffenbachia seguine* 'Lemon Tropic' sind stärker gelb gefärbt mit einzelnen grünen Einsprengseln und schmalen grünen Rändern.

Es gibt viele Hybridzüchtungen, etwa die gelbe, grün geränderte 'Camilla' (links) und die langblättrige, fontänenartige, grüngelbe 'Vesuvius'.

- *Der Saft der Dieffenbachie ist giftig; er kann die Augen reizen und Zunge und Mund anschwellen lassen. Achten Sie darauf, daß die Pflanzen nicht in Reichweite von Babys und Kleinkindern stehen.*
- *Stellen Sie den Topf in nassen Kies, um die Luftfeuchtigkeit zu erhöhen.*

Dracaena fragrans
Drachenbaum, Drachenlilie

Die langen, gepunkteten Blätter von *Dracaena fragrans* umfassen mit ihrer Basis den Stamm. Die botanische Klassifizierung von *Dracaena* hat sich in den letzten Jahren geändert: Mehrere Sorten, die früher zu *Dracaena deremensis* gehörten, werden heute unter *Dracaena fragrans* eingeordnet. Die Sorte 'Massangeana' hat breite, gebogene Blätter mit einem grüngelben Mittelstreifen. 'Lemon Lime' oder 'Lemon and Lime' (rechts) hat limettengrüne Blätter mit einem dunkelgrünen Mittelstreifen, der cremeweiß eingefaßt ist. Die Sorte 'Warneckii' hat dunkelgrüne Blätter mit einem weißen Randstreifen. *D. marginata* hat lange, schmale Blätter mit rotem Rand; *D. m.* 'Tricolor' weist gelbe und rote Streifen auf, und die Sorte 'Colorama' zeichnet sich durch einen breiten roten Rand aus. Die kompakte *D. sanderiana* hat lange, lanzettliche Blätter mit einem breiten weißen Rand, während *D. surculosa* buschiger wächst und ovale, auffällig golden oder weiß gefleckte Blätter auf zarten Stielen trägt. Die am weitesten verbreitete Sorte 'Florida Beauty' hat größtenteils weiße Blätter mit grünen Flecken.

- *Viele Drachenbäume verlieren ihre unteren Blätter, so daß palmenähnliche Stämme mit einer Blattrosette an der Spitze entstehen. Wenn die Spitze abgeschnitten wird, entspringen dem Stamm neue Rosetten.*
- *Ein heller Standort verhindert, daß die bunten Blätter vergrünen, aber die Pflanze verträgt auch Schatten.*

Buntlaubige Blattpflanzen

Epipremnum aureum
Efeutute

Diese Kletterpflanze stammt aus dem tropischen Regenwald, wo sie sich mit ihren langen Trieben an Baumstämmen hochrankt und mit Luftwurzeln festhält. Sie hieß früher *Scindapsus aureus* und wird heute noch manchmal unter diesem Namen angeboten. Die jungen Blätter sind eiförmig, tiefgrün glänzend mit goldenen Flecken. Im Alter werden die Blätter herzförmig. Kräftige Luftwurzeln entspringen von den Knoten der Blattstiele. Sehr beliebt ist die Sorte 'Marble Queen' (links), deren Blätter weiß marmoriert sind. Die Pflanzen erinnern an *Philodendron scandens* (Kletterphilodendron, siehe Seite 40) und können auf die gleiche Weise gezogen werden – entweder läßt man sie frei ranken oder man zieht sie an einem moosbedeckten Stab oder Spalier.

- *Epipremnum* verträgt zwar durchaus Schatten, allerdings benötigen die buntblättrigen Sorten ausreichend Licht, um nicht zu vergrünen.
- Bei größeren Pflanzen können die jungen Triebe im Frühjahr abgeschnitten und als Setzlinge in einem beheizten Vermehrungsbeet ausgepflanzt werden.

Euonymus japonicus
Spindelstrauch, Falscher Lorbeer

Dieser winterharte Strauch wird als Zimmerpflanze immer beliebter. *Euonymus* hat ovale, ledrige, glänzend-grüne Blätter, die bei einigen Sorten golden oder silbrig gefärbt sind. Am besten wächst die Pflanze als kleiner Strauch, deshalb sollten die Triebspitzen regelmäßig zurückgeschnitten werden, um eine niedrige, buschige Form zu erhalten. Größere Exemplare sind gewöhnlich nicht als Zimmerpflanzen geeignet, können aber im Garten ausgepflanzt werden, wenn sie ihren Zweck erfüllt haben. Unter den goldfarbenen Sorten sind 'Aureus', 'Luna' und 'Ovatus Aureus' (rechts), auch als 'Marieke' bezeichnet, im Handel erhältlich. 'Microphyllus Variegatus' wächst langsamer und hat kleine, schmale Blätter mit einem kräftigen weißen Rand.

- *Euonymus* benötigt einen kühlen Standort. Die Blätter fallen vorzeitig ab, wenn die Pflanze zu warm steht.
- Gießen Sie die Pflanze in der Wachstumsperiode nur mäßig und im Winter noch sparsamer.
- Schneiden Sie im Frühjahr Kopfstecklinge, um rechtzeitig für Ersatz zu sorgen, falls eine Pflanze zu groß für die Wohnung wird.

x Fatshedera lizei
Efeuaralie

Hierbei handelt es sich um eine Kreuzung zweier Arten, die der gleichen Familie, aber verschiedenen Gattungen entstammen: *Fatsia japonica* (Zimmeraralie) und *Hedera helix* (Efeu). Daher weist die Efeuaralie auch die charakteristischen Merkmale beider Elternteile auf: Sie besitzt harte, ledrige, glänzende Blätter. Die Sorte 'Variegata' hat Blätter mit unregelmäßigem, cremeweißem Rand und wächst langsamer als die grünblättrige Form (siehe Seite 25). 'Aurea', 'Annemiecke' und 'Pia' (rechts) sind als weitere buntblättrige Züchtungen im Handel. Die Efeuaralie kann als Kletterpflanze an einem Moosstab oder Spalier gezogen werden. Man kann sie aber auch zu buschigem Wuchs anregen, indem man regelmäßig die Triebspitzen ausbricht, damit sie nicht zu hoch und langstielig wird. Bei Bedarf kann die Efeuaralie im Frühjahr zurückgeschnitten werden.

- *Helles, indirektes Licht bringt die schönsten Blattfärbungen hervor. Die Efeuaralie kann im Sommer ins Freie gestellt werden: Suchen Sie einen geschützten Standort und vermeiden Sie direkte Sonneneinstrahlung.*
- *Die Efeuaralie verträgt eine kühle Umgebung: Die buntblättrigen Formen benötigen im Winter eine Mindesttemperatur von 10° C, während die grünen Sorten auch etwas niedrigere Temperaturen tolerieren.*
- *Suchen Sie die Unterseite der Blätter und die Stiele regelmäßig nach Schildläusen ab, die die Efeuaralie häufig befallen.*

Fatsia japonica 'Variegata'
Zimmeraralie

Die großen, glänzenden, fingerförmig gelappten Blätter der Zimmeraralie tragen, häufig nur an den Spitzen, einen cremeweißen Rand. Wie die grünblättrige Form (siehe Seite 25) ist *Fatsia japonica* 'Variegata' pflegeleicht und gedeiht prächtig in einem kühlen Raum. Ist die Temperatur zu hoch, werden die Blätter und Stiele dagegen weich und schlapp. Die Blätter können bei einer ausgewachsenen Pflanze einen Durchmesser von 38 cm erreichen. Die Zimmeraralie benötigt viel Platz, zumal die jungen Blätter leicht beschädigt werden können, wenn sie im Vorbeigehen berührt werden.

- *Die Pflanze liebt einen hellen Standort. Vermeiden Sie aber direktes Sonnenlicht, damit die Blätter nicht versengt werden. Vor allem junge Blätter sind empfindlich.*
- *In den Wintermonaten nur spärlich gießen. In der Wachstumszeit das Substrat ständig feucht halten. Die Pflanze bei warmem Wetter in feuchten Kies stellen und alle paar Tage mit Wasser besprühen.*
- *Schildläuse (siehe Seite 183) bedrohen die Pflanze. Suchen Sie Stämmchen, Blattstiele und die Unterseiten der Blätter nach den kleinen ovalen Insekten ab und zerdrücken Sie sie mit dem Fingernagel.*

Ficus benjamina
Birkenfeige

 Wegen ihrer anspruchslosen Natur zählt die Birkenfeige, von der es viele bunt- und grünblättrige Formen gibt, zu den beliebtesten Zimmerpflanzen. 'Reginald' hat blaßgoldene Blätter mit dunkelgrünem Zentrum, 'Golden King' goldumrandete Blätter, während 'Starlight' graugrüne Blätter mit einem cremefarbenen Rand und ebensolchen Flecken aufweist. Die gewellten Blätter der Sorte 'Curly' sind von dunkelgrünen und cremefarbigen Tupfen übersät. Die weiße Sorte 'Hawaii' wird zwar als *Ficus benjamina* verkauft, ist aber eine Zuchtform von *F. microcarpa*, einer verwandten Art.
- *Besprühen Sie die Blätter täglich mit Wasser.*
- *Viele Pflanzen werfen ältere Blätter ab, wenn im Frühjahr neue nachkommen. Zu stärkerem Blattfall kommt es, wenn die Pflanze an einem zugigen oder heißen, trockenen Platz steht.*
- *Im Winter sparsamer gießen.*

Ficus elastica
Gummibaum

 Es gibt einige buntblättrige Formen des Gummibaums, die aber nicht so beliebt wie die grünblättrigen Sorten sind. 'Doescheri' wurde weitestgehend durch 'Tineke' (links) ersetzt, eine starkwüchsige Sorte, deren Blätter grüne und hellere graugrüne Flecken sowie einen cremeweißen Rand aufweisen. Die Mittelrippe und die Blattstiele sind rot. 'Sylvie' hat eine gedrungenere Form und ähnlich gefärbte Blätter mit einem breiteren, cremeweißen Rand.
- *Wischen Sie mit einem weichen Tuch den Staub von den Blättern.*
- *Buntblättrige Gummibaumsorten benötigen vor allem im Winter viel Licht – dann vertragen sie sogar kurze Zeit direktes Sonnenlicht.*
- *Die Pflanze mag keine Staunässe. Lassen Sie die Oberfläche des Substrates austrocknen, ehe Sie erneut gießen.*

Ficus pumila
Kletter-Ficus

 **Wie sein grünblättriger Verwandter** braucht der buntblättrige Kletter-Ficus konstante Temperaturen, hohe Luftfeuchtigkeit und ein ständig feuchtes Substrat. 'Sonny' (auch als 'Sunny' angeboten) hat runde Blätter mit einem weißen Rand, der meist nicht bis in die Spitze reicht. 'White Sonny' (rechts) sieht ähnlich aus, hat aber breitere Blattränder. Die Blätter von 'Variegata' sind mit weißen Flecken übersät.
- *Die Blätter vergrünen zwar, wenn die Pflanze zu wenig Licht bekommt, doch ist direkte Sonneneinstrahlung zu vermeiden.*
- *Ficus pumila wächst kletternd oder halbrankend. Sie können die Pflanze an einem Moosstab oder einem Spalier ziehen.*
- *Das Substrat sollte nicht austrocknen. Besprühen Sie die Blätter mit lauwarmem Wasser.*

Fittonia verschaffeltii *var.* argyoneura
Fittonie

 Es gibt zwei beliebte Varietäten von Fittonia: *Fittonia albivensis Verschaffeltii* und *F. a. Argyroneura*. Die *Verschaffeltii*-Sorten haben olivgrüne Blätter mit rosafarbenen oder roten Adern, während die Blätter der *Argyroneura*-Sorten ein helleres Grün zeigen und von einem silbernen Adernetz durchzogen sind (rechts).

Fittonien brauchen eine aufmerksame Pflege, da sie eine hohe Luftfeuchtigkeit und gleichmäßige Temperaturen benötigen. Die Zwergform 'Nana', eine *Argyroneura*-Sorte, die oft als 'Mini' verkauft wird, ist weniger anspruchsvoll.

- *Fittonien eignen sich gut für ein Miniaturgewächshaus oder einen Flaschengarten (siehe Seite 174).*
- *Stellen Sie den Topf auf feuchte Kiesel und besprühen Sie die Blätter regelmäßig.*
- *Halten Sie das Substrat feucht, aber übergießen Sie die Pflanze nicht, sonst beginnen die kriechenden Triebe an der Basis zu faulen.*

Glechoma hederacea
Gundermann

 Glechoma ist eine robuste, pflegeleichte Pflanze. Sie bringt lange, rankende Triebe hervor und kommt daher in einer Blumenampel oder auf einem Sockel gut zur Geltung. Die kleinen runden Blätter fühlen sich flaumig an. Als Zimmerpflanzen sind nur panaschierte Sorten im Handel – 'Variegata' mit weißgefleckten Blättern, aber auch spezielle Züchtungen wie 'Barry Yinger Variegated' und 'Little Crown'. *Glechoma* ist bei Lieferanten winterharter Freilandpflanzen oder bei Spezialisten für Balkon- und Kübelpflanzen erhältlich.

- *Wenn Sie die Blätter zusammendrücken, verströmen diese einen angenehm aromatischen Duft.*
- *Schneiden Sie die Triebe zu Frühjahrsbeginn zurück.*
- *Kopfstecklinge wurzeln schnell ein und können ältere Pflanzen ersetzen.*

Gynura aurantiaca *'Purple Passion'*
Gynure, Samtpflanze

 Die *Gynure* ist eine schnell wachsende Kletterpflanze. Bemerkenswert sind ihre gezähnten, lanzettförmigen Blätter, die mit einem Flaum weicher, violetter bis purpurroter Härchen bedeckt sind. Besonders die Spitzen junger Blätter und Triebe schimmern samtig, da die Härchen dort besonders dicht stehen. Die intensive Färbung läßt die Pflanze zuweilen geradezu künstlich erscheinen.

- *Gynura kommt am besten in einer Ampel zur Geltung.*
- *Schneiden Sie die Triebspitzen regelmäßig zurück.*
- *Entfernen Sie die zottigen Blütenköpfe, sobald diese erscheinen.*

Hedera canariensis
Kanarischer Efeu

Der Kanarische Efeu weist außerordentlich breite, eng gekerbte Blätter auf, die einen Durchmesser von bis zu 15 cm erreichen können. Die Blätter der Sorte 'Gloire de Marengo' (links) zeigen auffällige graue und grüne Flecken und verfügen über einen relativ breiten, cremefarbenen Rand. Wenn der Efeu an einem Spalier, an einem Moosstab oder an einem zeltförmigen Gerüst aus Stäben gezogen wird, entwickelt er sich prächtig.

Von *Hedera helix* (Efeu) gibt es viele buntlaubige Sorten, die wunderschöne Zimmerpflanzen sind. Der Käufer kann aus einer großen Palette von Blattformen, -größen und -zeichnungen auswählen. Die beliebtesten Sorten sind 'Glacier', 'Kolibri', 'Goldchild', 'Harald' und 'Little Diamond'.

- *Efeu liebt eine kühle Umgebung. Wenn die Pflanze in einem Raum mit Zentralheizung steht, müssen Sie die Blätter regelmäßig besprühen.*
- *In einer warmen und trockenen Umgebung kann die Pflanze von Spinnmilben befallen werden. Häufiges Besprühen beugt dem vor.*
- *Schneiden Sie die Triebspitzen ab, um die buschige Form der Pflanze zu erhalten.*
- *Düngen Sie den Efeu im Frühjahr und im Sommer alle zwei Wochen mit Volldünger.*
- *Die Pflanzen können vermehrt werden, indem man im Frühjahr oder im Frühsommer Triebspitzen in Wasser oder Erde Wurzeln treiben läßt.*
- *Bei der Auswahl eines Standortes für den Efeu sollte man bedenken, daß die Luftwurzeln der Pflanze sich auch an Wände heften können.*

Hypoestes phyllostachya
Hüllenklaue, Punktblume

Die Hüllenklaue hat spitze, ovale Blätter mit rosafarbenen oder weißen Flecken und Tupfen. Sie sieht *Fittonia* sehr ähnlich, ist aber wesentlich pflegeleichter. Am häufigsten werden Pflanzen aus der 'Splash'-Reihe kultiviert, die besonders schön gefärbte Blätter aufweisen; diese sind weiß, zart oder tief rosafarben mit grünen Blattadern oder Tupfen.

- *Brechen Sie die Triebspitzen häufig aus, damit die Pflanzen kompakt und buschig bleiben.*
- *Sparrige Pflanzen können leicht durch Stecklinge ersetzt werden. Im Frühjahr ist auch eine Vermehrung aus Samen möglich.*
- *Ein heller Standort ist notwendig, damit die Blätter ihre bunte Färbung behalten. An einem dunklen Platz vergrünen die Blätter.*

Iresine herbstii
Iresine

Die Iresine ist eine rasch wachsende Pflanze mit prächtig gefärbten Blättern. Die bekannteste Sorte 'Brilliantissima' (rechts) hat ovale, weinrote Blätter und scharlachrote Blattadern; ihre Stengel sind ebenfalls rot. 'Aureoreticulata' hat rote Stengel und grüne Blätter mit gelben Adern.
- *Wählen Sie einen hellen Standort, damit sich die Blätter schön färben. In den Wintermonaten verträgt die Pflanze direkte Sonneneinstrahlung.*
- *Brechen Sie die Triebspitzen regelmäßig aus, damit die Wuchsform buschig und kompakt bleibt.*
- *Iresine wird bald sparrig und unansehnlich. Ersetzen Sie die Pflanze durch Stecklinge, die sich leicht bewurzeln.*

Maranta leuconeura
Marante, Pfeilwurz

Die Marante ist eine buschig wachsende Pflanze mit schön gezeichneten Blättern. *Maranta leuconeura* 'Erythroneura' (links) hat die farbenprächtigsten Blätter. Diese sind von einem tiefen, samtigen Olivgrün; die Mittelrippe und die Hauptadern sind hellrot und bilden ein Fischgrätmuster. *Maranta leuconeura* 'Kerchoviana' hat grüne Blätter mit unregelmäßigen rotbraunen Flecken beiderseits der Mittelrippe.
- *In der Nacht rollen sich die Blätter ein und stellen sich aufrecht.*
- *Häufig mit weichem Wasser besprühen. Hartes Wasser hinterläßt häßliche Flecken.*
- *Am natürlichen Standort von* Maranta arundinacea *im tropischen Südamerika wird aus den unterirdischen Pflanzenteilen Stärkemehl hergestellt, das als „Arrowroot" bekannt ist.*

Pandanus veitchii
Schraubenbaum

Die langen, schwertförmigen Blätter des Schraubenbaums sind spiralförmig um den Stamm angeordnet. Wenn sie abfallen, hinterlassen sie ein charakteristisches Narbenmuster am Stamm. Der Schraubenbaum sieht ähnlich wie *Cordyline* oder *Dracaena* aus. Die Blätter weisen cremefarbene oder weiße Längsstreifen auf und können bis zu einen Meter lang werden. Die äußeren Blätter der Rosette hängen anmutig herab. Die Blattränder tragen kräftige, spitze Stacheln. Die Sorte 'Compacta' hat kürzere Blätter und wächst nicht so ausladend.
- *Wählen Sie den Standort sorgfältig aus: Die stachligen Blattränder können die Haut verletzen oder die Kleidung beschädigen.*
- *Ältere Pflanzen bringen Luftwurzeln hervor, die sich in das Substrat absenken und als Stelzwurzeln bezeichnet werden. Sie verleihen der Pflanze einen zusätzlichen Halt.*

Pelargonium graveolens 'Variegatum'
Rosengeranie, Duftpelargonie

Die stark gelappten, duftenden Blätter der Rosengeranie sind in der buntgefärbten Form am schönsten. Dabei zeigen die Ränder unregelmäßige, cremefarbene Flecken. Mehrere andere Duftpelargonien haben ebenfalls buntlaubige Formen, zum Beispiel *Pelargonium crispum* 'Variegatum', *P.* x *fragrans* 'Variegatum', *P.* 'Creamy Nutmeg', *P.* 'Variegated Clorinda' und *P.* 'Variegated Peppermint'.

Obwohl *Pelargonium-Zonale*-Hybriden (*P.* x *hortorum*) vor allem wegen ihrer Blüten kultiviert werden (siehe Seite 113), gibt es auch Zuchtformen mit schönen, gefärbten Blättern. Die grünen Blätter von 'Mrs Henry Cox' haben cremefarbene Ränder und eine dunkelrote Zone. 'Happy Thought' hat kleine, steife Blätter mit cremeweißen Zentren. 'Mrs. Pollock' hat einen breiten weißen Rand.

- *Entfernen Sie die Blüten dekorativer Blattpelargonien, da sie den prächtigen Anblick der Blätter beeinträchtigen.*
- *Schneiden Sie alle ungefärbten Triebe ab, sobald diese erscheinen – die Pflanze kann sonst in die grüne Form zurückfallen.*

Peperomia caperata
Pfeffergesicht, Steppdecken-Peperomie

Es existieren mehrere buntlaubige Formen von *Peperomia caperata*. Die auffälligste unter ihnen ist 'Pink Lady' (rechts). Ihre herzförmigen, stark gerunzelten Blätter sind zum größten Teil cremeweiß und weisen dunkelrosafarbene und hellgrüne Flecken auf. Die langen, weißen Blütenähren stehen an rötlichen Stielen über den Blättern.

Weniger spektakulär, aber ebenso beliebt ist der Zwergpfeffer (*P. obtusifolia*) mit seinen fleischigen Blättern. Die ovalen, glatten, relativ großen Blätter sitzen an verzweigten Trieben, die einen kleinen Busch bilden. Die Sorte 'USA' hat dunkelgrüne Blätter mit goldenen Rändern, während die farbenprächtigere 'Greengold' cremegelbe Blätter mit hell- und dunkelgrüngefleckten Zentren aufweist.

- *'Pink Lady' benötigt einen außerordentlich hellen Standort und verträgt auch etwas direkte Sonneneinstrahlung. Vor zu starker Sommersonne muß sie allerdings geschützt werden.*
- *Gießen Sie* Peperomien *sparsam, aber halten Sie das Substrat gleichmäßig feucht.*
- *Die Pflanzen lassen sich durch Kopf- oder Blattstecklinge vermehren.*
- *Buntblättrigen Peperomia-Varietäten sollte man einen helleren Standort zuweisen als ihren Verwandten mit rein grünem Laubwerk.*
- *Sprühen Sie* Peperomien *regelmäßig ein und stellen Sie den Topf auf feuchte Kiesel. Von Frühjahr bis Herbst alle 14 Tage düngen.*

Kräuter

Das Fensterbrett in der Küche ist der bevorzugte Platz für Kräuter. Solange sie dort ausreichend Licht bekommen und nicht zu warm stehen, entwickeln sie sich gut. Wenn Sie zusätzlich einige Pflanzen in Töpfen und einige in Freibeeten ziehen, können Sie die Kräuter in der Küche jederzeit durch neue ersetzen. Falls Sie keinen geeigneten Garten besitzen, bieten sich Blumenkästen an, um einen Vorrat an Kräutern anzulegen.

Bei den meisten im Zimmer kultivierten Kräutern sollten Sie die Triebspitzen regelmäßig abzwicken, damit die Pflanzen kompakt bleiben. Gießen Sie nur so viel, daß das Substrat nicht austrocknet. Vermeiden Sie Staunässe. Drehen Sie die Töpfe stetig, damit die Kräuter nicht einseitig wachsen. Versuchen Sie nicht, die Kräuter möglichst lange im Zimmer zu kultivieren – nach einer Saison sollten Sie die Pflanzen durch neue ersetzen.

Schnittlauch *(Allium schoenoprasum)*
Schnittlauch hat halmartige Blätter, die nach Zwiebeln schmecken. Schneiden Sie die Halme an der Basis ab, anstatt die Blattspitzen abzuzwicken: So verhindern Sie, daß die Blätter braun werden. Die kugelförmigen, papierartigen Blüten in Rosa sehen zwar attraktiv aus, sollten aber noch in der Knospe entfernt werden, damit die Blätter optimal wachsen.

Gartenkerbel *(Anthriscus cerefolium)*
Die hellgrünen Blätter des Gartenkerbels sind in Fiederblättchen unterteilt, die an langen, zarten Stielen sitzen. Sie werden meist zusammen mit anderen Kräutern verwendet. Die Pflanzen benötigen viel Licht, damit sie nicht staksig werden. Selbst unter besten Bedingungen halten sie sich im Zimmer nur für kurze Zeit.

Estragon *(Artemisia dracunculus)*
Estragon hat lange, schmale, blaßgrüne Blätter, die nach Anis duften. Französischer Estragon soll dem russischen geschmacklich überlegen sein – es ist aber schwierig, die beiden äußerlich voneinander zu unterscheiden. Verwenden Sie die Blätter sparsam, damit die Pflanze gut gedeiht. Halten Sie das Substrat feucht, aber vermeiden Sie Staunässe. Sobald sich die unteren Blätter gelb färben, sollten Sie weniger häufig gießen.

Lorbeer *(Laurus nobilis)*
Lorbeer eignet sich für einen kühlen Wintergarten, wo er zu einem stattlichen Strauch oder einem Hochstamm heranwachsen kann. Kleinere Exemplare können für kurze Zeit auch auf dem Fensterbrett kultiviert werden. Die aromatischen, lanzettförmigen, dunkelgrünen Blätter haben einen gezähnten Rand. In einem milden Klima können die Lorbeerpflanzen das ganze Jahr über im Freien gehalten werden; allerdings vertragen junge Exemplare keine längeren Kälteperioden. Die Pflanzen sind anfällig für Schildläuse. Im Zimmer kultivierter Lorbeer sollte im Sommer an einen geschützten Platz ins Freie gestellt werden.

Buntlaubige Blattpflanzen 67

Ährenminze, Spearmint *(Mentha spicata)*
Die Ährenminze hat hellgrüne, lanzettartige Blätter mit einem gezähnten Rand, die einen unverwechselbaren Duft verströmen. Für die Küche geeignet ist die Apfelminze *(Mentha suaveolens)*, die häufig unter ihrem früheren Namen *Mentha rotundifolia* angeboten wird und runde, leicht pelzige Blätter mit einem angenehmen Aroma hat. Halten Sie das Substrat während der Wachstumszeit ständig feucht, aber gießen Sie im Winter nur mäßig.

Basilikum *(Ocimum basilicum)*
Basilikum ist ein zartes, einjähriges Kraut mit hellgrünen, ovalen Blättern, die einen süßlichen Duft verströmen. Im Sommer bilden sich Scheinquirle kleiner weißer Lippenblüten, die Sie entfernen sollten. Es gibt vielerlei Sorten mit unterschiedlichen Blattformen, -größen und -farben sowie verschiedenen Aromen. Dazu gehören Zimt-, Zitronen-, Süßholz-, Mexikanisches und Krauses Basilikum; ferner gibt es das Salatblättrige Basilikum mit riesigen, feingewellten Blättern und 'Purple Ruffles' mit tief purpurroten, gekräuselten Blättern. Basilikum läßt sich aus Samen ziehen.

Majoran *(Origanum majorana)*
Majoran hat kleine, spitze Blätter, die leicht behaart sind und ein würziges, süßes Aroma verströmen. Die zarten Stengel können stark zurückgeschnitten werden, wenn die Pflanze staksig wird.

Petersilie *(Petroselinum crispum)*
Die Petersilie ist zweijährig, sollte aber besser bereits nach einer Saison ersetzt werden. Die Sorte 'Mooskrause' hat gekräuselte, dunkelgrüne Blätter. *P. c.* 'Italian', eine glattblättrige Sorte, die auch als Französische oder Italienische Petersilie bekannt ist, sieht nicht so attraktiv aus, schmeckt aber besser. Die starkwüchsige *P. c.* var. *neapolitanum* wird für das Fensterbrett bald zu groß. Die Vermehrung aus Samen dauert lange, da Petersilie langsam keimt.

Rosmarin *(Rosmarinus officinalis)*
Dieser kräftige Busch wird für das Fensterbrett schnell zu groß. Allerdings verströmen die langen, schmalen, nadelartigen Blättchen einen angenehmen Duft, so daß es sich lohnt, Rosmarin für kurze Zeit im Haus zu kultivieren. Die spitzen, mittelgrünen Blätter haben eine silbrige Unterseite. Ältere Pflanzen bringen bläuliche Lippenblüten hervor. Es gibt eine Zwergform namens 'Severn Sea'. Pflanzen aus der *Prostratus*-Gruppe wachsen langsamer, sind leicht zu kultivieren und eignen sich gut als Topfpflanzen, obwohl sie eine ausladende Form entwickeln. Gießen Sie Rosmarin im Winter nur mäßig.

Thymian *(Thymus vulgaris)*
Thymian hat schmale, feste Blättchen, die an schlanken, drahtigen Zweigen sitzen und einen kräftigen Duft verströmen. *Thymus* x *citriodorus*, der Zitronenthymian, ist etwas feiner. Seine Blätter weisen ein leichtes Zitronenaroma auf. 'Golden King' ist eine attraktive Sorte mit goldfarbenen Blättern, die sich gut als Topfpflanze eignet.

Pilea cardierei
Kanonierblume

Die spitzen, nesselähnlichen Blätter der Kanonierblume haben eine in Felder unterteilte Oberfläche, die beiderseits der Mittelrippe Reihen erhabener, silberner Flecken aufweist. Die Pflanze ist vergleichsweise leicht zu kultivieren: Triebspitzen, die im Frühjahr und im Frühsommer als Stecklinge gepflanzt werden, schlagen schnell Wurzeln. Im Alter wird die Kanonierblume jedoch vielfach staksig und unansehnlich. Zwicken Sie die Triebspitzen deshalb regelmäßig ab, um die kompakte Form der Pflanze zu erhalten. 'Minima' ist eine der kleineren Sorten.

Pilea involucrata 'Norfolk' ist nicht so weit verbreitet. Die Pflanze hat runde, braunrote, gewellte Blätter, die der Länge nach von silbernen Bändern durchzogen sind.

- *Die schönsten Pflanzen erhalten Sie, wenn Sie sie jährlich durch neue Stecklinge ersetzen.*
- *Halten Sie das Substrat in der Wachstumsphase feucht und gießen Sie die Pflanze im Winter weniger. Die Wurzeln können zu faulen beginnen, wenn die Kanonierblume zu stark gegossen wird.*
- *Im Sommer alle zwei Wochen düngen.*

Piper ornatum
Zierpfeffer

Der Zierpfeffer ähnelt im Aussehen dem Kletterphilodendron (*Philodendron scandens*), ist aber wesentlich auffälliger gefärbt. Die herzförmigen, olivgrünen Blätter zeigen glänzende, silberrosafarbene Adern auf einer marmorierten Oberfläche. Die kletternden Triebe und die Unterseiten der Blätter sind burgunderrot. Der Zierpfeffer ist kurzlebig und nicht so leicht zu kultivieren wie der Kletterphilodendron. Er benötigt Wärme und eine hohe Luftfeuchtigkeit.

- *Besprühen Sie die Blätter häufig mit klarem Wasser.*
- *Ziehen Sie die Pflanze an Stützstäben oder einem Spalier hoch oder lassen Sie die Triebe herabhängen.*
- *Der Zierpfeffer ist eng verwandt mit den Pfefferarten, die als Gewürzpflanzen kultiviert werden.*

Plectranthus forsteri
Harfenstrauch, Mottenkönig, Elfengold

Die runden oder herzförmigen Blätter von *Plectranthus forsteri* sind von feinen Härchen bedeckt und haben einen gezähnten Rand. Bei Berührung geben sie einen aromatischen Duft ab. Die Triebe wachsen zunächst aufrecht und hängen später bogenförmig herab, so daß sich der Harfenstrauch gut als Ampelpflanze eignet. Die buntblättrige Sorte 'Marginatus' (links) hat Blätter mit einem weiß abgesetzten Rand. *Plectranthus* gehört zur Familie der Lippenblütler (*Labiatae*) und besitzt die typischen vierkantigen Stengel. Gelegentlich bringen ältere Pflanzen unauffällige weiße oder blaßlilafarbene Blüten hervor.

Der Niederliegende Harfenstrauch (*P. oertendahlii*) hat runde Blätter mit silbernen Adern und einer purpurroten Unterseite.
- *Brechen Sie die Triebspitzen regelmäßig aus, damit die Pflanze nicht staksig wird.*
- *Vermehrung durch Kopfstecklinge, die im Frühjahr und im Sommer leicht bewurzeln und ältere Pflanzen ersetzen können.*

Pleioblastus viridistriatus
Buschbambus

Obwohl der Buschbambus nicht zu den gängigen Zimmerpflanzen zählt, entfaltet er eine große Wirkung, wenn man ihm genügend Raum gibt – zum Beispiel in einem Wintergarten. *Pleioblastus viridistriatus* wurde früher als *Arundinaria viridistriata* bezeichnet und wird immer noch unter diesem Namen angeboten. Die Pflanze bringt lange, schlanke, purpurne Stengel mit kurzen Ästen und zarten, grasähnlichen Blättern hervor. Die Blätter sind gelbgrün gestreift und schimmern golden, wenn die Pflanze an einem hellen Standort untergebracht ist.
- *Schneiden Sie die Stengel zu Beginn des Frühjahrs stark zurück, um das Wachstum neuer Triebe zu fördern, deren Laub besonders attraktiv ist.*
- *In der Wachstumszeit häufig, im Winter weniger gießen.*
- *Im Frühjahr können die Pflanzen problemlos geteilt und erneut eingepflanzt werden.*

Polyscias scutellaria 'Marginata'
Fiederaralie

 Der Stamm von *Polyscias* ist baumartig dick und verdreht. Fiederaralien werden daher manchmal als Schein-Bonsai in flachen, orientalisch angehauchten Schalen verkauft. Die zahlreichen glänzend grünen Blätter mit weißem Rand sind bei jungen Pflanzen ungeteilt und rund, bei älteren aus drei Fiederblättchen zusammengesetzt. Die Sorte 'Pennockii' hat weiß gesprenkelte und geäderte Blätter.
- Hohe Luftfeuchtigkeit verhindert, daß die Blätter vorzeitig abfallen und die Blattränder braun werden. Besprühen Sie die Pflanze täglich mit Wasser und stellen Sie den Topf in feuchten Kies.
- Achten Sie darauf, daß die Temperatur niemals unter 16° C absinkt.

Sansevieria trifasciata
Sansevierie, Bogenhanf, Schwiegermutterzunge

 Die schwertförmigen, sukkulenten Blätter dieser Pflanze sind grau-grün gesprenkelt und gebändert. Die bekannteste Sorte *Sansevieria trifasciata* 'Laurentii' (rechts) hat goldene Blattränder. Sie stellt kaum Ansprüche und verkraftet sogar ein gewisses Maß an Vernachlässigung. Ein Boden-Arrangement aus Topfpflanzen bereichert der Bogenhanf mit seinen hoch aufragenden Blättern. Falls nicht genügend Platz zur Verfügung steht, bietet sich die Sorte 'Golden Hahnii' an: Ihre weiß-golden und grau-grün gefärbten Blätter bilden eine niedrige Rosette. Die Pflanze wird nur 15–20 cm hoch.
- *Verwenden Sie für die Sorte 'Laurentii' einen hohen, schweren Topf und stark erdhaltiges Substrat, damit die Pflanze nicht kopflastig wird und umstürzt, wenn das Substrat austrocknet.*
- *Sansevieria kann durch Blattstecklinge vermehrt werden. Allerdings fehlt Pflanzen der Sorte 'Laurentii', die auf diese Weise vermehrt wurden, der goldene Blattrand.*
- *Im Winter nur mäßig gießen, sonst faulen die Blätter an der Basis.*

Buntlaubige Blattpflanzen 71

Saxifraga stolonifera
Judenbart, Steinbrech

Diese Steinbrech-Art bildet an langen, rankenden Ausläufern eine große Zahl von Jungpflanzen. Die haarigen, runden, gewölbten Blätter in Olivgrün mit silbernen Adern sind äußerst attraktiv. Die Ausläufer und die Blattunterseite sind tief weinrot. Die Sorte 'Tricolor' (links) hat kleinere Blätter, die unregelmäßig cremeweiß und rosarot eingefaßt sind; sie wächst langsamer, ist weniger kräftig als die Art selbst und produziert auch kein solches Übermaß an Jungpflanzen.

- *An einem hellen, sonnigen Standort bilden die Blätter die schönsten Farben aus. Im Sommer sollten die Pflanzen jedoch nicht zu lange in der prallen Sonne stehen.*
- *Im Spätsommer erscheinen Rispen mit kleinen weißen Blüten.*
- *Der Steinbrech kann sehr leicht vermehrt werden: Nehmen Sie die Jungpflanzen ab und setzen Sie sie in feuchte Erde.*

Schefflera arboricola
Strahlenaralie

Die botanische Bezeichnung dieser Pflanze lautete früher *Heptapleurum arboricola*. *Schefflera* wächst aufrecht und trägt Blätter aus acht gestielten Fiederchen, die an einem langen Blattstiel sitzen. Wenn man das Wachstumszentrum abzwickt, wächst die Pflanze buschiger. Man kann ihr auch einen Moosstab oder eine ähnliche Stütze zur Verfügung stellen. Es sind mehrere farbenprächtige Sorten im Handel: Die beliebteste ist 'Gold Capella' mit glänzend grünen Blättern und einem creme-gelben Tupfen in der Mitte. Die Blätter der Sorte 'Janine' zeigen cremig-weiße Tupfen und sind an der Spitze gelappt und geteilt, wodurch sie gerüscht erscheinen. Andere goldfarbene Sorten sind 'Soleil', 'Trinette', 'Gerda' (rechts) und 'Sofia'.

- *Setzen Sie die Pflanze in einen möglichst tiefen Topf, um ihren relativ hohen Wuchs auszugleichen.*
- *Schützen Sie die Pflanze im Sommer vor intensiver Sonnenstrahlung. Schefflera paßt sich an einen schattigen Standort an – allerdings vergrünen dort die Blätter panaschierter Sorten.*
- *Besprühen Sie gelegentlich die Blätter.*

Scindapsus pictus *'Argyraeus'*
Efeutute

Scindapsus pictus ist eng mit *Epipremnum pinnatum* (früher *Scindapsus aureus*) verwandt und hat ähnliche herzförmige Blätter, die an kletternden Trieben sitzen. Die Blätter sind dunkel olivgrün und mit silbernen Flecken gemustert. Eine feine silberne Linie begrenzt den Rand der Blätter, die dünner und zarter erscheinen als bei *Epipremnum*.

- *Vermehrung durch Stecklinge oder Ausläufer in Frühjahr und Sommer.*
- *In hellem Licht tritt die Silberfärbung noch deutlicher hervor; allerdings werden die Blätter durch direkte Sonneneinstrahlung versengt.*
- *Besprühen Sie die Blätter regelmäßig, um die Luftfeuchtigkeit zu erhöhen.*

Selaginella martensii
Moosfarn

Die aufrechten, moosartigen Sprosse von *Selaginella martensii* brauchen eine hohe Luftfeuchtigkeit und vertragen keinen Zug – die ideale Pflanze für einen Flaschengarten oder ein Terrarium. Die Sorte *S. m.* 'Watsoniana' (links) hat cremegelbe, 'Jori' weiße Sproßspitzen. Buntblättrige Sorten wachsen langsamer als die grünen Formen.

S. kraussiana dagegen besitzt kriechende, verzweigte Sprosse mit hellgrünen Blättern, die sich auf dem Substrat ausbreiten und eine dichte Matte bilden. Die Sorte 'Variegata' hat unregelmäßig cremeweiße Triebspitzen – als ob die Pflanze mit Reif überzogen wäre.

- *Auch in einem Terrarium sollte die Pflanze mindestens einmal am Tag mit abgekochtem Wasser besprüht werden.*
- *Halten Sie das Substrat feucht. Staunässe schadet der Pflanze jedoch.*
- *Ein heller Standort ist zwar sinnvoll, aber vermeiden Sie direkte Sonneneinstrahlung.*
- *S. martensii bringt oft Luftwurzeln hervor, die sich im Substrat verankern und der Pflanze zusätzlichen Halt verleihen.*

Buntlaubige Blattpflanzen 73

Senecio macroglossus 'Variegatus'
Kap-Efeu

Diese Kletterpflanze kann leicht mit Efeu verwechselt werden – erst eine genauere Untersuchung zeigt, daß die Blätter sukkulent sind und wächserne Strukturen aufweisen. Die Blätter wachsen meist dreieckig – sie bilden drei Lappen aus –, es kommen aber auch fünflappige Blätter vor. Die Sorte 'Variegatus' (links) wird am häufigsten als Zimmerpflanze kultiviert. Ihre Blätter tragen eine unregelmäßige, cremeweiße Zeichnung, die manchmal das gesamte Blatt überzieht. Die Beliebtheit dieser pflegeleichten Pflanze nimmt immer mehr zu.

- *Im Winter erscheinen zuweilen kleine weiße Blüten, die an Gänseblümchen erinnern.*
- *Vermehrung im Frühjahr und im Frühsommer durch Stecklinge, die leicht bewurzeln.*
- *Die Pflanze kann als Kletter- oder als Ampelpflanze kultiviert werden.*

Soleirolia soleirolii
Bubiköpfchen

Die zarten Blättchen des Bubiköpfchens (früher als *Helxine soleirolii* bekannt) sitzen an fadenartigen Stengeln, die sich rasch über den Boden ausbreiten und eine dichte Matte bilden. Die Sorte 'Variegata' (rechts), die mitunter auch als 'Argentea' oder 'Silver Queen' angeboten wird, zeichnet sich durch zarte Blätter aus, die in einem silbrigen Grün schimmern. Sie wuchert nicht so üppig wie die grünblättrige Art, wächst aber ebenfalls sehr schnell.

- *Sie können die Pflanze in eine Schale oder einen flachen Topf setzen, da ihre Wurzeln nicht weit in die Tiefe reichen.*
- *In frostfreiem Klima kann die Pflanze auch im Freien kultiviert werden.*
- *Vermehrung durch Teilung während der Wachstumszeit.*
- *Soleirolia eignet sich nicht für einen Flaschengarten oder ein Miniaturgewächshaus: Sie wächst zu schnell.*

Strobilanthes dyerianus
Perilepta

 Dieser Strauch, der auch unter dem Namen *Perilepta dyeriana* bekannt ist, trägt in seiner Jugend lanzettliche Blätter, die silbrig-rosa schimmern. Sie haben hervorstehende, dunkel purpurne Mittelrippen und Adern sowie einen grünen Rand. Die Unterseite der Blätter ist purpurrot. *Strobilanthes* ist eine buschige Pflanze, die stark wuchert. Die Triebspitzen sollten regelmäßig gekappt werden, da die Pflanze sonst sparrig wächst. Im Alter verschwindet die Färbung der Blätter.
- *Ersetzen Sie ältere Pflanzen, die sparrig und farblos geworden sind, durch Stecklinge, die Sie im Frühjahr oder Sommer schneiden.*
- *Besprühen Sie die Blätter gelegentlich mit weichem Wasser.*
- *Im Winter nur sparsam gießen.*

Syngonium podophyllum
Purpurtute

 Im Laufe des Wachstums verändern die Blätter dieser Pflanze ihre Form. Junge Blätter sind pfeilförmig, später werden sie drei- oder fünflappig, wobei der mittlere Lappen am stärksten ausgeprägt ist. Die lockeren, buschigen Triebe verändern sich im Alter ebenfalls und beginnen zu klettern. Die als Zimmerpflanzen gezüchteten Sorten haben farbenprächtige Blätter mit weißen oder cremefarbenen Adern oder einem grün-weiß panaschierten Zentrum. 'White Butterfly' (rechts) und 'Jenny' haben helle, silberne Blätter; das Laub von 'Variegatum' ist weiß gefleckt. 'Emerald Gem' ist eine kompakte Sorte mit langen Blättern und cremeweißen Blattadern; 'Pixie' ist eine hübsche, kleinblättrige Sorte.
- *Besprühen Sie die Blätter häufig, damit die Ränder nicht braun werden.*
- *Lassen Sie die Pflanze an einem Moosstab hochranken.*
- *Klettertriebe können an der Basis abgeschnitten werden, damit die Pflanze ein buschiges Aussehen behält.*

Tolmiea menziesii
Henne mit Küken, Kindchen im Schoß, Huckepackpflanze

 Tolmiea ist eine pflegeleichte Pflanze, die eine Vielzahl leuchtend grüner, hell behaarter, gelappter, herzförmiger Blätter mit gezähntem Rand hervorbringt. Besonders interessant ist die Pflanze, weil ihre Blätter Jungpflanzen quasi „huckepack" an der Verbindungsstelle zwischen Blattstiel und Blattspreite hervorbringen, wodurch sich die langen Blattstiele anmutig zu Boden neigen. Am häufigsten trifft man die Sorte 'Taff's Gold' (links) an. Einige ihrer Blätter sind rein grün, viele aber goldgelb gefleckt und getupft. Diese Sorte wird auch unter den Namen 'Goldsplash', 'Maculata' und 'Variegata' angeboten.
- *Neue Pflanzen lassen sich leicht gewinnen, indem man die „Küken" in einem Topf voller Erde fixiert.*
- *Wenn Sie Tolmiea in eine Blumenampel setzen oder leicht erhöht aufstellen, hängen die Blattstiele dekorativ nach unten.*

Buntlaubige Blattpflanzen

Tradescantia zebrina
Dreimasterblume, Flinker Heinrich, Zebrakraut

Fast jeder kennt diese pflegeleichte, anpassungsfähige Pflanze, die bisweilen als *Zebrina pendula* im Handel ist. Die ovalen Blätter umfassen mit ihrer Basis die Triebe. Sowohl die Blätter als auch die hängenden oder kriechenden Triebe sind fleischig und sukkulent. Die Blätter sind mittelgrün, tragen zu beiden Seiten der Mittelrippe zwei silbrige Bänder und erscheinen kristallin. Die Unterseiten sind purpurfarben. 'Quicksilver' ist eine ganz ähnliche, widerstandsfähige und schnellwüchsige Sorte. Eine Blumenampel oder ein erhöht plazierter Topf bringt die langen Triebe besonders gut zur Geltung.

- *Entspitzen Sie die Triebe, um die Pflanze buschig zu erhalten.*
- *Im Alter werden die Triebe sparrig, weil die unteren Blätter abfallen. Die kahlen Triebe können über dem Boden abgezwickt werden. Ältere Pflanzen ersetzen Sie aber besser durch Ableger.*
- *Die Spitzen der Triebe schlagen schnell und fast zu jeder Jahreszeit Wurzeln, so daß für Nachschub an Jungpflanzen gesorgt ist.*

Yucca aloifolia *'Variegata'*
Yucca, Palmlilie

Yucca-Pflanzen werden gewöhnlich als kurze, schuppig rauhe, braune Stämme angeboten, unter deren oberem, abgesägtem Ende zwei oder drei Blattschöpfe entspringen (siehe Seite 45). Manchmal jedoch sind sie auch ohne Stamm, als Blattrosette im Topf, erhältlich. *Yucca aloifolia* hat sehr steife, schwertartige Blätter, die in einer scharfen Spitze auslaufen. Die Blattränder sind fein gezähnt. Im allgemeinen sind die Blätter dunkelgrün, doch die *Variegata*-Formen haben blaßgrünes, grau gestreiftes Laub. Bei der Suche nach einem geeigneten Standort für eine Yucca sollte berücksichtigt werden, daß die außerordentlich spitzen Blätter der Pflanze relativ schnell Augenhöhe erreichen und ernsthafte Verletzungen verursachen können.

- *Wässern Sie die Pflanze regelmäßig, um die Erde während der gesamten Wachstumsphase feucht zu halten, doch vermeiden Sie Staunässe.*
- *Im Winter ist eine Ruhezeit in einem kühlen Raum zu empfehlen. Bei niedrigeren Temperaturen sparsam wässern!*
- *Yuccas vertragen Lufttrockenheit und sind deshalb für zentralbeheizte Räume geeignet. Sie müssen nicht mit Wasser besprüht werden.*

BLÜTEN- UND FRUCHT-PFLANZEN VON A BIS Z

EINE BLÜTENPFLANZE steht für den Augenblick, und die Tatsache, daß die Blüten oft kurzlebig sind, erhöht ihre Attraktivität noch. Farbe, Form und Duft der Blüten wecken das Interesse des Betrachters. Doch nicht nur die Blüten, sondern auch deren Früchte sind dekorativ – und bleiben über einen längeren Zeitraum hinweg erhalten.

Abutilon x hybridum
Schönmalve, Zimmerahorn

 Der Zimmerahorn verdankt seinen Namen zwar der Form seiner Blätter, wird aber hauptsächlich wegen seiner hängenden, glockenförmigen Blüten gehalten. Die langen gelben Staubgefäße ragen meist über die hellen, zarten Blütenblätter hinaus. Zu den beliebtesten Sorten zählen 'Ashford Red', 'Boule de Neige' (weiß), 'Canary Bird' (gelb), 'Kentish Belle' (orangegelb) und 'Nabob' (blutrot). 'Cannington Carol' hat orangefarbene Staubgefäße und goldfarbene Blätter.
- *Stützen Sie den Stamm mit einem Stab – die Pflanze wächst sehr locker.*
- *Schneiden Sie die Seitentriebe im Frühjahr auf die halbe Länge zurück. Wenn die Pflanzen zu groß geworden sind, ist es schwierig, sie im Herbst auf eine kompakte, buschige Form zu stutzen.*
- *Weiße Fliege und Blattläuse schätzen die Schönmalve. Suchen Sie die Blätter daher regelmäßig daraufhin ab.*

Acalypha hispida
Katzenschwanz

 Der Katzenschwanz hat ovale und gezähnte grüne Blätter, die sich haarig anfühlen. Im Spätsommer erscheinen Blütenstiele in den Blattachseln. Die hellroten Einzelblüten sind sehr zart und zu langen, bogig herabhängenden Blütenähren zusammengefaßt, die bis zu 45 cm lang werden können. Sie haben die weiche, flauschige Struktur von Chenille.
- *Acalypha liebt eine warme, feuchte Umgebung und sollte in der Wachstumsphase täglich mit lauwarmem Wasser besprüht werden.*
- *Entfernen Sie die Blütenähren, wenn diese nicht mehr schön aussehen.*
- *Die Pflanzen werden schnell sparrig und unansehnlich, daher sollten sie zu Frühjahrsbeginn auf die halbe Größe zurückgeschnitten werden. Es lohnt sich nicht, die Pflanzen länger als zwei oder drei Jahre zu behalten.*

Achimenes-*Hybriden*
Schiefteller

 Die Blüten von *Achimenes* werden in den Blattachseln gebildet und bestehen aus einer langen Röhre, die in fünf breite Zipfel ausläuft. Im Handel wird eine breite Palette an Färbungen angeboten, häufig mit einem kontrastierenden „Auge" im Zentrum der Blüte. Zwar sind die einzelnen Blüten kurzlebig, doch blühen die Pflanzen den ganzen Sommer hindurch. Die schlanken Stiele wuchern kräftig und tragen gegenständige, lanzettartige oder abgerundete Blätter mit einem gezähnten Rand, die mittelgrün, dunkelgrün oder kupferfarben sind. *Achimenes* hat ein kegelförmiges Rhizom, das sich direkt unter der Oberfläche des Substrates flach erstreckt. Nach der Blüte gehen die Pflanzen in ein Ruhestadium über.
- *Das Rhizom kann nach der Wachstumsperiode aus dem Topf genommen werden und in trockenem Torf oder Sand überwintern. Setzen Sie es im Frühjahr in frische Erde und gießen Sie es kräftig.*

Blüten- und Fruchtpflanzen 79

Aechmea fasciata
Lanzenrosette

Die überhängenden, gesägten Blätter von *Aechmea fasciata* sind mit einem silbrigen Belag überzogen und weisen grüne Querbänder auf. Im Alter von vier Jahren wächst aus dem Zentrum der Blattrosette ein Blütenstand hervor. Die violetten Blüten entfalten sich zwischen rosafarbenen Brakteen. Die Blätter der Sorte 'Variegata' sind noch eindrucksvoller: Sie zeigen ein breites Mittelband aus grünen und cremefarbigen Streifen, die sich über die ganze Blattlänge erstrecken.
* *Nachdem eine Blattrosette Blüten hervorgebracht hat, stirbt sie ab. An der Basis entstehen Ableger, durch die Sie die Pflanze ersetzen können.*
* *Wenn erwachsene Pflanzen keine Blüten ausbilden, benötigen sie einen sonnigeren Standort.*
* *Der zentrale Trichter sollte stets mit frischem Wasser gefüllt sein.*

Aeschynanthus radicans
Schamblume, Sinnblume

Die Schamblume eignet sich gut für eine Blumenampel, da sie rankende Sprossen hervorbringt, an denen wächserne, lanzettartige Blätter sitzen. Im Frühling und im Sommer erscheinen an den Triebspitzen Büschel von Röhrenblüten mit tiefroten Kelchblättern. Während der Wachstumsphase benötigt die Pflanze eine hohe Luftfeuchtigkeit. Im Winter bilden niedrigere Temperaturen und sparsameres Gießen die Voraussetzungen für eine schöne Blüte in der nächsten Saison. Erhältlich sind die Sorten 'Mona Lisa', 'Purple Star' und 'Topaz'.
* *Besprühen Sie die Blätter in der Wachstumsphase häufig mit weichem, lauwarmem Wasser.*
* *Setzen Sie die Schamblume in kalkfreies Azaleensubstrat.*
* *Abschneiden der Triebspitzen fördert das Wachstum von Seitentrieben.*

Agapanthus campanulatus
Schmucklilie

Mehrere Arten von *Agapanthus*, darunter immergrüne und laubabwerfende, kommen als Zimmerpflanzen in Frage. Sie zeichnen sich durch auffällige, kugelige Dolden aus Röhrenblüten aus, die im Sommer erscheinen und an langen Stielen sitzen. *A. campanulatus* ist eine laubabwerfende Art mit blauen oder weißen Blüten und einer Rosette aus herabhängenden, riemenförmigen Blättern. Die Pflanze gedeiht am besten in einem großen Topf oder einem Kübel im Wintergarten.
* *Im Winter kühl stellen und sparsam gießen. Im Frühjahr an einen wärmeren Standort bringen und vermehrt gießen.*
* *Laubabwerfende Arten sind in kühlen Regionen winterhart; allerdings blühen sie zeitiger und zuverlässiger, wenn sie geschützt überwintern.*

80 LEXIKON DER ZIMMERPFLANZEN

Allamanda cathartica
Allamande, Goldtrompete

Die Goldtrompete ist eine Kletterpflanze mit glänzenden, dunkelgrünen, lanzettförmigen Blättern. Sie trägt den ganzen Sommer über auffällige goldgelbe, trompetenförmige Blüten, die einen Durchmesser von bis zu 10 cm erreichen können und im Zentrum zartrot gestreift sind. Die Sorte 'Grandiflora' ist kleiner als die Art und wächst langsamer, die Sorte 'Hendersonii' hat rotgetönte Knospen.
- *Die Pflanze benötigt einen warmen Standort. Sie eignet sich gut für einen Wintergarten, wo sie an einem Spalier emporklettern kann.*
- *Stützen Sie die schwachen Stengel kleiner Pflanzen mit einem Stab.*
- *Besprühen Sie die Blätter regelmäßig und stellen Sie den Topf auf nasse Kiesel.*
- *Im Sommer vor direkter Sonneneinstrahlung schützen.*

Anthurium andraeanum
Flamingoblume

Die eindrucksvollen „Blüten" von *Anthurium andraeanum* bestehen aus einem wachsartigen Hochblatt (Spatha), aus dem ein walzenförmiger Kolben (Spadix) hervorragt, und halten sich mehrere Wochen. Die herzförmigen, dunkelgrünen Blätter haben eine auffällige Äderung. Die Hochblätter sind rosa, rot oder weiß. Es gibt mehrere Sorten und Hybriden wie die weiße 'Acropolis', die blutrote 'Jolanda' und die rosafarbene 'Sweetheart Pink'. *A. scherzerianum* ist kleiner, hat lanzettförmige Blätter und ein Hochblatt mit gekrümmtem Kolben.
- *Stellen Sie den Topf auf feuchte Kiesel und besprühen Sie die Blätter häufig. Verwenden Sie kalkfreies Wasser, um keine Spuren auf den Blättern zu hinterlassen.*
- *Die Pflanze sieht noch prächtiger aus, wenn Sie die Blätter vorsichtig mit einem Glanzmittel abreiben.*
- *Sie können die hohen, schmalen Blütenstiele mit einem Stab stützen.*

Aphelandra squarrosa
Glanzkölbchen

Diese Pflanze ist in zweifacher Hinsicht dekorativ: Blätter wie Blüten sind ein Blickfang. Die dunkelgrünen, lanzettförmigen Bläter sind cremeweiß geädert. Gegen Ende des Sommers erscheinen zapfenförmige Blütenähren. Zwischen den gelb- und rosafarbenen Deckblättern stehen gelbe Röhrenblüten. Diese sind zwar kurzlebig, doch die Deckblätter schmücken die Pflanze über Wochen hinweg. 'Dania' ist eine kompakte, schön gezeichnete Sorte.
- *Besprühen Sie die Blätter häufig.*
- *Schneiden Sie den Stamm im Frühjahr bis zum untersten Blattpaar zurück, um die Pflanze kompakt und buschig zu erhalten.*

Ardisia crenata
Spitzblume

Diese Pflanze, die aussieht wie ein kleiner, aufrechter Baum mit dunkelgrün glänzenden, lanzettartigen Blättern, ist in erster Linie im Winter beliebt. Die weiß- oder rosafarbenen und duftenden Blüten wachsen an der unteren Hälfte der Pflanze, doch der auffallendste Schmuck von *Ardisia crenata* sind sicherlich die beerenartigen Früchte, die sich aus den Blüten entwickeln: Blut- oder korallenrot, sitzen sie in Büscheln am Ende horizontaler Stiele und halten sich über Monate hinweg.

- *Die unreifen Beeren fallen in zu heißer und trockener Atmosphäre ab. Stellen Sie die Pflanzen in einen kühlen Raum und besprühen Sie die Blätter in wärmerer Umgebung häufig.*
- *Im Sommer können Sie die Pflanze während der Blüte an einen geschützten Platz ins Freie stellen.*
- *Halten Sie das Substrat während der Wachstumsperiode feucht, aber gießen Sie die Pflanze während des Winters nur mäßig.*

Begonia-Elatior-*Hybriden*
Blütenbegonie, Elatior-Begonie

Die Blütenbegonien gehören zu der Gruppe von Begonien, die aus verdickten unterirdischen Trieben oder Knollen entspringen. Sie tragen viele farbenfrohe, meist gefüllte oder halbgefüllte Blüten über satinartig glänzenden Blättern. Die Gruppe der Elatior-Begonien umfaßt die meisten im Handel erhältlichen Sorten mit Blüten in Rot, Rosa, Lachs, Orange, Weiß und Gelb. Die Blüten erscheinen im allgemeinen zu dritt, wobei zwei kleine weibliche Blüten mit jeweils vier Blütenblättern eine männliche Blüte einrahmen, die oft mehrere Kreise von Blütenblättern umfaßt. Einige Begonien, beispielsweise 'Renaissance', haben außerdem hübsch gefiederte Blätter.

Die sommerblühenden Knollenbegonien-Hybriden (bisher als *Begonia* x *tuberhybrida* bezeichnet) können ebenfalls als Topfpflanzen gezogen werden. Halten Sie die Knollen im Winter trocken und bringen Sie sie im Frühjahr wieder zum Austreiben.

- *Die Pflanzen können zwar zurückgeschnitten werden, sind aber meist so billig, daß man sich nach der Blüte von ihnen trennen sollte.*
- *Begonien sind durch den Befall mit Mehltau bedroht. Entfernen Sie die infizierten Blätter und vernichten Sie sie.*

Billbergia x windii
Zimmerhafer

 Diese typische Bromelie hat gebogene, olivgrüne, riemenartige Blätter mit gezähntem Rand. Im Winter bildet sie an der Spitze eines langen, überhängenden Blütenstandes reichlich Blüten, die von tiefrosa gefärbten Hochblättern umhüllt sind. Die Blüten selbst sind röhrenförmig, grün mit blauer Spitze und hervorstehenden Staubgefäßen.

- *Die Pflanze bildet reichlich Kindel; sie können von der Mutterpflanze gelöst und im Frühjahr und Sommer einzeln in Töpfe gepflanzt werden.*
- *Bromelien gedeihen außergewöhnlich gut in Orchideen- oder Bromelienerde, obwohl die Pflanzen einfach zu pflegen sind und sogar Substrate ohne Erde akzeptieren.*
- *Im Gegensatz zu B. x windii hat Billbergia nutans schmälere, längere Blätter und hellrosa Hochblätter.*

Bougainvillea x buttiana
Bougainvillea, Drillingsblume

 Die dornigen Klettertriebe von Bougainvillea tragen auffällig gefärbte Hochblätter. Die kleinen, cremeweißen Blüten sind von großen, papierdünnen, bunt gefärbten Hochblättern umgeben. Die Farben reichen von Orange, Karminrot, Rosenrot, Lachs und Rosa bis Weiß. Beliebt ist die karminrote Sorte 'Mrs Butt'. Die weiß, rosa und orange gefärbte 'Mahara' hat doppelte Blüten. Aus der purpurroten *Bougainvillea glabra* entstand zum Beispiel die Sorte 'Harrissii' mit bunt gefärbten Blättern. Zu den Zwergformen gehören die grellrosa 'Miami Pink' und die orange-rosa gefärbte 'Rosenka'.

- *Bougainvilleen im Topf können an Drahtbügeln oder an einem Spalier gezogen werden – so wird die Blüte gefördert.*
- *Optimale Lichtverhältnisse mit direkter Sonneneinstrahlung sind notwendig, damit die Pflanzen schön blühen.*
- *Die Erde während der Wachstumsperiode ständig feucht halten. Im Winter weniger gießen und die Pflanzen kühl stellen (etwa 13° C).*

Browallia speciosa
Browallie

 Die hellen, blau-violetten oder weißen, sternförmigen Blüten von *Browallia* sitzen in den Achseln der dunkelgrünen, runzligen, spitzen Blätter auf Stielen. Um die Pflanzen buschig zu halten, kann man die Triebspitzen abzwicken. Beliebte Sorten sind 'Blue Troll' und 'White Troll'.

- *Obwohl die Pflanzen mehrjährig sind, werden sie wie einjährige kultiviert und nach der Blüte ausrangiert.*
- *Sie können Browallia durch Samen vermehren, die im Frühling und Sommer ausgesät werden.*
- *Entfernen Sie verwelkte Blüten, um die Blütezeit zu verlängern.*

Blüten- und Fruchtpflanzen 83

Brunfelsia pauciflora
Brunfelsie

Die fünfblättrigen Blüten von *Brunfelsia* bilden in ihrer Mitte ein charakteristisches, leicht erhöhtes Auge und stehen in Gruppen an den Spitzen der Triebe, die ledrige, grüne, lanzettliche Blätter tragen. Die Blüten können zunächst violett sein, am nächsten Tag in Lavendel übergehen und am folgenden Tag zu Weiß wechseln.
- *Die Pflanzen benötigen Sonnenlicht, um schöne Blüten auszubilden. Im Sommer zur heißesten Tageszeit sollten sie aber im Halbschatten stehen.*
- *Besprühen Sie die Blätter, um die Luftfeuchtigkeit zu erhöhen.*
- *Schneiden Sie die Pflanzen zu Beginn des Frühjahrs auf ein Drittel zurück, damit sie eine buschige Form behalten.*

Calceolaria x herbeohybrida
Pantoffelblume

 Die merkwürdig aussehenden Blüten von *Calceolaria* erscheinen gewöhnlich im Frühjahr, doch mittlerweile werden das ganze Jahr über blühende Pflanzen angeboten. Die Blüten sind gelb, rot oder orange mit häufig gefleckter oder gesprenkelter Unterlippe. Sie stehen in Gruppen zwischen den flächigen, herzförmigen und ziemlich rauhen Blättern. An einem kühlen Standort gedeihen die Pflanzen mehrere Wochen.
- *Halten Sie das Substrat stets feucht.*
- *Die zweijährige Pflanze stirbt nach der Blüte ab und sollte dann weggeworfen werden.*

Camellia japonica
Kamelie

 Obwohl Kamelien winterfest sind, leiden die wachsartigen Blütenblätter, die im Frühjahr erscheinen, im kalten Klima häufig unter Frost; die Pflanzen sollten daher geschützt im Haus stehen. Trotzdem ist ein kühler Standort notwendig: Kamelien mögen keine heiße, trockene Luft. Die kugelförmigen Blüten sind rosa, rot, weiß oder zweifarbig und können einfach, halbgefüllt oder gefüllt sein. Besprühen Sie die ledrigen Blätter häufig und stellen Sie die Töpfe in feuchten Kies.
- *Die Blütenknospen werden abgeworfen, wenn die Pflanze austrocknet, umgestellt wird oder zu warm und trocken steht.*
- *Nach der Blüte weniger gießen. Gönnen Sie der Pflanze eine sechs- bis achtwöchige Ruhepause an einem kühlen Standort.*
- *Stellen Sie die Pflanze im Sommer an einen geschützten Ort ins Freie.*

Campanula carpatica
Karpatenglockenblume

 Diese attraktive Pflanze hat herzförmige, hellgrüne Blätter, die an hängenden Stielen sitzen, und trägt den Frühling und den Sommer über hellblaue, sternförmige Blüten. Im Handel findet man die Sorte 'Clips Light Blue' (links). *Campanula isophylla*, der Stern von Bethlehem, ist ähnlich: 'Mayii' ist eine blauviolette, 'Alba' eine rein weiße Varietät. 'Stella Blue' und 'Stella White' werden aus Samen gezogen. *C. cochleariifolia* 'Elizabeth Oliver' hat kleine runde Blätter, deren Stiele durcheinander wachsen, und hellviolette, glockenförmige Blüten.

- Setzen Sie Campanula *in eine Ampel oder einen Wandtopf, damit die blütenreichen Triebe schön herunterhängen können.*
- *Entfernen Sie verwelkte Blüten, um die Blühdauer zu verlängern.*
- *Nach der Blütezeit schneiden Sie die Triebe zurück und stellen die Pflanze an einem kühlen, hellen Platz.*

Capsicum annuum
Spanischer Pfeffer, Zierpaprika

 Der Spanische Pfeffer bringt eine große Zahl dauerhafter, buntgefärbter Früchte hervor. Seine Blätter sind oval, sitzen an langen Stielen und hängen leicht über. Aus den kleinen, weißen, sternförmigen Blüten entsteht eine Fülle unterschiedlich großer und gefärbter Früchte, die sich in kühler Umgebung länger halten. Die beliebtesten Sorten haben lange, aufrecht stehende Früchte, die wie Chilipfeffer aussehen; es gibt aber auch Exemplare mit runden Früchten, die denen von *Solanum* ähneln (siehe Seite 123). 'Bonfire' hat lange, spitze Früchte, deren Färbung von Grün über Gelb und Orange in Rot übergeht. 'Masquerade' hat ungewöhnliche blutrote Früchte.

- **Capsicum** *zieht Spinnmilben an. Besprühen Sie die Blätter regelmäßig mit Wasser, um einem Befall vorzubeugen.*
- *Der Saft der Früchte brennt auf der Haut.*

Catharanthus roseus
Madagaskar-Immergrün

 Catharanthus roseus ist zwar keine besonders verbreitete Zimmerpflanze, verdient aber eigentlich mehr Aufmerksamkeit. Die langen, ovalen Blätter sind glänzend grün und weisen eine hellere Mittelrippe auf. Den ganzen Sommer über bis in den Herbst hinein erscheinen Blüten an den Triebspitzen – entweder einzeln oder in kleinen Gruppen. Die sternförmigen und normalerweise hellrosa gefärbten Blüten haben ein rosarotes Zentrum.

- *Halten Sie das Substrat ständig feucht, aber vermeiden Sie Staunässe.*
- *Teilen Sie die Pflanzen kurz nach der Blüte, da junge Pflanzen am schönsten aussehen.*
- *Zu Frühjahrsbeginn können Sie aus Samen junge Pflanzen ziehen.*

Blüten- und Fruchtpflanzen 85

Celosia argentea *var.* cristata
Hahnenkamm

Die einzelnen Blüten von *Celosia* sind winzig, stehen aber dicht gedrängt und zahlreich in auffälligen Blütenständen zusammen. Diese Gebilde, die einem Hahnenkamm ähneln, haben gebündelte, abgeflachte, fächerförmige Blütenköpfe mit schopfartigen Spitzen. *Celosia cristata* 'Plumosa' bringt große, flaumige Blütenbüschel hervor. Es gibt sie in roten, rosafarbenen und gelben Schattierungen. *Celosia* wird als Zimmerpflanze ebenso geschätzt wie als Setzling für den Garten. 'Jewel Box' ist eine beliebte Hahnenkamm-Sorte, während 'Kimono' eine Zwergform der Plumosa-Sorten darstellt. Die Neuzüchtung 'Flamingo Feather' hat große, schmale, konische, federbuschartige Blütenstände, die tiefrot gefärbt sind.

- *Die Blüten halten sich am besten in einem kühlen, gutbelüfteten Raum.*
- *Celosien sind anfällig für Spinnmilben (siehe Seite 183). Beugen Sie einem Befall vor, indem Sie die Blätter häufig besprühen.*
- *Im Frühjahr können die Pflanzen aus Samen gezogen werden.*

Chrysanthemum-Indicum-*Hybriden*
Topfchrysantheme, Winteraster, Wucherblume

Die Topfchrysantheme zählt zu den erfolgreichsten Zimmerpflanzen überhaupt: Jedes Jahr werden viele tausend dieser überaus beliebten Pflanzen verkauft. Es gibt Blüten in vielen verschiedenen Farben (Rot, Gelb, Bronze, Rosa, Orange, Lachsrot und Weiß) und Formen: ungefüllt, gefüllt, anemonenförmig oder mit geradezu skurrilen Blütenblättern, die spinnenartig ausgezogen oder löffelförmig verbreitet sein können. Die grünen, gelappten Blätter verströmen einen ausgesprochen eigentümlichen Duft; der Saft kann bei manchen Menschen eine allergische Reaktion auf der Haut auslösen. Wenngleich Topfchrysanthemen normalerweise im Herbst blühen, können sie durch künstliche Verlängerung der Tagesdauer zu jeder Jahreszeit zum Blühen gebracht werden. Topfchrysanthemen werden relativ häufig mit wachstumsregulierenden Chemikalien behandelt, damit die Stiele möglichst kurz und die Pflanzen somit kompakt bleiben.

- *Nur Knospen, die die spätere Blütenfarbe bereits erkennen lassen, blühen auch tatsächlich auf.*
- *An einem kühlen und hellen Standort halten sich die Pflanzen circa acht Wochen lang.*
- *Sobald die Blüten verwelkt sind, sollten Sie die Pflanze wegwerfen.*
- *Da der Topf ganz mit Wurzeln ausgefüllt ist, müssen Sie Topfchrysanthemen überdurchschnittlich häufig gießen.*

Zwiebelpflanzen

Töpfe mit blühenden Zwiebelpflanzen als Raumschmuck sind vor allem im Winter beliebt, da sie den nahen Frühling verheißen. Fertig bepflanzte Schalen, die meist dann verkauft werden, wenn die Blütenknospen erscheinen oder beginnen, Farbe zu zeigen, sind preiswert und durchaus akzeptabel. Wenn Sie sich allerdings selbst der Zwiebeltreiberei widmen, können Sie aus einem wesentlich breiteren Angebot an Sorten schöpfen.

Zwiebeln kaufen

Damit Zwiebeln im Winter blühen, werden bestimmte Zwiebelsorten eine Zeitlang künstlich erzeugter Kälte ausgesetzt. Diese als „vorbehandelt" bezeichneten Zwiebeln sind teurer als Standardzwiebeln. Hyazinthen, Narzissen und – in geringerem Umfang – Tulpen sind meist im Spätsommer oder im Frühherbst als „vorbehandelte" Zwiebeln erhältlich. Unbehandelte Zwiebeln eignen sich ebenfalls als Zimmerpflanzen: Sie blühen allerdings fast zur gleichen Zeit wie in der Natur auch.

Sobald Zwiebeln in den Gartenfachgeschäften im Angebot sind, sollten Sie zugreifen, denn ihre Qualität läßt schnell nach. Wählen Sie gesunde, große, fleischige und kräftige Exemplare aus und pflanzen Sie sie sofort ein.

Pflanzen und Treiben

Für Pflanzgefäße ohne Abzugsloch wird ein spezielles Zwiebelsubstrat verwendet, das Torf und Splitter von Muschelschalen enthält. Bessere Ergebnisse lassen sich aber mit einem erdfreien Substrat und Gefäßen mit Abzugsloch erzielen. Bedecken Sie den Topfboden mit einer Lage feuchtem Substrat und ordnen Sie die Zwiebeln nah beieinander darauf an. Verwenden Sie für jedes Gefäß nur eine Art und Sorte: Mischungen aus verschiedenen Sorten blühen gewöhnlich zu unterschiedlichen Zeiten und sehen weniger effektvoll aus. Fügen Sie weiteres Substrat hinzu, bis die Spitzen großer Zwiebeln nahezu bedeckt sind.

Wenn die Zwiebeln eingepflanzt sind, müssen sie etwa sechs Wochen lang kühl und dunkel stehen. Graben Sie die Töpfe im Freien 10 cm tief in Erde oder Torf ein. Falls dies nicht möglich ist, stellen Sie die Töpfe in einen ungeheizten Raum – am besten in einen Schrank oder in dunkle Plastiktüten –, um Licht von ihnen fernzuhalten. Die Idealtemperatur liegt bei 4–5° C.

Wenn die Triebe 3–5 cm hoch sind, stellen Sie die Töpfe an einen hellen, aber kühlen Platz, damit die Blätter ergrünen können. Dort sollten die Pflanzen bleiben, bis die Blütenknospen vollständig ausgebildet sind. Dann können Sie die Gefäße dorthin bringen, wo die Pflanzen erblühen sollen. Bei Temperaturen von unter 18° C halten sich die Blüten länger.

Pflege während und nach der Blüte

Lassen Sie die Zwiebelpflanzen an einem hellen Platz stehen und drehen Sie Töpfe, die am Fenster stehen, regelmäßig, damit die Stiele gerade bleiben. Falls nötig, können Sie die Blütenstiele mit

Bambusstäben und einer Schnur aufbinden. Halten Sie das Substrat feucht und setzen Sie dem Gießwasser Flüssigdünger zu.

Entfernen Sie Blütenstiele, die zu verblühen beginnen. Nach der Blüte stellen Sie die Töpfe wieder an einen kühlen und hellen Platz, wo Sie weiter gießen und düngen, bis die Blätter verwelkt sind. Nchmen Sie die Zwiebeln aus den Pflanzgefäßen und lagern Sie sie bis zum kommenden Herbst kühl und trocken. Dann können sie in den Garten ausgepflanzt werden. Im Zimmer blühen sie meist kein zweites Mal.

Zwiebeln fürs Zimmer

Es gibt Dutzende von Zwiebelpflanzen, die sich für die Treiberei im Haus eignen. Einige der schönsten sind hier aufgelistet.

Hyazinthe
'Borah' (vielblütig, blaßblau)
'Delfts Blauw' (porzellanblau)
'Jan Bos' (rot)
'Ostara' (blau)
'Pink Pearl' (rosa)
'Snow Princess' (vielblütig, weiß)

Narzisse
'Cragford' (weiß mit orangefarbener, becherförmiger Nebenkrone)
'Paperwhite' (Blüten in Büscheln, rein weiß)
'Soleil d'Or' (Blüten in Büscheln, gelb mit orangefarbener Nebenkrone)
'Tête-à-Tête' (sehr klein, mehrblütig, gelb mit orangefarbener Trompete)

Tulpe
'Brilliant Star' (rot)
'Christmas Marvel' (rot)
'Couleur Cardinal' (scharlachrot)
'Princess Irene' (orange, purpurrot geflammt)

BLÜTEN OHNE KÄLTEPAUSE

Eine derjenigen Zwiebelpflanzen, die am leichtesten im Zimmer kultiviert werden können, ist *Narcissus tazetta ssp. papyraceus*, eine der Tazetten-Hybriden, die allgemein unter dem Sortennamen 'Paperwhite' bekannt ist. Die Zwiebeln werden wie gewohnt eingepflanzt, brauchen aber keinen Aufenthalt in Kälte und Dunkelheit. Halten Sie das Substrat feucht. Etwa sechs Wochen nach der Pflanzung beginnen sich die Blüten zu öffnen. Die kleinen weißen Blüten mit ihrem kräftigen, süßen Duft stehen büschelweise auf hohen Stielen.

x Citrofortunella mitis
Calamondin-Orange

Die Calamondin-Orange, eine Kreuzung zwischen Mandarine und Kumquat, ist eine attraktive Zimmerpflanze. Sie besitzt die für Zitrusgewächse typischen Blätter: spitz, dunkelgrün und glänzend. Die Sorte 'Tiger' hat cremefarbene Blätter. Die weißen, duftenden, sternförmigen Blüten entstehen das ganze Jahr über. Auf sie folgen kleine orangefarbene Früchte. Blüten und Früchte erscheinen mitunter auch gleichzeitig.

- *Im Vergleich zu anderen Zitrusarten trägt die Calamondin-Orange bereits sehr früh die ersten Früchte.*
- *Die kleinen Früchte erscheinen häufig in großer Zahl. Obwohl sie ein wenig bitter schmecken, eignen sie sich zum Einmachen.*
- *Geben Sie der Pflanze gelegentlich einen Dünger mit Spurenelementen. Wenn die Nährstoffe fehlen, können die Blätter gelb und fleckig werden.*

Citrus limon
Zitrone, Limone

Die Zitrone ist nur eines von vielen Zitrusgewächsen, die in Gewächshäusern oder in Innenräumen kultiviert werden. Diese haben alle dunkelgrüne Blätter, die wohlriechende Öle enthalten, und weiße, duftende Blüten mit wächsernen Blütenblättern. Weitere Arten sind die Orange *(Citrus sinensis)*, die Pomeranze *(Citrus aurantium)*, die Grapefruit *(Citrus x paradisii)* und die Santaro-Orange *(Citrus reticulata)*. Zu den für Wintergärten geeignetsten Arten zählt *Citrus x meyeri* 'Meyer', eine kompakte Sorte mit mittelgroßen Früchten.

- *Stellen Sie Zitruspflanzen im Winter an einen kühlen Platz. Im Sommer können die Pflanzen an einem geschützten Ort im Freien stehen.*
- *Verabreichen Sie gelegentlich einen Dünger mit Spurenelementen.*
- *Aus den Kernen können Sämlinge gezogen werden, die allerdings weder Blüten noch Früchte hervorbringen.*

Clerodendrum thomsoniae
Losbaum, Liebe in Unschuld

Dieser Kletterstrauch mit langen, weichen Trieben kann an dünnen Stäben oder an einem Spalier gezogen werden. Die ovalen Blätter sind deutlich geädert. Im Sommer stehen Blütenköpfchen an den Spitzen der Stengel. Aus jedem weißen, glockenförmigen Kelch erhebt sich eine sternförmige, rote Blüte mit langen, hervorstehenden Staubfäden.

- *Brechen Sie die Triebspitzen regelmäßig aus – auf diese Weise behalten Topfpflanzen eine schöne Wuchsform.*
- *Erhöhen Sie die Luftfeuchtigkeit, indem Sie den Kübel in feuchten Kies stellen und die Blätter täglich mit Wasser besprühen.*
- *Stellen Sie die Pflanze im Winter an einen kühlen Ort und gießen Sie nur mäßig, um eine kurze Winterruhe zu initiieren.*

Blüten- und Fruchtpflanzen 89

Clivia miniata
Klivie, Riemenblatt

Die glänzenden, riemenförmigen, dunkelgrünen Blätter der Klivie überlappen einander an der Basis wie bei einem Lauchgewächs, während sie sich nach oben hin wie ein Fächer ausbreiten. Im Winter oder im Frühling wächst ein langer Blütenschaft aus der Mitte der Blätter. Er trägt eine Dolde aus etwa einem Dutzend trompetenförmiger Blüten, die zart orangefarben sind und einen gelben Schlund aufweisen. Die gelbblühende Sorte *C. miniata* var. *citrina* 'New Dawn' ist selten und teuer, ebenso wie die buntblättrige Sorte *C. m.* 'Striata'.

- *Klivien benötigen im Spätherbst eine Ruheperiode von etwa acht Wochen mit Temperaturen von unter 10° C, um eine schöne Blüte hervorzubringen. In dieser Zeit nur spärlich gießen.*
- *Die Pflanzen blühen am besten, wenn die Wurzeln den Topf weitgehend ausfüllen. Warten Sie deshalb mit dem Umtopfen so lange wie möglich.*
- *Wenn sich kein Blütenschaft ausbildet, stand die Pflanze während der Ruheperiode zu warm.*

Codonanthe crassifolia
Codonanthe

Diese rankende Pflanze eignet sich gut für eine Ampel oder einen Hängekorb – sie bringt viele Triebe hervor, die mit fleischigen, dunkelgrünen Blättern bedeckt sind. Die zierlichen Röhrenblüten sind weiß und rosa gezeichnet und haben einen gelben Schlund. Auf sie folgen bisweilen rote Beeren.

- *Das Substrat ständig feucht halten, aber Staunässe vermeiden.*
- *Brechen Sie die Triebspitzen gelegentlich aus, damit die Pflanze ihre hübsche Form behält.*
- *Vermehrung im Sommer durch noch nicht verholzte Stecklinge.*

Columnea x banksii
Columnee

Gut geratene Columneen sehen prachtvoll aus, sind aber anspruchsvoll in der Pflege; am unproblematischsten ist die Hybride *Columnea x banksii*. Diese Pflanze hat glatte, fleischige Blätter, die einander paarweise an langen Trieben gegenüberstehen. Die Triebe wachsen zunächst aufrecht und beginnen dann zu ranken. Im Winter und Frühling werden orangerote Röhrenblüten mit einer haubenförmigen Oberlippe ausgebildet. *C. gloriosa* hat haarige, bronzegrüne Blätter und haarige Blüten. Weitere Sorten sind 'Krakatoa', 'Hostag' und 'Chanticleer'.

- *Columneen benötigen eine hohe Luftfeuchtigkeit – allerdings faulen die Blätter der behaarten Sorten, wenn sie naß werden. Besprühen Sie die Pflanzen häufig vorsichtig mit lauwarmem Wasser.*
- *Halten Sie das Substrat in der Wachstumszeit gleichmäßig feucht.*
- *In einer Ampel können die Triebe der Pflanze frei herabhängen.*

Crossandra infundibuliformis
Crossandra

Die dunkelgrünen, lanzettlichen Blätter der Crossandra haben einen gewellten Rand. In einem ährenförmigen Blütenstand erscheinen an der Spitze der Zweige vom Frühjahr bis in den Herbst lachsfarbene Blüten, deren flache Schauseite asymmetrisch ist. Die beliebteste Sorte ist 'Mona Wallhed' (links), eine gedrungene Pflanze mit dunklen Blättern.

- *Wichtig ist eine hohe Luftfeuchtigkeit. Stellen Sie den Topf in feuchten Kies und besprühen Sie die Blätter häufig.*
- *Entfernen Sie verwelkte Blüten sofort, um die Blütezeit zu verlängern.*

Cuphea hyssopifolia
Köcherblümchen

Cuphea hyssopifolia, das Köcherblümchen, ist ein kleiner Busch mit anmutigen grünen Blättern. Im Sommer und Herbst erscheinen kleine, fliederfarbene, kugelige Blüten. Die buschige *C. ignea* trägt grüne, lanzettförmige Blätter und bringt im Frühjahr und Sommer einfache Blüten hervor. Die leuchtend roten Blütenröhren sind am oberen Ende schwarz und weiß gesäumt; Kronblätter fehlen.

- *Vermehrung im Frühjahr und Sommer durch Stammstecklinge*
- *Die Pflanzen brauchen eine Winterpause bei 10° C. In dieser Zeit nur mäßig gießen.*
- *Im Frühjahr können Sie die Pflanze zurückschneiden. Cuphea ignea kann aus Samen gezogen werden, es ist aber günstiger, sie jedes Jahr zu ersetzen.*

Blüten- und Fruchtpflanzen 91

Cyclamen persicum
Alpenveilchen

Alpenveilchen haben Blüten mit nach oben gebogenen Blütenblättern auf fleischigen Stielen, die aus einem Schopf herzförmiger Blätter herausragen. Die Blätter können silbern gesprenkelt und marmoriert sein. Es gibt rosafarbene, rot gefärbte und weiße Blüten; manche weisen ein dunkleres Zentrum auf oder haben silbern umrandete Blütenblätter. Beliebt sind F1-Hybriden wie die Sierra-Sorten. Die Miracle-Sorten erreichen nur die halbe Größe, duften aber betörend.

Cyclamen können über mehrere Jahre kultiviert werden, wenn ein Treibhaus oder ein Wintergarten zur Verfügung steht, in dem die Pflanzen nach der Blüte untergebracht werden können. Sobald die Blüten abgefallen sind, sollten die Knollen trockengehalten werden; im Spätsommer können sie in frische Erde gesetzt und wieder gegossen werden, damit sie neu erblühen.

- *Wenn Sie ein Alpenveilchen kaufen, wählen Sie eine kompakte Pflanze mit kurzen, kräftigen Blattstielen und vielen Blütenknospen.*
- *Alpenveilchen brauchen einen kühlen und hellen Standort, sonst wachsen die Blattstiele in die Länge und werden schlaff, und die Blüten fallen ab.*
- *Entfernen Sie verwelkte Blüten, indem Sie die Stiele vorsichtig herausziehen. Der gesamte Blütenstiel muß entfernt werden, da sich die Fäulnis sonst bis zur Knolle ausbreiten kann.*
- *Wässern Sie die Pflanze von unten. Niemals auf die Knolle gießen!*

Cymbidium-Hybriden
Cymbidie, Kahnlippe

Orchideen gelten als schwer zu kultivierende Pflanzen, die nur für Spezialisten geeignet sind, doch Cymbidien widerlegen dieses Vorurteil. Diese Zimmerpflanzen haben lange, zarte, grüne Blätter, die aus Pseudobulben am Boden entspringen. Im Frühjahr erscheinen Blütenstengel, die zwischen fünf und 25 wächserne, lang anhaltende Blüten hervorbringen. Es gibt Hunderte von Zuchtformen mit Blüten in allen Farbschattierungen: Cremefarben, Grünlichgelb, Rotbraun oder Rosa. Die Unterlippe ist häufig in einer anderen Farbe gesprenkelt.

- *Sorgen Sie in der Wachstumszeit für eine hohe Luftfeuchtigkeit. Besprühen Sie die Pflanzen täglich und stellen Sie die Töpfe in feuchten Kies.*
- *Im Spätherbst ist es Zeit für die Winterruhe: Stellen Sie die Pflanze an einen kühlen Ort und gießen Sie nur noch spärlich.*
- *Cymbidien benötigen eine spezielle, durchlässige Orchideenerde.*
- *Geben Sie in der Wachstumszeit einen ausgewogenen Flüssigdünger.*

Erica hiemalis
Heidekraut

Das Heidekraut ist ein überaus attraktiver Winterblüher: Die Pflanze bildet einen aufrecht wachsenden kleinen Strauch, der hellgrüne, nadelartige Blätter und glockenförmige, rosafarbene Blüten mit weißen Spitzen trägt. In Räumen mit Zentralheizung fühlt sich *Erica hiemalis* allerdings nicht besonders wohl, da sie einen ziemlich kühlen und hellen Standort benötigt. Achten Sie des weiteren darauf, daß das Substrat stets feucht ist, und verwenden Sie, wenn möglich, kalkfreies Wasser zum Gießen. Diese aus Südafrika stammende Art ist nicht winterfest und kann in Frostgebieten daher nicht im Freien angepflanzt werden. Werfen Sie die Pflanzen nach der Blüte weg. Die Kapheide (*Erica gracilis*) hat kleinere, dichter stehende Blüten und benötigt ähnliche Wachstumsbedingungen wie *Erica hiemalis*.

- *Niedrige Temperaturen von unter 13° C sind unbedingt nötig, um die Blütezeit der Pflanze zu verlängern.*
- *Besprühen Sie die Blätter regelmäßig mit Wasser. Trockene Luft, zu wenig Wasser für die Wurzeln oder zu hohe Temperaturen führen dazu, daß die nadelartigen Blätter abfallen.*

Euphorbia pulcherrima
Poinsettie, Weihnachtsstern, Adventsstern

Die Poinsettie ist die Pflanze der Advents- und Weihnachtszeit. Obwohl sie unter natürlichen Bedingungen zu den Kurztagsblühern zählt, können Züchter durch spezielle Lichtzugabe zu jeder Jahreszeit eine Blüte der Pflanze auslösen. Die gelappten, grünen Blätter mit eingekerbten Adern sitzen an saftigen Stielen. Im Winter bilden sich an den Triebspitzen eher unscheinbare, gelbe und rote Blüten. Die Attraktivität des Weihnachtssterns machen die glänzenden, scharlachroten Hochblätter aus, die ihre Färbung eine Zeitlang beibehalten. Es gibt auch weiße, creme- und rosafarbene Formen.

- *Besprühen Sie das Laub häufig mit Wasser.*
- *Werfen Sie die Pflanzen nach der Blüte weg: Sie werden nicht wieder blühen – es sei denn, sie stehen acht Wochen lang jeden Tag mindestens 14 Stunden in völliger Dunkelheit.*
- *Für den Verkauf bestimmte Pflanzen werden mit Hilfe von wachstumsregulierenden Chemikalien kompakt gehalten. Wenn Sie Pflanzen für ein weiteres Jahr kultivieren, werden diese größer und sparriger.*

Eustoma grandiflorum
Prärieenzian, Glockenenzian

Der Prärieenzian wurde früher unter dem Namen *Lisianthus russellianus* vorwiegend als Schnittblume verkauft und zählt daher zu den Neuheiten unter den Zimmerpflanzen. Die graugrünen Blätter sitzen an kräftigen Stengeln. Die Blüten sind ziemlich groß, in einer Knospe spiralförmig eingerollt und öffnen sich zu einer mohnähnlichen Form mit einer satinartigen Struktur. Die Kronblätter sind normalerweise weiß oder purpurrot gefärbt, man findet aber auch rosafarbene, blaue oder gelbe Schattierungen. Die 'Echo'-Gruppe hat gefüllte Blüten; zu ihr zählen die Sorten 'Blue Picotee' und 'Pink Picotee', die weiße Blüten und Kronblätter mit farbigen Rändern aufweisen.

- *Kultivieren Sie den Prärieenzian als einjährige Pflanze und werfen Sie ihn nach der Blüte weg.*
- *Vermehrung durch Samen, die im Frühjahr ausgesät werden.*
- *Die Pflanze benötigt einen ziemlich kühlen, luftigen und hellen Standort mit etwas direkter Sonneneinstrahlung.*
- *Reichlich gießen, die Oberfläche des Substrats aber vor jedem Gießen abtrocknen lassen.*

Exacum affine
Blaues Lieschen

Diese hübsche, zierliche Pflanze hat sukkulente Stengel und glänzende, ovale Blätter, die mit einer Vielzahl zart lilafarbener oder weißer Blüten mit einem gelben „Auge" übersät sind. Die Blüten erscheinen vom Sommer bis in den Herbst und verströmen einen starken, veilchenartig süßlichen Duft. 'Midget Blue' ist eine beliebte Sorte, während die weißblühende 'Midget White' weniger verbreitet ist.

- *Entfernen Sie verwelkte Blüten, um die Blütezeit zu verlängern.*
- *Werfen Sie die Pflanze nach der Blüte weg und ersetzen Sie sie durch eine neue. Sie können aber auch Jungpflanzen aus Samen ziehen.*
- *Schützen Sie die Pflanze vor Zugluft.*

Duftpflanzen

Die Mehrzahl der Zimmerpflanzen wird wegen ihrer hübschen Erscheinung kultiviert, doch einige Arten duften darüber hinaus angenehm. Der Duft geht manchmal von den Blättern, meist jedoch von den Blüten aus.

Die Einschätzung einer Duftnote ist individuell verschieden: Manche Menschen sind unfähig, einen Duft wahrzunehmen, den andere als unverwechselbar einstufen. Was die einen für ein wundervolles Parfüm halten, empfinden andere als zu süßlich oder sogar als unangenehm. Selbst ein und dieselbe Person reagiert bei verschiedenen Gelegenheiten auf den gleichen Duft unterschiedlich. Wir gewöhnen uns schnell an bestimmte Düfte: Einen Blütenduft, der uns beim Eintritt in ein Zimmer zunächst überwältigt, nehmen wir nach einigen Minuten fast nicht mehr wahr.

So wählen Sie Duftpflanzen aus

Die Stärke eines Duftes kann von Pflanze zu Pflanze variieren. Manchmal verströmt eine spezielle Sorte einen besonders auffälligen Duft, während eine andere überhaupt nicht duftet. Sogar innerhalb einer Sorte kann die Duftintensität von Pflanze zu Pflanze unterschiedlich sein. Gelegentlich geht der Duft völlig verloren, wenn sich Züchter auf andere Faktoren wie Farbe oder Blütengröße konzentrieren. Falls Ihnen der Duft wichtig ist, sollten Sie beim Kauf einer Pflanze nicht nur Ihre Augen, sondern auch Ihre Nase einsetzen; Sie werden schnell herausfinden, wie stark sich die einzelnen Pflanzen in ihrem Duft unterscheiden.

Es ist schwierig, eine bestimmte Duftnote genau zu beschreiben oder einen speziellen Duft im Gedächtnis zu speichern. Das ist allerdings leichter, wenn der entsprechende Duft mit einem bereits bekannten Aroma wie etwa Honig, Kiefer oder Zitrone erklärt werden kann. Problematisch wird es, wenn die Duftnote komplex und individuell ist – dann helfen nur vage Umschreibungen wie „süß", „würzig" oder „fruchtig". Da sich schon einzelne Pflanzen hinsichtlich ihres Duftes nur schwer einordnen lassen, bleibt Ihnen nichts anderes übrig, als die Blüten, die Ihnen zusagen, zu „beschnuppern".

> ### DER RICHTIGE STANDORT
>
> Beliebt und gewöhnlich auch sinnvoll ist es, Duftpflanzen im Wohnzimmer aufzustellen. Für ein Eßzimmer oder eine Eßecke sind sie nicht zu empfehlen: Ihr intensiver Duft mischt sich häufig mit dem Geschmack des Essens, da Geschmacks- und Geruchssinn eng zusammenhängen. Manche Menschen mögen auch keine Duftpflanzen im Schlafzimmer, da der starke Duft im Extremfall Schlaflosigkeit und Kopfschmerzen verursachen kann. Blüten, deren Duft sich nach einigen Minuten zu verflüchtigen scheint, können in Hallen und Durchgängen plaziert werden, die man nur gelegentlich aufsucht – auf diese Weise ist der Duft jedesmal frisch und neu.

Blüten- und Fruchtpflanzen

Duftende Blüten

Der eigentliche Zweck des Blütenduftes ist es, Insekten anzulocken, damit diese die Pflanze bestäuben. Wenn in der unten aufgeführten Liste ein Duft als „variabel" beschrieben ist, bedeutet das, daß die Duftnote von Pflanze zu Pflanze variiert. Wenn „einige" oder „die meisten" Pflanzen einer Sorte oder einer Art als duftend bezeichnet werden, so heißt dies, daß einige oder die meisten Sorten oder Arten duften, während der Rest der Spezies keinen Duft erzeugt.

Citrus, Calamondin-Orange, Orange, Zitrone (Seite 88)
Cyclamen, Alpenveilchen – variabel; vor allem Zwergformen (links und Seite 91)
Cymbidium-Hybriden, Cymbidie – einige (Seite 91)
Exacum affine, Blaues Lieschen (Seite 93)
Freesia, Fresie – variabel (Seite 96)
Gardenia augusta, Gardenie (Seite 97)
Genista, Kanarischer Ginster (Seite 97)
Hoya, Wachsblume (unten und Seite 100)
Hyacinthus, Hyazinthe (Seite 100)
Jasminum, Jasmin (Seite 102)
Lilium, Lilie (großes Bild und Seite 107)
Narcissus, Treibnarzisse – variabel (Seite 109)
Nerium, Oleander – einige (Seite 110)
Plumeria, Frangipani
Primula, Primel – die meisten, darunter *P. malacoides*, *P. obconica*, *P. vulgaris*, *P. auricula* und *P. kewensis* (Seite 118–119)
Stephanotis, Madagaskar-Jasmin (Seite 126)

Duftende Blätter

Die ursprüngliche Aufgabe der aromatisch duftenden Blätter besteht darin zu verhindern, daß die Pflanze von Insekten befallen wird. Der Duft entströmt Drüsen auf der Blattoberfläche, die allerdings erst geöffnet werden müssen, bevor man diesen wahrnimmt. Demzufolge muß man die Blätter zerreiben, ehe man das Aroma genießen kann. Der Duft von Blättern ist würziger, aromatischer und weniger süß als der von Blüten. Nur wenige Zimmerpflanzen haben duftende Blätter. Eine Gruppe – die Duftpelargonien – wird jedoch ausschließlich aus diesem Grund kultiviert. Die zahlreichen Sorten duften nach Harz, Zitrone, Rose, Weihrauch, Kiefer, Apfel oder sogar Pfefferminze.

Citrus, Calamondin-Orange, Orange, Zitrone (Seite 88)
Kräuter (Seite 66–67)
Pelargonium, Duftpelargonie (Seite 38–39 und 65)
Plectranthus, Mottenkönig (rechts und Seite 69)

Freesia-*Hybriden*
Freesie

Freesien entwickeln sich aus Knollen, die schmale, aufrechte, schwertförmige Blätter und drahtige Blütenschäfte mit mehreren zarten, trompetenförmigen, zu einer asymmetrischen Ähre vereinten Blüten hervorbringen. Normalerweise duften die Blüten süßlich, allerdings haben einige buntblättrige Sorten ihren Duft verloren. Die Blüten können weiß, cremefarben, rosa, gelb, orange oder lila sein. Die weißen und die cremefarbenen Sorten duften am stärksten. Gewöhnlich werden Knollen verschiedener Sorten zusammen verkauft. Die stark duftende 'White Swan' wird häufig auch einzeln angeboten.

- *Pflanzen Sie die Knollen vom Spätsommer bis in den Spätherbst nacheinander in Töpfe, um im Winter und zum Frühjahrsbeginn ständig blühende Pflanzen zu haben.*
- *Binden Sie die Blütenschäfte an schmale Stäbe oder stecken Sie Zweige dazwischen, um ihnen Halt zu geben.*
- *Vermehrung durch Samen, die Sie im Frühjahr aussäen; zur Blüte kommt es im nächsten Winter.*
- *Nach der Blüte weniger gießen; lassen Sie die Knollen allmählich austrocknen. Lagern Sie die Knollen an einem kühlen, trockenen Platz, bis Sie sie wieder eintopfen.*

Fuchsia-*Hybriden*
Fuchsie

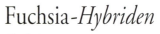
Fuchsien sind buschige Sträucher mit schwachen Trieben. Während einige Sorten aufrecht wachsen, hängen andere eher herab, so daß sie sich sehr gut als Ampelpflanzen eignen. Die spitzen, in gegenständigen Paaren angeordneten Blätter sind meist mittelgrün, manchmal auch dunkelgrün mit einem leichten Rotstich oder bunt gefärbt. Die glockenförmigen Blüten mit ihren hervorstehenden Staubgefäßen hängen auffällig herab. Kron- und Kelchblätter sind leuchtend gefärbt und bilden häufig einen reizvollen Kontrast. Fuchsien sind in vielen Farbvarianten von Rot und Rosa über Weiß und Creme bis hin zu Purpur erhältlich.

- *Verändern Sie den Standort der Pflanze nicht mehr, sobald sie Knospen trägt – andernfalls könnten diese abfallen, ehe sie sich geöffnet haben.*
- *Fuchsien werfen jedes Jahr im Herbst ihre Blätter ab. Lassen Sie die Pflanze an einem kühlen, trockenen Standort überwintern. Im folgenden Frühjahr schneiden Sie die Triebe bis auf einige Zentimeter über dem Boden zurück, setzen die Pflanze um und gießen sie kräftig, um das Wachstum wieder anzuregen.*
- *Die Weiße Fliege befällt Fuchsien häufig. Besprühen Sie die Pflanze mit einem geeigneten Insektizid – in den vom Hersteller angegebenen Intervallen –, bis die Schädlinge verschwunden sind.*

Gardenia augusta
Gardenie

Die milchweißen Blüten der Gardenie bilden kleine Rosetten und verströmen einen starken, süßen Duft. Die Blüten wachsen einzeln nahe den Triebspitzen in den Blattachseln und schieben sich zwischen die dunkelgrünen, glänzenden, spitzen Blätter. Es ist schwierig, die Pflanzen zum Blühen zu bringen: Sie benötigen eine warme und feuchte Umgebung, damit sich im Frühling Knospen ausbilden können.
- *Gardenien mit Blütenknospen gibt es fast das ganze Jahr über zu kaufen.*
- *Halten Sie das Substrat mit lauwarmem Wasser gleichmäßig feucht.*
- *Schützen Sie die Pflanze vor Zugluft und Temperaturschwankungen, sobald sie Knospen auszubilden beginnt.*
- *Verwenden Sie für das Umtopfen ein kalkfreies Substrat (Azaleenerde).*

Genista x spachianus
Kanarischer Ginster

Der Kanarische Ginster, der heute meist als *Cytisus* x *racemosus* verkauft wird, hat schmale, überhängende Triebe, an denen mittelgrüne Blätter aus drei Fiederblättchen sitzen. Im späten Winter oder zu Beginn des Frühjahrs erscheinen Büschel gelber, süß duftender Blüten an den Triebspitzen. Nach der Blüte sollten die Triebe stark zurückgeschnitten werden, damit die Pflanze eine kompakte Wuchsform behält. Wen man den Kanarischen Ginster über längere Zeit kultivieren möchte, ist er eher ein Kandidat für den Wintergarten. Blühende Pflanzen eignen sich dank ihrer hübschen Erscheinung und ihres Duftes als Zimmerpflanzen, wenn man sie nach der Blüte wegwirft.
- *Stellen Sie die Pflanze im Sommer an einen geschützten Standort ins Freie. Bringen Sie sie vor dem ersten Frost in einem kühlen Raum unter.*
- *Wenn die Pflanze im Zimmer steht, sollten Sie die Blätter regelmäßig mit klarem Wasser besprühen.*

Gerbera jamesonii
Gerbera

Die hübschen Blüten der Gerbera ähneln denen des Gänseblümchens und verführen mit ihrer Vielfalt an leuchtenden Farben zum Kauf. Halbgefüllte oder gefüllte Blüten gibt es in Weiß, Hell- und Dunkelrosa, Rot, Orange oder Gelb, bisweilen mit dunklem „Auge". Obwohl die Pflanzen von Natur aus im Sommer blühen, werden sie das ganze Jahr über blühend angeboten. Die leuchtendgrünen Blätter, die eine Rosette bilden, sind tief eingeschnitten und erinnern an Löwenzahnblätter. Kompakt wachsende Sorten wie 'Happipot', 'Living Colours' und 'Mini Looker' eignen sich als Zimmerpflanzen.
- *Nach der Blüte wirft man die Pflanzen im allgemeinen weg.*
- *In einer kühlen Umgebung halten sich die Blüten besonders lang.*
- *Halten Sie das Substrat während der Blüte ständig feucht.*
- *Wählen Sie beim Kauf eine Pflanze mit vielen Blütenknospen aus.*

Gloriosa superba 'Rothschildiana'
Ruhmeskrone, Kletterlilie

Diese Kletterpflanze, die aus einer Knolle austreibt, fühlt sich in einem Wintergarten sehr wohl, in dem sie sich ungehindert ausbreiten kann. Wenn man sie an Stützstäben oder um einen Drahtring zieht, ist sie auch als Zimmerpflanze ein prächtiger Anblick. Die schlanken Triebe tragen hellgrüne, lanzettartige Blätter, deren Spitze in eine Ranke ausläuft, mit der sich die Pflanze an jeder erreichbaren Stütze festklammert. Im Sommer entspringen in den Blattachseln im oberen Teil der Triebe herabhängende Blüten. Die leicht zurückgeschlagenen, gewellten Blütenblätter wechseln während ihrer Entwicklung die Farbe von Gelb in ein leuchtendes Rot.

- *Pflanzen Sie die Knollen im Frühjahr senkrecht ein. Die Spitze sollte dabei von Substrat gerade noch bedeckt sein. Gießen Sie nur so viel, daß das Substrat feucht bleibt. Sobald die ersten Triebe erscheinen, können Sie die Pflanze wieder reichlicher wässern.*
- *Schränken Sie das Gießen ein, sobald die Triebe absterben und die Blätter gelb werden. Trocknen Sie die Knolle, nehmen Sie sie vorsichtig aus dem Kübel und lagern Sie sie bis zum Frühling an einem kühlen und trockenen Platz. Dann pflanzen Sie die Knolle wieder ein.*
- *Düngen Sie die Pflanze während der Wachstumsphase alle zwei bis drei Wochen mit Kaliumdünger.*

Gomphrena globosa
Kugelamarant

Der einjährige, reichverzweigte Kugelamarant hat zungenförmige Blätter und runde Blütenköpfe, die von papierartigen Brakteen umschlossen sind. Obwohl Purpurrot die vorherrschende Farbe ist, gibt es auch Pflanzen mit rosafarbenen, gelben, weißen und orangefarbenen Hochblättern. Die purpurrote, kompakte 'Buddy' eignet sich gut als Topfpflanze.

- *Vermehrung durch Samen, die man im Frühjahr aussät.*
- *Staunässe unbedingt vermeiden.*
- *Werfen Sie die Pflanze nach der Blüte weg.*

Blüten- und Fruchtpflanzen 99

Guzmania-*Hybriden*
Guzmanie

 Guzmanien gehören zur *Bromeliaceae*-Familie. Sie haben lange, riemenförmige Blätter, die eine Rosette mit einem zentralen Trichter bilden, aus dem der Blütenschaft hervorsprießt. Die weißen oder gelben Blüten sind eher klein. Dagegen stechen die orangefarbenen oder roten Brakteen sofort ins Auge. Die Blütenschäfte können lang und elegant sein oder nur knapp über die Blattrosette hinausragen. Die beliebtesten Sorten sind 'Empire' (links), 'Cherry', 'Fiesta', 'Luna' und 'Rana'.
* Füllen Sie den zentralen Trichter mit lauwarmem Wasser auf.
* Stellen Sie die Pflanze auf feuchten Kies und besprühen Sie sie täglich mit Wasser, um die Luftfeuchtigkeit zu erhöhen.
* Ein heller Standort ist nötig, damit die Pflanze schön blüht.

Hibiscus rosa-sinensis
Hibiskus, Chinesischer Roseneibisch, Chinarose

 Der Hibiskus hat glänzende, dunkelgrüne, gezähnte Blätter und bringt den Sommer über kurzlebige Blüten hervor, die es in vielfältigen Farbschattierungen von Rot über Rosarot und Rosa bis hin zu Weiß und Gelb gibt. Die großen, trichterförmigen Blüten weisen in ihrem Zentrum eine Säule aus verwachsenen Staubblättern auf. Es gibt viele exotisch gefärbte Sorten wie die zart lachs-orangefarbene 'Bangkok' mit roten Staubblättern, die hellgelbe 'König' mit halbgefüllten Blüten, die blaßrosa 'Rio' mit einem dunkleren „Auge" und 'Rosalie' mit rosaroten Blüten und hübsch gezähnten Blatträndern.
* Im Winter an einen kühlen Ort stellen (ca. 13° C) und mäßig gießen.
* Schneiden Sie die Triebe zu Beginn des Frühjahrs um ungefähr zwei Drittel ihrer Länge zurück, damit die Pflanze eine kompakte, buschige Wuchsform behält.

Hippeastrum-*Hybriden*
Ritterstern

 Obwohl der Ritterstern normalerweise im Frühling blüht, sind speziell behandelte Zwiebeln erhältlich, die im Winter Blüten austreiben. Lange, riemenförmige Blätter folgen dem Blütenschaft. An der Spitze des Schaftes erscheinen zwei oder vier – vereinzelt auch mehr – trichterförmige Blüten mit emporragenden Staubblättern. Die Blütenblätter sind scharlachrot, weiß, rosa oder orangefarben – ab und zu auch kontrastfarben, gestreift oder gesäumt. Beliebte Sorten sind die rosa- und weißfarbene 'Appleblossom' und die dunkelrote 'Red Lion'.
* Staunässe vermeiden. Geben Sie alle zehn Tage, bis in den Herbst hinein, einen Flüssigdünger mit hohem Kaliumkarbonatanteil zu.
* Entfernen Sie verwelkte Blüten und gönnen Sie der Zwiebel eine Ruheperiode von zwei Monaten. Pflanzen Sie die Zwiebel im Winter wieder ein und beginnen Sie mit dem Gießen, um die Blütenbildung anzuregen.

Hoya bella
Wachsblume

Die Wachsblume hat lanzettliche, mittelgrüne, fast schon sukkulente Blätter. Sie entspringen Trieben, die zunächst buschig, später überhängend wachsen. Im Sommer bringt die Pflanze eigenartig fleischige, sternförmige Blüten mit deutlich purpurrotem Zentrum hervor. *Hoya carnosa* ist ähnlich, aber robuster, mit größeren Dolden cremeweißer Blüten, die sich mit der Zeit rosa färben. Sie haben ein rosenrotes Zentrum und duften stark nach Honig. *H. c.* 'Variegata' hat cremefarben panaschiertes Laub.

- *Schützen Sie Wachsblumen vor starker Sommersonne. H. carnosa ist aber für einige Stunden Sonnenlicht morgens oder abends dankbar.*
- *Entfernen Sie die verwelkten Blüten nicht, denn im folgenden Jahr entstehen die Blüten an denselben Stellen.*
- *Die Pflanzen können zwar an Drahtbögen gezogen werden, doch die hängenden Blütendolden lassen sich von unten am besten bewundern.*

Hyacinthus orientalis
Hyazinthe

Süß duftende Hyazinthen blühen im Winter. Frühe Blüten erfordern besondere Maßnahmen (siehe Seite 86–87), aber fertig eingetopfte, vorgetriebene Zwiebeln sind einfach zu pflegen und blühen zuverlässig. Die Blätter sind lang und linealisch, der Blütenschaft ist dicht besetzt mit glockenförmigen Blüten in Weiß, Blau, Rosa, Lachsrosa oder Gelb. Hyazinthen wie die rosafarbene 'Jan Bos' oder 'White Pearl' bringen einen Blütenschaft pro Zwiebel hervor, während die *Hyacinthus romanus* (oder *Bellevalia romana*) mehrere Stiele dichter stehender Blüten treibt.

- *Wählen Sie Pflanzen mit kompakten, gesunden grünen Blättern und gut geformter Blütenknospe, deren Farbe eben erst erkennbar ist.*
- *An kühlen Standorten halten die Blüten besonders lang.*
- *Im Zimmer getriebene Zwiebeln können nach der Blüte in den Garten gepflanzt werden, wo sie zwei Jahre später blühen – allerdings weniger auffällig. Im Zimmer lassen sie sich kein zweites Mal treiben.*

Blüten- und Fruchtpflanzen 101

Hydrangea macrophylla
Hortensie

 Obwohl sie eigentlich im Sommer blühen, werden Hortensien vom Frühjahr bis zum Spätherbst als Zimmerpflanzen angeboten. Die großen, kugelförmigen Blütenstände sind blau, rot, rosa oder weiß. Zu den bekanntesten Sorten gehören 'Mme Emile Mouillère' (frühblühend, weiß), 'Bodensee' (hellblau), 'Leuchtfeuer' (rot) und 'Rosita' (rosa).
- *Die Farbe blauer Sorten kann durch Gaben von Aluminiumsulfat oder Kalialaun erhalten werden.*
- *Tellerhortensien sind seltener als ihre Verwandten mit kugeligen Blütenköpfen. Ihre Blütendolden haben ein Zentrum aus geschlossenen Einzelblütchen, die von größeren, geöffneten Blüten umgeben sind.*
- *Nach der Blüte können die Pflanzen oft mit Erfolg im Garten ausgepflanzt werden.*

Impatiens walleriana
Fleißiges Lieschen

 Diese heiteren, unermüdlich blühenden Pflanzen haben ovale oder lanzettliche, gezähnte Blätter und fleischige Triebe. Sie blühen vom frühen Frühjahr bis zum Spätherbst. Die flachen, gespornten Blüten erscheinen in verschiedenen Farben. Neuguinea-Hybriden (links) werden am häufigsten angeboten; ihr Laub kann bronzegrün sein oder einen goldfarbenen Streifen in der Blattmitte aufweisen. Das Spektrum der Blütenfarben reicht von Rot und Karminrot über Rosa und Lachsrosa bis zu Weiß.
- *An einem warmen, hellen Standort kann die Pflanze den ganzen Winter hindurch blühen.*
- *Kopfstecklinge bewurzeln sich im Frühjahr und im Sommer schnell.*
- *Eine kühle, helle Umgebung bewahrt die Triebe vor dem Vergeilen.*

Iris reticulata
Zwerg-Iris

 Kleine Zwiebel-Iris sind farbenfrohe Winterblüher fürs Zimmer. *Iris reticulata* hat blaue Blüten mit gelber und weißer Zeichnung auf relativ hohen Stielen. *I. histroides* 'Major' blüht purpurblau. Es gibt eine Reihe von Hybriden zwischen *I. histroides* und *I. reticulata*, darunter die tiefblaue 'Joyce' und die blaßblaue 'Clairette'. *I. danfordiae* hat duftende gelbe Blüten mit grünlich-braunen Tupfen auf den unteren Blütenblättern; die Blüten werden von kurzen Stielen getragen. Die schmalen, schwertförmigen Blätter erscheinen oft nach den Blüten.
- *Pflanzen Sie Iriszwiebeln im Frühherbst in eine flache Schale, die Sie bis zur Blüte an einen kühlen, hellen Platz stellen.*
- *Wenn die Blätter verwelkt sind, können Sie die Zwiebeln in den Garten pflanzen. Sie eignen sich hervorragend für einen Steingarten.*

Ixora-*Hybriden*
Ixore

Die dunkelgrünen, glänzend ledrigen Blätter der Ixore gleichen denen der Gardenie, mit der sie verwandt ist. Der buschige Strauch trägt im Frühjahr und im Sommer abgeflachte Blütendolden, die sich aus vielen sternförmigen Einzelblüten zusammensetzen; diese sind gelb, rot, orange, lachsrot oder weiß gefärbt. Die Blüten entspringen aus aufrecht stehenden, dicht eingerollten Knospen – und erinnern so an ein regelrechtes Feuerwerk. Im Handel sind fast ausschließlich Hybriden unbekannter Abstammung erhältlich, die meist aus *Ixora coccinea* gezüchtet werden. 'Anita' ist lachsrosa, 'Etna' glühend orange und 'Vulcanus' leuchtend gelb.

- *Ixora benötigt eine gleichmäßig hohe Luftfeuchtigkeit und verträgt keine Temperaturschwankungen. Wenn die Pflanze trockener Luft oder Zugluft ausgesetzt ist, fallen ihre Blätter ab.*
- *Gießen Sie die Pflanze im Herbst und im Winter weniger als während der Wachstumszeit.*
- *Schneiden Sie die Triebe zu Beginn des Frühjahrs um ungefähr ein Drittel zurück.*

Jasminum polyanthum
Jasmin

Der Jasmin ist ein beliebter Winterblüher für das Zimmer. Seine kräftigen, kletternden Triebe tragen dunkelgrüne Blätter. Die rosa Knospen öffnen sich zu sternförmigen, weißen Blüten, die einen starken Duft verströmen. Jasmin ist leicht zu kultivieren, liebt es allerdings relativ kühl.

- *Jasmin wird gewöhnlich an einem Drahtbogen aufgebunden. Neue Triebe sollten stets sorgfältig in die Bogenform einbezogen werden – so bleibt der Jasmin ansehnlich und bildet viele Knospen aus.*
- *Besprühen Sie die Blätter gelegentlich mit Wasser.*
- *Verabreichen Sie in der Blütezeit alle zehn bis 14 Tage einen Flüssigdünger mit einem hohen Kaliumkarbonatanteil.*

Jatropha podagrica
Flaschenpflanze, Rhabarber von Guatemala

 Die Flaschenpflanze, ein aus Mittelamerika stammendes, sukkulentes Wolfsmilchgewächs, ist aufgrund ihrer Wuchsform eine regelrechte Kuriosität. Ihr ausgesprochen ungewöhnliches Aussehen verdankt *Jatropha* dem mehr oder weniger flaschenförmigen, dicken Stamm, der als Wasserspeicher dient. An der Spitze teilt die Pflanze sich bisweilen in zwei kurze Äste, die langgestielte, drei- bis fünflappige Blätter tragen. Die bis zu 20 cm breiten Blätter werden zu Beginn der winterlichen Ruhezeit abgeworfen; die Pflanze wirkt dann wie leblos. Im Frühjahr erscheinen langgestielte, reich verzweigte Blütenstiele mit Büscheln von kleinen roten Blüten. Auf diese folgen wiederum die feigenblattähnlichen Blätter.

- *Gießen Sie die Pflanze nur mäßig. Im Winter, nach dem Blattfall, benötigt die Flaschenpflanze überhaupt kein Wasser.*
- *Blüten können fast das ganze Jahr über ausgebildet werden.*
- *Vermehrung im Winter durch Samen oder Stecklinge.*
- *Die Flaschenpflanze muß so gut wie gar nicht gedüngt werden.*
- *Die Pflanze benötigt eine hohe Zimmertemperatur.*

Justicia brandegeana
Zimmerhopfen, Spornbüschchen

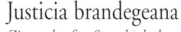 **Der Zimmerhopfen** ist leicht zu kultivieren und wird meist noch unter seinem früheren Namen *Beloperone guttata* verkauft. Die Blätter sind oval, mittelgrün und leicht behaart. An den Triebspitzen bilden sich lange weiße Blüten, die aus den rosafarbenen, einander überlappenden Hochblättern (Brakteen) herausragen. Die Hochblätter haben eine schuppige Form und lassen die Triebe überhängen. Die Sorte 'Yellow Bracts' hat gelbe Brakteen. Eine verwandte Art ist die Jakobinie, *Jacobinia carnea* (früher *Justicia carnea*): Sie bringt dichte Ähren aus rosaroten Blütenröhren hervor, die von Hochblättern umgeben sind.

- *Der Zimmerhopfen wird schnell unansehnlich, wenn er nicht zurückgeschnitten wird. Zwicken Sie die Triebspitzen regelmäßig ab und schneiden Sie die Triebe im Spätwinter auf die halbe Länge zurück.*
- *Vermehrung im Frühling durch Stecklinge – damit können Sie größere Exemplare ersetzen, die aus der Form geraten sind.*
- *Halten Sie das Substrat in der Wachstumszeit ständig feucht. Düngen Sie die Pflanze im Sommer alle zwei Wochen.*

Problempflanzen

Die meisten Zimmerpflanzen bereiten zwar keinerlei Probleme, doch einige wenige verlangen besondere Aufmerksamkeit – vor allem dann, wenn Kinder oder Haustiere mit ihnen in Kontakt kommen können. Stellen Sie alle giftigen Pflanzen außerhalb der Reichweite von Kindern und Tieren und plazieren Sie Exemplare mit spitzen Blättern, etwa *Yucca aloifolia* (Palmlilie), so, daß sich beim Vorübergehen niemand daran verletzen kann.

Giftige Pflanzen

Nur wenige Zimmerpflanzen sind wirklich giftig, doch eine ganze Reihe von ihnen kann unangenehme Beschwerden hervorrufen, wenn man von ihnen ißt. Für Kinder sind besonders frucht- oder samentragende Pflanzen verführerisch.

Haustiere wie Hunde oder Katzen dagegen interessieren sich eher für Laub, insbesonders für das grasartiger Pflanzen. Besonderen Appetit auf Zimmerpflanzen entwickeln sie dann, wenn sie normalerweise keinen Auslauf im Garten haben. Kaninchen, Meerschweinchen und andere Nager, die gelegentlich frei im Zimmer herumlaufen dürfen, nehmen ebenfalls gern eine Kostprobe von jeder Pflanze, die sie finden.

Wenn Sie befürchten, daß ein Kind oder ein Tier von einer eventuell giftigen Pflanze gegessen hat, sollten Sie sofort einen Arzt aufsuchen. Nennen Sie dort den Namen der Pflanze, sofern Sie ihn kennen, und nehmen Sie am besten Teile der Pflanze mit.

Capsicum annuum (Spanischer Pfeffer, links und Seite 84)
Die leuchtendroten Früchte wirken anziehend auf Kinder, doch die darin enthaltenen Säfte reizen die Schleimhäute stark. Es ist zwar unwahrscheinlich, daß Kinder größere Mengen davon essen, doch die Früchte verursachen ein sehr unangenehmes Brennen im Mund, an den Lippen und den Augen.

Dieffenbachia seguine (Dieffenbachie, Seite 58)
Der Saft dieser Pflanze läßt Mund, Zunge und Rachen schmerzhaft anschwellen, so daß das Sprechen schwer fällt. Die Schwellung des Rachens kann sogar die Atmung beeinträchtigen.

Euphorbia pulcherrima (Poinsettie, rechts und Seite 92)
Alle Teile dieser Pflanze sind giftig. Sogar Todesfälle sind bereits vorgekommen. Außerdem kann der weiße Milchsaft die Haut reizen.

Euphorbia milii (Christusdorn, gr. Bild rechts und Seite 135)
Wie beim Weihnachtsstern ist auch der Saft des Christusdorns giftig und reizend.

Blüten- und Fruchtpflanzen 105

Nerium oleander (Oleander, Seite 110)
Alle Teile dieser Pflanze sind außerordentlich giftig. Schon der Verzehr eines einzigen Blattes kann tödlich sein.

Rhododendron simsii (Azalee, Seite 120)
Alle Teile von Rhododendren und Azaleen sind giftig. Der süß schmeckende Nektar am Blütengrund könnte Kleinkinder zum Kosten verführen.

Solanum diflorum (Nachtschatten, rechts und Seite 123)
Ebenso wie die Früchte des Spanischen Pfeffers ziehen auch die des Korallenstrauchs Kinder besonders an, können Verdauungsbeschwerden verursachen, wenn sie verschluckt werden.

Pflanzen, die Hautreizungen verursachen

Einige Pflanzen können bei empfindlichen Menschen Hautausschläge oder Blasen hervorrufen. Wer an Allergien leidet, sollte im Umgang mit derartigen Pflanzen besondere Vorsicht walten lassen. Tragen Sie bei der Pflanzenpflege Gummihandschuhe, vor allem dann, wenn Sie mit dem Saft der Pflanze in Kontakt kommen können – zum Beispiel beim Schneiden von Stecklingen –, und vermeiden Sie es unter allen Umständen, empfindliche Körperstellen wie Mund und Augen mit den Händen zu berühren, ehe Sie sich diese gründlich gewaschen haben.

Auf die Tatsache, daß die Dornen von Kakteen relativ gefährlich sein können, braucht nicht eigens hingewiesen zu werden. Doch nehmen Sie sich nicht nur vor scharfen, spitzen Arten in acht: Die samtig wirkenden Borsten auf den Glochiden von Opuntien und die weichen, seidigen „Haare" vieler Arten können unbemerkt in der Haut steckenbleiben und starke, länger anhaltende Reizungen verursachen.

Folgende Zimmerpflanzen können die Haut in Mitleidenschaft ziehen:

Capsicum annuum (Spanischer Pfeffer, Seite 84)
Chrysanthemum-Indicum-Hybriden (Topfchrysantheme, rechts und Seite 85)
Euphorbia pulcherrima (Poinsettie, Seite 92)
Euphorbia x *keysii* (Christusdorn, großes Bild links und Seite 135)
Hedera helix (Efeu, links und Seite 30)
Hyacinthus orientalis (Hyazinthe, Seite 100)
Primula obconica (Becherprimel, Seite 118)
Sedum burrito (Eselsschwanz, rechts und Seite 143)
Sedum sieboldii (Fetthenne, Seite 143)

Lantana camara
Wandelröschen

Dieser relativ ausladende Strauch stammt aus den amerikanischen Tropenzonen. Das Wandelröschen hat stachlige Triebe und runzlige, dunkelgrüne Blätter, die ein wenig an Salbei erinnern. Die Blüten ähneln denen von *Verbena*. Sie erscheinen vom späten Frühling bis in den Herbst hinein zu flachen Köpfchen vereint und blühen nach und nach vom Rand zum Zentrum des Köpfchens hin auf. Mit der Zeit verfärben sich die Blüten: Anfangs sind sie gelb, später werden sie dann orange, rosa oder rot, so daß jedes Blütenköpfchen gleichzeitig verschieden gefärbte Einzelblüten trägt. Die rein gelb blühende Sorte 'Sundancer' eignet sich wegen ihrer ausladenden Wuchsform hervorragend als Ampelpflanze.

- *Das Wandelröschen ist anfällig für die Weiße Fliege. Sobald diese Schädlinge auftauchen, sollten Sie die Pflanze regelmäßig mit einem geeigneten Insektizid besprühen.*
- *Schneiden Sie die Triebe zu Beginn des Frühjahrs auf die halbe Länge zurück, damit die Wuchsform buschig bleibt.*
- *Zwicken Sie die Triebspitzen während der Wachstumsphase häufig ab; dies trägt ebenfalls dazu bei, die Pflanze buschig zu erhalten.*
- *Düngen Sie die Pflanze während der Wachstumsphase alle zwei Wochen.*
- *Vermehrung im Frühsommer durch unverholzte Stecklinge.*

Leptospermum scoparium
Südseemyrte

Die Südseemyrte ist eine reichverzweigte, immergrüne Pflanze mit nadelförmigen, graugrünen, aromatisch duftenden Blättern. Im Frühsommer bildet sie weiße oder zartrosa gefärbte Blüten mit einem dunklen Zentrum aus, die in dichten Gruppen an den Zweigen sitzen. Es gibt mehrere Sorten mit gefüllten, rosenroten Blüten. Als Zimmerpflanze eignet sich vor allem die kompakte, rosablühende Zwergform 'Nanum'.

- *Besprühen Sie die Pflanze regelmäßig mit klarem Wasser.*
- *Die Südseemyrte eignet sich gut als Kübelpflanze für einen Wintergarten.*

Blüten- und Fruchtpflanzen 107

Lilium-*Hybriden*
Lilie

Die Blüten der Lilie kennt jeder: Ihre Trompetenform sticht ins Auge und ihr Duft ist betörend. *Lilium longiflorum*, die Osterlilie, hat reinweiße Blüten mit goldenen Staubgefäßen. Die Lilien der Midcentury-Hybridengruppe sind als Topfpflanzen beliebter. Sie haben nach oben gewandte Blüten, deren Kronblätter oft von dunklen Flecken überzogen sind. Im Angebot findet man auch die orangefarbenen Sorten 'Enchantment' und 'Pixie'. Fast jede Lilie kann als Zimmerpflanze kultiviert werden: Pflanzen Sie die Zwiebeln im Herbst ein – entweder eine allein in einen Topf von 15 cm Durchmesser oder drei zusammen in einen Kübel von 30 cm Durchmesser.

- *Die Lilienwurzeln zeichnen sich durch kräftiges Wachstum aus. Pflanzen Sie die Zwiebel deshalb in einen ausreichend tiefen Topf.*
- *In der Wachstumszeit alle 14 Tage einen Flüssigdünger mit einem hohen Kaliumkarbonatanteil verabreichen.*
- *Sobald sich die Blätter nach der Blütezeit gelb färben, die Wassergaben reduzieren. Im Herbst wird die Zwiebel umgetopft.*

Lotus berthelotii
Hornklee

Dank seiner herabhängenden, silbrigen Zweige ist der Hornklee eine ideale Ampelpflanze. Die gefiederten Blätter setzen sich aus fünf oder mehr nadelförmigen Blättchen in hellem, silbrigem Grün zusammen. Im Frühsommer erscheinen leuchtend scharlachrote Blüten in Gruppen zwischen dem Laubwerk.

- *Wie so viele Pflanzen mit silbrigen Blättern benötigt auch der Hornklee nur sehr wenig Wasser. Lassen Sie das Substrat fast austrocknen, ehe Sie wieder gießen.*
- *Im Sommer können Sie Kopfstecklinge abnehmen.*

Mandevilla x amoena *'Alice du Pont'*
Mandevilla

Mandevilla ist eine Kletterpflanze mit verholzenden Stengeln, die sich gut für den Wintergarten eignet, aber für kurze Zeit auch als Zimmerpflanze attraktiv sein kann. Ihre ovalen, spitzen Blätter sind von einem dunklen, glänzenden Grün. Im Sommer bringt sie trichterförmige, rosafarbene Blüten hervor, die sich aus gedrehten Knospen entrollen. Mandevilla wird häufig als *Dipladenia* angeboten.

- *Ziehen Sie die Pflanze an einem Spalier oder an Stäben, die Sie am Rand des Kübels in die Erde stecken.*
- *Besprühen Sie die Pflanze häufig mit Wasser, sobald sie Knospen ansetzt.*
- *Setzen Sie die Pflanze jedes Frühjahr in einen größeren Topf mit frischer Erde um. Eine Pflanze, deren Topf zu klein geworden ist, blüht schlecht und geht im allgemeinen rasch ein.*

Medinilla magnifica
Medinille

Die breiten Blätter der Medinille mit ihren markanten Blattadern sehen prachtvoll aus, doch ihre Schönheit wird noch übertroffen von den überhängenden Blütenständen, die sich im späten Frühjahr entwickeln. Sie werden bis zu 30 cm lang und bestehen aus vielen rosafarbenen Blüten, die im Knospenzustand an eine Beere erinnern und von großen Tragblättern in Rosa umhüllt sind. *Medinilla* bevorzugt einen feuchtwarmen Wintergarten oder ein beheiztes Gewächshaus.

- *Hohe Luftfeuchtigkeit ist wichtig.* Stellen Sie die Pflanze in feuchten Kies und besprühen Sie die Blätter in der Wachstumszeit täglich.
- *Im Winter sollte die Temperatur etwa 15° C betragen* – auch die Luftfeuchtigkeit kann dann etwas niedriger sein. Vermeiden Sie Temperaturschwankungen und Zugluft.
- *Häufig kommt es zu einem Befall mit Spinnmilben* (Rote Spinne, siehe Seite 183) – ein Zeichen für mangelnde Luftfeuchtigkeit. Besprühen Sie die Pflanze häufiger und setzen Sie Raubmilben ein.
- *Sobald sich die Blütenknospen ausbilden,* sollten Sie bis zum Ende der Blütezeit alle zwei Wochen einen Flüssigdünger mit viel Kalium zugeben.

Miltoniopsis-*Hybriden*
Stiefmütterchen-Orchidee

Die samtigen, flach geöffneten Blüten von *Miltoniopsis* erscheinen im Spätsommer und Herbst und sehen – wie der deutsche Name vermuten läßt – wie fantastische exotische Stiefmütterchen aus. Die Unterlippe der Blüte ist meist anders gefärbt als die übrigen Blütenblätter, außerdem ist sie an der Öffnung oft gefleckt, gestreift oder gesprenkelt. An jedem Stiel sitzen etwa zehn Blüten mit einem Durchmesser von zehn Zentimetern, von denen jede vier oder fünf Wochen hält. Sie verströmen häufig einen wohlriechenden Duft. Die Blüten erscheinen hauptsächlich im Sommer, mitunter gibt es eine zweite Blüte im Herbst. Im Handel werden viele Kreuzungen mit einer breiten Farbpalette angeboten: alle Schattierungen von Rot, Rosa, Purpur und Weiß.

Diese immergrüne Orchidee besitzt Pseudobulben – Verdickungen der Stammbasis, aus denen lange, blaßgrüne Blätter hervorwachsen, die der Pflanze als Speicherorgane dienen.

- *Es ist nicht ganz einfach,* Miltoniopsis *im Zimmer zu ziehen.* Die Pflanze benötigt eine hohe Luftfeuchtigkeit und konstante Temperaturen von mindestens 15° C im Winter, sonst wächst sie das ganze Jahr über weiter.
- *In den Wintermonaten nur mäßig gießen.*
- *Verwenden Sie spezielle Orchideenerde* (siehe Seite 160) und setzen Sie die Pflanze in einen speziellen Orchideenkorb oder -topf.

Blüten- und Fruchtpflanzen 109

Narcissus-*Hybriden*
Narzisse, Treibnarzisse

 Als Zimmerpflanze blüht *Narcissus* früh. Aus den Zwiebeln wachsen linealische Blätter, die gelbe oder weiße, trompeten- oder becherförmige Blüten tragen. Die häufig süßlich duftenden Blüten sitzen einzeln oder in Dolden an einem Stiel. Die Tazetten-Hybriden 'Earlicheer', 'Soleil d'Or' und 'Cragford' sind ebenso beliebt wie die Sorte 'Paperwhite' (links), die als *N. papyraceus* bezeichnet wird, und die in sechs bis acht Wochen bis zur Blüte gebracht werden kann (siehe Seite 86f.). Minisorten wie 'Tête-à-Tête', 'February Silver' und 'Peeping Tom' sind bezaubernde Zimmerpflanzen.
- *Kaufen Sie Pflanzen mit Knospen, die sich bald öffnen.*
- *Stellen Sie* Narcissus *an einen hellen, kühlen Platz und drehen Sie den Topf regelmäßig, damit sich die Blätter nicht dem Licht zuneigen.*
- *Geben Sie alle zehn Tage einen Flüssigdünger zu, bis die Blätter absterben. Lassen Sie die Zwiebeln trocknen und pflanzen Sie sie im Herbst in den Garten oder in Töpfe, die Sie ins Freie stellen.*

Nematanthus gregarius
Kußmäulchen, Bauchblume

 Diese reizende kleine Pflanze hat glänzende, grüne, sukkulente Blätter, die an leicht überhängenden Trieben sitzen, und hellorange, seltsam aufgeblasene Blüten, die während des Sommers in den Blattachseln erscheinen. *Nematanthus gregarius* findet man häufig unter ihrem alten Namen *Hypocyrta glabra* im Handel. Eine buntblättrige Sorte ist 'Golden West'; daneben werden die Sorten 'Black Magic' mit sehr dunklen Blättern und 'Freckles' mit gefleckten Blüten angeboten.
- *Sorgen Sie für hohe Luftfeuchtigkeit und besprühen Sie die Blätter oft.*
- *Vorsichtig gießen, da die Pflanzen sehr schnell faulen, wenn sie zu viel Wasser bekommen. Halten Sie das Substrat in der Wachstumszeit feucht und gießen Sie im Winter nur sparsam.*

Neoregelia carolinae *'Tricolor'*
Neoregelie

 Diese Bromelie besticht eher durch ihre gezähnten, weiß gestreiften Blätter als durch ihre blauen Blüten. Die Herzblätter der Pflanze werden in der Blütezeit rosarot und behalten diese Färbung viele Wochen lang bei.
- *In der Blütezeit benötigt die Pflanze direktes Sonnenlicht, um kräftige Farben auszubilden. Während der heißesten Tageszeit sollte sie aber im Schatten stehen.*
- *Füllen Sie die Herzblätter ständig mit kaltem, abgekochtem Wasser auf, dem Sie einen Flüssigdünger zusetzen.*
- *Die Rosette stirbt nach der Blüte ab, doch an der Basis entstehen Ableger, die die Pflanze ersetzen können.*

Nerium oleander
Oleander

Der imposante, sonnenliebende Oleander hat lange, spitze, weidenartige Blätter, die an kräftigen, aufrecht wachsenden Trieben stehen. Er wächst zu einem kleinen Strauch heran, der sich gut für den Wintergarten eignet. Im Sommer erscheinen an den Triebspitzen trichterförmige Blüten. Diese sind rot, rosarot, rosa, weiß oder gelb gefärbt und verströmen oft einen köstlichen Duft. Von Züchtern werden Dutzende renommierter Sorten angeboten.

- *Alle Teile des Oleanders sind außerordentlich giftig – auch die Rinde und der Saft. Kinder und Haustiere sind unter allen Umständen von den Pflanzen fernzuhalten.*
- *Lassen Sie das Substrat nicht austrocknen, sobald die ersten Knospen zum Vorschein gekommen sind – ansonsten fallen diese ab, noch bevor sie sich öffnen. Stellen Sie die Pflanze im Winter kühl und gießen Sie sie weniger. Halten Sie nur das Substrat feucht.*
- *Nach der Blüte schneiden Sie die Triebe auf ein Drittel zurück. Tragen Sie dabei Handschuhe und denken Sie daran, die abgeschnittenen Teile sicher zu entsorgen.*
- *Untersuchen Sie die Blattunterseiten regelmäßig nach Schildläusen. Entfernen Sie die Schädlinge mit der Hand oder verwenden Sie ein entsprechendes Insektizid.*

Nertera granadensis
Korallenmoos, Korallenbeere

Das Korallenmoos ähnelt dem Bubiköpfchen (*Soleirolia soleirolii*, Seite 73): Es hat zarte, runde Blätter an kriechenden, fadenförmigen Stengeln. Im Gegensatz zu *Soleirolia* bringt die Pflanze vom Spätsommer bis in den Winter hinein orangefarbene, erbsengroße Beeren hervor. Im Frühjahr erscheinen gelblich-grüne, zarte Blüten in den Blattachseln.

- *Sobald die Blüte beginnt, stellen Sie die Pflanze an einen geschützten Platz ins Freie. Wenn die Außentemperatur noch zu niedrig ist, besprühen Sie die blühende Pflanze im Zimmer täglich mit Wasser.*
- *Im Winter und im Frühjahr ist etwas direkte Sonneneinstrahlung notwendig, um Blüte und Fruchtbildung anzuregen. Unter starker Sommersonne werden die zarten Blätter allerdings schnell runzlig.*
- *Geben Sie im Frühjahr und im Frühsommer zwei- oder dreimal verdünnten kaliumkarbonathaltigen Dünger zu.*

Oncidium spec.
Schmetterlingsorchidee

Oncidium bringt zarte, schmetterlingsartige Blüten hervor, die an emporrankenden oder aufrecht wachsenden Trieben stehen. Die langen Blütenstiele müssen oft mit einem Stab gestützt werden. Die Blüten sind gelb, orange, rosa, rot, grün oder weiß und normalerweise gefleckt.
- *Besprühen Sie die Orchidee regelmäßig mit Wasser.*
- *Oncidium kann mit Draht an einem Rindenstück befestigt oder in einen hölzernen Orchideenkorb gepflanzt werden.*
- *Die Blüten sind zwar langlebig, sobald sie jedoch verwelkt sind, kann es schwierig werden, Oncidium für weitere Jahre zu kultivieren.*

Oxalis tetraphylla
Glücksklee

Im Freien kann sich der Glücksklee rasch ausbreiten und lästig werden. Kultiviert man ihn dagegen in einem Topf, ist *Oxalis* dank seiner kleeartigen Blätter und der rosaroten, trichterförmigen Blüten eine attraktive Zimmerpflanze. Die Blätter sind aus vier gelappten Blattfiedern zusammengesetzt; die Sorte 'Iron Cross' zeigt einen auffälligen, braunen Fleck im Blattzentrum. Im Sommer erscheinen lockere Blütendolden an langen Stielen. Die Pflanze wurde früher auch als *Oxalis deppei* bezeichnet.
- *Im Winter nur mäßig gießen, insbesondere an einem sehr kühlen Standort, an dem die Pflanze Blätter verliert.*
- *Vermehrung im Frühjahr durch Teilung der knollenförmigen Wurzeln.*

Pachystachys lutea
Goldähre

Die Blüten der Goldähre ähneln denen des Glanzkölbchens (*Aphelandra*, Seite 80). Es handelt sich um Ähren aus großen, hellgoldenen Brakteen, zwischen denen sich zipfelige weiße Röhrenblüten herausschieben. Die prächtig gefärbten Blütenähren sind im Sommer und im Herbst mehrere Wochen lang zu bewundern. Die Spreite der lanzettartigen, dunkelgrünen Blätter ist tief von Adern durchzogen.
- *Halten Sie das Substrat in der Wachstumszeit ständig feucht.*
- *Mit zunehmendem Alter fallen die unteren Blätter ab – insbesondere dann, wenn das Substrat austrocknet. Schneiden Sie die Triebe im Frühjahr zurück, um eine kompakte Wuchsform zu erhalten.*
- *Vermehrung im Frühjahr durch Kopfstecklinge; ersetzen Sie ältere, sparrig gewordene Pflanzen.*

Pandorea jasminoides
Pandorea

 Diese Kletterpflanze hat gefiederte, glänzendgrüne Blätter, die an großblättrigen Jasmin erinnern. Im Frühjahr und im Sommer bringt Pandorea viele weitgeöffnete, trichterförmige Blüten hervor, die zartrosa gefärbt sind und einen rosafarbenen Schlund haben. Die Blüten der am häufigsten angebotenen Sorte 'Rosea Superba' (links) leuchten rosa, während ihr Zentrum blutrot erscheint. 'Charisma' hat goldfarbene Blätter, 'Lady Di' milchweiße Blüten mit cremefarbenem Schlund. *Pandorea jasminoides* ist auch als *Bignonia jasminoides* im Handel.
- *Verwenden Sie für die Triebe ein Spalier oder eine Kletterhilfe aus Draht.*
- *Pandorea jasminoides eignet sich gut für einen Wintergarten. Zu starkes Wachstum können Sie durch Zurückschneiden eindämmen – allerdings wird dadurch auch die Blüte eingeschränkt.*

Paphiopedilum-*Hybriden*
Frauenschuh, Venusschuh

 Die wachsartigen Blüten von *Paphiopedilum* mit ihrer gewölbten, pantoffelförmigen Unterlippe sind unverwechselbar. Als Zimmerpflanzen eignen sich die Hybridformen: Sie zählen unter den Orchideen zu den pflegeleichten Arten. Die Blüten erscheinen in Rosa-, Rot-, Creme-, Gelbbraun-, Grün- und Purpurtönen; häufig sind sie in einer kontrastierenden Farbe gefleckt oder gestreift. *Paphiopedilum* hat im Gegensatz zu anderen Orchideen keine Pseudobulben, sondern ein Rhizom, das Rosetten aus riemenförmigen Blättern ausbildet. Jede Rosette bringt im Winter einen Trieb hervor, der eine Blüte trägt.
- *Halten Sie das Substrat mäßig feucht. Sechs bis acht Wochen nach der Blütezeit können Sie das Gießen einschränken.*
- *Wenn der Topf mit Blattrosetten gefüllt ist, können Sie die Pflanze nach der Blütezeit teilen und die Rosetten in Orchideenerde einpflanzen.*

Passiflora caerulea
Passionsblume

 Die Passionsblume weist derbe, glänzendgrüne, fünflappige Blätter und kletternde Triebe mit korkenzieherförmigen Ranken auf. Im Sommer bringt die Pflanze schöne Blüten hervor. Die Knospen öffnen sich zu flachen Tellern mit weißen oder hellgrünen Kronblättern. Darüber liegt ein Kranz strahlenförmiger Staubfäden, die an der Basis purpurrot, in der Mitte weiß und an der Spitze blauviolett gefärbt sind, so daß sich ein Ring aus drei verschiedenen Farben ergibt. An einem fleischigen, zentralen Griffel sitzen fünf gelbe Staubblätter und eine dreiteilige, braune Narbe.
- *Unter geeigneten Bedingungen folgen auf die kurzlebigen Blüten hübsche, eiförmige Früchte, die orangegelb werden, sobald sie reif sind.*

Blüten- und Fruchtpflanzen

Pelargonium-Grandiflorum-*Hybriden*
Edelpelargonie, Edelgeranie

Dieser Sommerblüher weist behaarte, gelappte Blätter mit gezähntem Rand und große, gefärbte, trichterförmige Blüten auf. Die buschige Pflanze bringt empfindliche Triebe hervor. Wenn man die Blätter zerreibt, duften sie aromatisch. Die relativ großen Blüten bestehen aus fünf Kronblättern und erscheinen in vielen Farbschattierungen – von Rot und Rosa über Lavendel bis hin zu Weiß. Die Kronblätter tragen hübsche Zeichnungen. Beliebt sind die rosenrote 'Grand Slam' mit dunklen Flecken und die 'Lavender Grand Slam'. Die rote 'Aztec' (links) hat dunkelfarbene Blattadern und Kronblätter mit weißem Rand. 'Olga' ist lila bis rosa gefärbt und rot gefleckt, 'Glory' weiß.

Großer Beliebtheit erfreuen sich Pelargonium-Zonale-Hybriden (*Pelargonim* x *hortorum*). Deren Blätter sind rund, gelappt und durch einen dunkleren Bereich am Stielansatz gekennzeichnet. Die gefüllten Blüten drängen sich zu kugeligen Köpfen zusammen, die rot, rosa, lachs- oder purpurfarben, weiß oder auch zweifarbig sind.

• *Wenn Sie die Pflanze berühren oder von ihrem Platz bewegen, fallen die Blütenköpfe (insbesondere die der* Pelargonium-Zonale-Hybriden*) ab.*
• *Im Winter sparsam gießen und in einen kühlen Raum stellen. Sobald die Wachstumsperiode einsetzt, nach und nach stärker gießen.*
• *Schneiden Sie die Pflanze im Spätwinter zurück, um die Bildung neuer Triebe anzuregen, die im Frühling als Kopfstecklinge gezogen werden.*

Pelargonium peltatum
Efeupelargonie

Diese Hängepelargonie hat fleischige Blätter, die denen des Efeus ähneln, und lange, zarte Triebe mit leuchtenden Blüten, die in Dolden zusammenstehen. Die Blüten weisen weniger Kronblätter als die *Pelargonium-Grandiflorum-* und die *Pelargonium-Zonale*-Hybriden auf; die oberen Kronblätter zeigen oft kontrastierende Farbflecken. Die Efeupelargonie kommt gut in einer Ampel zur Geltung. Zu den bekanntesten Sorten zählen 'L'Elégante', deren Blätter cremefarben gerändert sind und später purpurrot werden, 'La France' mit lilafarbenen, halbgefüllten Blüten und 'Ropuletta' mit roten und weißen Blüten.

• *Stoßen Sie nicht an die zarten Triebe – diese brechen leicht ab.*
• *Manche Sorten der Efeupelargonie können aus Samen gezogen werden.*

Eßbare Pflanzen

Nur wenige Zimmerpflanzen leisten einen ernsthaften Beitrag zum täglichen Speiseplan. Einige jedoch liefern eßbare Blätter oder Früchte – und es bereitet Freude, sie als Rarität auf dem Fensterbrett zu ziehen. Die „Ernte" dürfte jedoch nicht allzu üppig ausfallen, deshalb empfiehlt es sich, Pflanzen auszuwählen, die nicht nur eßbar sind, sondern auch hübsch aussehen.

Pflanzen mit eßbaren Blättern

Zu den wenigen Zimmerpflanzen mit eßbaren Blättern zählen Kräuter (siehe Seite 66–67), die sich in einer hellen Küche gut kultivieren lassen. Da ihr Aroma konzentriert ist und nur einige Blättchen der Pflanzen zum Würzen nötig sind, bleibt ihnen genügend Zeit, um sich zu regenerieren und erneut auszutreiben.

Salat

Kopfsalat kann auch im Wintergarten angebaut werden – vor allem Eichblattsalat oder 'Lollo Rosso'. Als Zimmerpflanzen sind diese Sorten jedoch weniger geeignet, da die meisten Häuser keinen ausreichend kühlen und hellen Standort bieten. Die aufrecht wachsende Zwergform 'Tom Thumb' oder der rosagetönte Mini-Eisbergsalat 'Blush' eignen sich als Kübelpflanzen.

Sinnvoller ist es aber, Samen für Sprossen und Keime auszuprobieren: Mung- oder Adzuki-Bohnen, Alfalfa oder Kichererbsen, Senf oder Kresse. Die Samen werden einige Tage lang in einem Marmeladenglas mit Mullabdeckung kultiviert und täglich mit frischem Wasser gespült. Die Keimlinge schmecken übrigens süßer, wenn sie im Dunkeln wachsen.

Tropaeolum majus (Große Kapuzinerkresse) ist eine dekorative Pflanze mit blaugrünen Blättern und leuchtend gefärbten Blüten mit langem Sporn. Ihre Blüten und Blätter sind eßbar. Wegen ihres pfefferartigen Geschmacks ist sie eine gute Ergänzung für Salate. Kompakte Sorten wie 'Strawberries and Cream', 'Peach Melba' oder 'Tom Thumb' eignen sich als Kübelpflanzen. 'Alaska' hat mittelgrüne Blätter, die cremefarben oder weiß marmoriert sind.

Wenn Sie Platz für ein Anzuchtbeet haben, zum Beispiel in einem kühlen Wintergarten oder in einer ausreichend hellen Eingangshalle, können Sie Radieschen aussäen. Halten Sie das Substrat ständig feucht, damit die Wurzeln nicht vertrocknen und holzig werden. Junge Karotten sind als Salatgemüse ebenfalls beliebt. Wählen Sie für das Anzuchtbeet Sorten mit kurzen Wurzeln, wie 'Suko' oder 'Parmex', die kugelförmige Wurzeln hat.

Pflanzen mit eßbaren Früchten

Zimmerpflanzen mit eßbaren Früchten sind nicht nur nützlich, sondern zumeist auch dekorativ. *Vitis vinifera*, die Weinrebe, als Spalierpflanze im Wintergarten kultiviert, kann eine reiche Ernte liefern. Als Kübelpflanzen eignen sich die Sorten 'Buckland Sweetwater' mit großen, bernsteinfarbenen Früchten, 'Chasselas Rose' mit runden, früh reifenden Früchten und 'Foster's Seedling' mit großen, wohlschmeckenden Beeren.

Blüten- und Fruchtpflanzen 115

Zwergformen von *Prunus persica*, Pfirsichen und Nektarinen können ebenfalls in Kübeln gezogen werden. Die Pfirsichsorten 'Bonanza' und 'Garden Lady' sowie die Nektarine 'Nectarella' werden als kleine Hochstämme gezogen. Den Sommer über sollten sie jedoch an einem geschützten Platz im Freien stehen.

Wenngleich einige Zitruspflanzen nur zu Dekoration dienen, eignen sich die Früchte anderer Sorten hervorragend für Marmeladen oder als Beigabe zu fruchtigen Drinks. Die Calamondin-Orange x *Citrofortunella microcarpa* und die Zitrone *Citrus* x *meyerii* 'Meyer' (siehe Seite 88) gehören zu den beliebtesten Sorten, die als Zimmerpflanzen kultiviert werden, und bringen genießbare Früchte hervor.

Erdbeeren

In einem Topf auf einem sonnenbeschienenen Fensterbrett können Sie Erdbeeren ziehen. Wenn Sie mehr Platz haben, können Sie in einem speziellen Erdbeertopf oder in einem turmartigen Aufbau eine größere Zahl von Pflanzen kultivieren. Unter hellen, kühlen Bedingungen reifen die Früchte früher als im Freiland. Zu den Sorten, die sich am besten für ein Zimmer eignen, gehören die Formen von *Fragaria vesca*, der Walderdbeere, mit winzigen, aber aromatischen Früchten.

Chilis

Wer scharfgewürzte Speisen schätzt, zieht *Capsicum frutescens*, Chilis oder Pfefferschoten, auf dem Fensterbrett. Wählen Sie eine kompaktwüchsige Sorte wie 'Apache', die nur 45 cm groß wird und spitzzulaufende, scharlachrote Früchte hat. Besondere Schärfe liefern die Schoten mit ihren Samen. Wenn Sie eine mildere Schärfe bevorzugen, schneiden Sie die Früchte der Länge nach durch und entfernen die Samenkörnchen.

Tomaten

Selbstgezogene Tomaten sind aromatischer als solche aus dem Supermarkt. Einige kompaktere Sorten können im Haus oder im Wintergarten kultiviert werden. Die Sorte 'Tiny Tim' bringt eine große Anzahl kleiner runder Früchte hervor, während 'Tumbler' sich besonders für eine Ampel oder einen Hängekorb eignet.

'Totem' trägt mittelgroße Tomaten und kann als Busch gezogen werden, braucht aber eine Stütze. Sorten mit gelben Früchten wie 'Sungold' gelten als süßer und aromatischer als rotfrüchtige Sorten und bilden einen attraktiven Kontrast, wenn beide Sorten nebeneinander wachsen.

Bestäubung

Die Blüten der Fruchtpflanzen, die im Haus kultiviert werden, müssen meist von Hand bestäubt werden, um eine reiche Ernte zu liefern. Die Übertragung der Pollen mit einem kleinen Pinsel von einer Blüte auf die andere ist eine erfolgversprechende Methode. Sie können die offenen Blüten aber auch mit Wasser aus einem Handzerstäuber besprühen. Von Beginn der Blüte an unterstützen regelmäßige Gaben eines stark kalihaltigen Flüssigdüngers den Fruchtansatz und führen zu einem reichen Ertrag.

Pentas lanceolata
Pentas

Pentas ist ein reichverzweigter, buschiger Halbstrauch mit feinbehaarten, lanzettförmigen, deutlich geäderten Blättern und Büscheln herzförmiger Blüten. Diese erscheinen vor allem im Winter, gelegentlich aber auch zu anderen Jahreszeiten. Die Blüten bestehen aus einer langen Röhre, die sich zu einem fünflappigen Stern öffnet, und können rot, rosa, lila oder weiß gefärbt sein.

- *Zwicken Sie die Triebspitzen regelmäßig ab, damit die Pflanze eine kompakte Form behält.*
- *Nach der Blüte wenig gießen, damit die Pflanze eine kurze Ruheperiode einlegen kann.*
- *Direktes Sonnenlicht ist für eine üppige Blüte notwendig; allerdings kann äußerst starke Sonneneinstrahlung im Hochsommer die Blätter versengen.*
- *Düngen Sie die Pflanze im Sommer alle zwei Wochen.*

Phalaenopsis-*Hybriden*
Nachtfalterblume, Nachtfalterorchidee, Malaienblume

Nachtfalterorchideen bilden keine Pseudobulben aus. Ihre breiten, weichen, relativ fleischigen Blätter sind in einer kompakten Rosette angeordnet und häufig von Luftwurzeln umgeben, die sich vom Stiel zur Erde senken. Der lange, drahtige Blütenschaft wird mit einem dünnen Stab gestützt, Sie können ihn aber auch herabhängen lassen. Die flach ausgebreiteten, weißen oder rosafarbenen Blüten erscheinen mitunter in großer Zahl.

- *Kultivieren Sie die Nachtfalterorchidee in einem Kübel, einem Lattenkorb mit spezieller Orchideenerde oder befestigt an einem Stück Rinde.*
- *Sorgen Sie für eine hohe Luftfeuchtigkeit, indem Sie die Pflanze häufig mit Wasser besprühen. Verwenden Sie einen feinen Zerstäuber, damit sich auf den Blättern keine Pilzkrankheiten ausbreiten können.*
- *Verabreichen Sie Orchideendünger, um eine üppige Blüte zu erzielen.*

Plumbago auriculata
Bleiwurz

 Die zarten, kletternden Triebe von *Plumbago* werden normalerweise mit Hilfe eines Drahtrings in eine hübsche Wuchsform gebracht, sie können jedoch durchaus auch an einem Spalier gezogen werden. Die Blätter sind oval und mittelgrün. Die flach ausgebreiteten Röhrenblüten, die im Sommer und im Herbst als Rispen erscheinen, sind von einem zarten, aber ausgeprägten Himmelblau. Die aus Südafrika stammenden Pflanzen sollten im Frühjahr unbedingt zurückgeschnitten werden, da die Blüten ausnahmslos an neuen Trieben zum Vorschein kommen.

- *Der Bleiwurz benötigt zwar einen sonnigen Standort, sollte im Winter allerdings kühl stehen.*
- *Schneiden Sie die Triebe im Spätwinter oder zu Beginn des Frühjahrs um mindestens zwei Drittel ihrer Länge zurück.*
- *Im Handel ist auch die weißblühende Sorte* Plumbago auriculata 'Alba' *erhältlich.*
- *Düngen Sie die Pflanze im Sommer alle zwei Wochen mit Kalidünger.*
- *Der Bleiwurz ist vor allem durch die Rote Spinne bedroht, die seine Blätter verblassen und fleckig werden läßt und an deren Unterseite mit einem feinen Gespinst überzieht. Um einem derartigen Schädlingsbefall vorzubeugen, sollten Sie die Pflanze regelmäßig mit Wasser besprühen.*

Portulaca grandiflora
Portulak, Portulakröschen

 Portulak, eine einjährige Pflanze, bildet schwache, niederliegende Stengel aus, an denen längliche, sukkulente, graugrüne Blätter sitzen. Die Blüten bestehen aus fünf zarten Kronblättern und erscheinen in einer breiten Palette heller Farben: Rosenrot, Rosa, Orange, Gelb, Gold, Purpurrot, Rot und Weiß. In der Mitte tragen die Blütenblätter ein Knäuel goldfarbener Staubgefäße. Die Blüten sind gewöhnlich halb gefüllt, aber es gibt auch Sorten mit einfachen, ungefüllten Blüten. Angeboten werden meist Mischungen mit Samen verschiedener Farbvarietäten – zum Beispiel die Sorte 'Sundial' –, manchmal findet man aber auch Samen einer einzigen Farbe im Handel.

- *Um seine Blüten zu öffnen, benötigt das Portulakröschen viel Sonne. Stellen Sie die Pflanze an den hellstmöglichen Standort.*
- *Wegen ihrer halbkriechenden Stengel ist die Pflanze gut für eine Ampel oder einen Hängekorb geeignet.*
- *Vermehrung durch Samen, die Sie im Frühjahr aussäen.*

Primula denticulata
Kugelprimel

 Die Kugelprimel gehört zu einer großen Gruppe von Frühlingsblühern, die sowohl empfindliche als auch widerstandsfähige Arten umfaßt. Die winterharte *Primula denticulata* sieht man häufig in Rabatten oder in Steingärten, sie ist aber auch als Zimmerpflanze eine attraktive Erscheinung. Die langen, gezähnten, zungenförmigen, hellgrünen Blätter sind gewellt und haben kräftige Adern. Die trompetenförmigen Blüten können weiß, lila, rosa oder purpurrot gefärbt sein, während das Zentrum für gewöhnlich weiß ist. Die Blüten bilden an der Spitze eines dünnen Stiels einen kugelförmigen Kopf.
- *Sobald die Blüten verwelkt sind, sollte man die Blütenstiele abschneiden, die Pflanze nach draußen stellen und weiterhin regelmäßig gießen. Die Pflanze kann im Spätherbst oder zu Beginn des Winters wieder ins Zimmer geholt werden.*
- *Das Substrat in der Wachstumszeit ständig feucht halten.*

Primula malacoides
Fliederprimel, Brautprimel, Etagenprimel

 Die Fliederprimel hat hellgrüne, gezähnte Blätter, die in einer Rosette angeordnet sind, und zarte Stengel, an denen Köpfchen mit duftenden Blüten sitzen. Die Pflanzen sind Winterblüher, bringen aber auch im Frühjahr noch Blüten hervor. Die Blütenfarben reichen von Lila und Rosa über Purpur- und Rosenrot bis hin zu Weiß.
- *Stellen Sie die Pflanze im Herbst an einen kühlen Standort. Sobald Knospen erscheinen, benötigt die Pflanze wieder höhere Temperaturen.*
- *Die Fliederprimel ist mehrjährig, wird aber normalerweise als einjährige Pflanze gehalten, da sie nach der ersten Wachstumsperiode verfällt.*
- *Die Pflanze kann aus Samen gezogen werden, den man vom späten Frühjahr bis in den Sommer hinein aussät.*
- *Kalkfreie Azaleenerde ist ein ideales Substrat für die Fliederprimel.*

Primula obconica
Becherprimel

 Die herzförmigen, behaarten Blätter der Becherprimel sondern einen Stoff ab, der bei manchen Menschen allergische Reaktionen auslöst. Im Winter und im Frühjahr erscheinen an langen Stielen, die aus dem Zentrum der Blattrosette entspringen, Blütenbüschel. Die Blüten sind meist mit einem goldfarbenen „Auge" verziert und vielfältig in ihren Farben: Purpur, Lavendel, Lachsrot, Magenta, Rosa und Weiß.
- *Primula obconica wird meist als einjährige Pflanze gehalten. Die Aussaat der Samen sollte im späten Frühling oder im Frühsommer erfolgen.*
- *Wer gegen das Primin der Blätter allergisch ist, kann auf die F1-Hybriden der Libre-Sorten ausweichen.*

Blüten- und Fruchtpflanzen 119

Primula vulgaris
Kissenprimel

Vom Herbst bis in den Winter und den Frühling ist die Kissenprimel beliebt: Häufig wird sie spontan beim Einkauf mitgenommen, denn sie ist billig, pflegeleicht und winterhart und sieht dazu noch sehr hübsch aus. Die grünen, zungenförmigen Blätter bilden eine dichte Rosette, aus deren Mitte eine Fülle kurzstieliger bunter Blüten hervortritt. Die Blüten haben fünf Kronblätter, die so stark gelappt sind, daß sie mitunter wie zehn erscheinen, und ein zentrales gelbes „Auge". Die Farbpalette reicht von tiefem Blauviolett und Orange, Rot, Gelb und Rosa bis hin zu Weiß; auch zweifarbige Blüten kommen vor. Fast ebenso beliebt ist die Polyantha-Hybride *Primula* x *tommasinii*, deren runde Blütenköpfe am Ende kräftiger Stiele sitzen.

- *Eine kühle Umgebung verlängert die Blütezeit. Ist es der Kissenprimel zu warm, werden Blätter und Stengel schnell schlaff.*
- *Kissenprimeln können abgehärtet und in den Garten gepflanzt werden, sobald die Blüten verwelkt sind.*
- *Die Vermehrung erfolgt durch Teilung oder Aussaat von Samen im Frühjahr oder im Spätherbst.*

Punica granatum *var.* nana
Granatapfelbaum

Dieser buschig wachsende Strauch ist eine Zwergform des Granatapfelbaums mit verkleinerten, runden, laternenförmigen, eßbaren Früchten, deren fleischige, hellrote Samen an Rubine erinnern. Manchmal bringen auch die als Zimmerpflanzen gezogenen Exemplare Früchte, die Granatäpfel, hervor. Obwohl diese nicht ausreifen, ist die Pflanze dank ihrer zarten, glänzendhellgrünen Blätter und ihrer auffälligen orangeroten, glockenförmigen Blüten, die im Frühjahr und im Sommer erscheinen, eine Bereicherung für jeden Raum.

- *Bei zu niedrigen Temperaturen fallen die Blätter im Winter ab. Gießen Sie die Pflanze in diesem Fall nur mäßig. Wenn der Granatapfelbaum dagegen an einem wärmeren Standort steht, behält er das ganze Jahr über einige seiner Blätter.*
- *Die Zwergform* Punica granatum *var.* nana *kann aus Samen gezogen werden, den man im Frühjahr aussät. Sie ist winterhärter als die Wildart und profitiert davon, wenn man sie im Sommer eine Zeitlang an einen geschützten Platz ins Freie stellt.*
- *Versorgen Sie die Pflanze vom Frühling bis zum Herbst alle zwei Wochen mit Kalidünger.*

Rhododendron-simsii-*Hybriden*
Azalee, Zimmerazalee, Topfazalee, Indische Azalee

Azaleen sind beliebte, winterblühende Topfpflanzen. Sie bilden einen hübschen, kompakten Busch aus Zweigen mit ovalen, dunkelgrünen, leicht behaarten Blättern. Die gefüllten, an Rosenknospen erinnernden Blüten stehen in dichten Gruppen, so daß oft das ganze Blattwerk darunter verschwindet. Es gibt viele Sorten mit Blüten in roten, rosaroten, rosafarbenen und weißen Schattierungen; manche Blüten sind zweifarbig. Weniger bekannt ist *Rhododendron* x *obtusum*, die Japanische Azalee: Sie hat ungefüllte, glockenförmige Blüten und wächst aufrechter. Eine der beliebtesten Sorten ist die lachsrosafarbene 'Rex'.

- *Die Azalee ist eine der wenigen Zimmerpflanzen, die in Tontöpfen verkauft wird. Sie wird in Substrat kultiviert, das aus Torf besteht und ständig feucht gehalten werden muß. Füllen Sie den Untersetzer täglich mit frischem Wasser und besprühen Sie die Blätter regelmäßig.*
- *Da der Topf fast vollständig mit Wurzeln ausgefüllt ist, besteht die Gefahr, daß das Substrat schnell austrocknet. Tauchen Sie eine welke Pflanze in lauwarmes Wasser, um sie wieder zu beleben (siehe Seite 164).*
- *Verwenden Sie in der Wachstumszeit einen Dünger mit Spurenelementen.*
- *Stellen Sie die Azalee im Sommer an einen geschützten Platz ins Freie. Graben Sie den Topf in die Gartenerde ein, damit die Pflanze nicht austrocknet. Bringen Sie sie vor dem ersten Frost wieder ins Haus.*

Rosa spec.
Topfrose, Zwergrose, Kußrose

Die attraktiven Topfrosen eignen sich gut als Zimmerpflanzen. Sie benötigen zwar kühle und helle Bedingungen, die viele Innenräume nicht bieten, doch da die Röschen preiswert sind, können sie für kurze Zeit gehalten und dann weggeworfen werden. Diese verkleinerte Form der Gartenrose hat gefüllte oder halbgefüllte Blüten, die in vielen Farben erhältlich sind. Manchmal duften die Blüten verführerisch. Topfrosen haben attraktive, unpaarig gefiederte Blätter. Es gibt viele Sorten – unter Züchtern ist die Parade-Serie in Rot, Rosa oder Gelb beliebt. Fast das ganze Jahr über sind blühende Exemplare erhältlich. Um im Winter blühen zu können, benötigen sie zusätzliches Licht.

- *Rosen benötigen im Winter, wenn sie ihre Blätter verlieren, eine Ruheperiode von sechs bis acht Wochen. Halten Sie das Substrat an einem kalten, aber frostfreien Standort leicht feucht. Im Spätwinter schneiden Sie die Triebe zurück und bringen die Pflanze wieder an einen wärmeren Standort, um das Wachstum anzuregen.*
- *Im Zimmer benötigen die Topfrosen einen kühlen Standort, sonst haben die Triebe ausgeblichene Blätter und kurzlebige Blüten.*
- *Achten Sie zu Beginn des Wachstums im Frühjahr auf Blattläuse; falls nötig, verwenden Sie ein Insektizid.*

Blüten- und Fruchtpflanzen

Saintpaulia-Ionantha-*Hybriden*
Usambaraveilchen

Die herzförmigen oder runden Blätter des Usambaraveilchens sind behaart, weisen kräftige Adern und eine burgunderrote Unterseite auf. In den Blattachseln entspringen verzweigte Blütenschäfte, die Blüten in unterschiedlichen Farben und Formen tragen. Die ursprünglichen Sorten – aus *Saintpaulia ionantha* gezüchtet – haben ungefüllte, veilchenartig geformte und gefärbte Blüten mit einem gelben „Auge". Mittlerweile gibt es Hunderte von Sorten mit ungefüllten, halbgefüllten oder gefüllten Blüten, mit gekräuselten oder glatten Blütenblättern in Rot, Rosa, Blau, Weiß und Purpur sowie mit gestreiften oder weiß umrandeten Blütenblättern. Rankende Sorten mit herunterhängenden Trieben eignen sich gut als Ampelpflanzen.
- *Wasser auf Blättern oder Blüten kann die Pflanze faulen lassen. Halten Sie das Substrat feucht, aber vermeiden Sie Staunässe.*
- *Um verwelkte Blätter zu entfernen, schneiden Sie den Blattstiel ab.*

Schizanthus pinnatus
Spaltblume

Diese einjährige Pflanze kann aus Samen gezogen werden; auf einem sonnigen Fensterbrett ist sie ein prachtvoller Anblick. Die grünen, gefiederten Blätter sehen wie Farnwedel aus. Die gelappten, gemusterten Blüten erinnern an Orchideen. Das Spektrum der Farben reicht von Rot über Rosarot und Violett bis hin zu Weiß. Viele Blüten weisen auf der Oberlippe kontrastierende Flecken auf.
- *Wählen Sie als Zimmerpflanze eine kompakte Zwergform – zum Beispiel die kräftige, reichverzweigte 'Star Parade'.*
- *Aussaat im Frühherbst oder im Frühjahr.*

Scutellaria costaricana
Tropisches Helmkraut

Scutellaria gehört zur Familie der Lippenblütler und hat kräftige, vierkantige Stengel, die gegenständige Paare ovaler, hellgrüner, geäderter Blätter tragen. Im Frühjahr und im Sommer erscheinen endständige Ähren tieforanger, langer Röhrenblüten – ihr Gesamteindruck gleicht dem von *Jacobinia carnea* (Jakobinie, Seite 103).
- *Besprühen Sie die Pflanze gelegentlich mit klarem Wasser.*
- *Vorsicht vor der Weißen Fliege: Meist ist ein regelmäßiges Sprühprogramm notwendig, um diesen Schädling einzudämmen.*
- *Vermehrung im Frühsommer durch Triebstecklinge; diese bewurzeln leicht und können ältere, staksig gewordene Pflanzen ersetzen.*

Senecio-Cruentus-*Hybriden*
Cinerarie, Kreuzkraut, Aschenblume, Läuseblume

Die großen, vergleichsweise weichen, herzförmigen Blätter der Cinerarie werden von einer Kuppel aus zahlreichen hellen, attraktiven Blüten überragt. Diese sind blau, rot, blutrot, rosa, scharlachrot oder weiß gefärbt; bei den meisten umgibt ein weißer Ring das dunkle Zentrum oder „Auge" der Blüten. Pflanzen, die für den Handel aus Samen der Sorten 'Brilliant', 'Jester' und 'Royalty' gezogen werden, blühen vom Winter bis in das späte Frühjahr hinein.

- Zu üppige Wassergaben können die Pflanze rasch absterben lassen. Halten Sie das Substrat lediglich ständig feucht.
- Niedrige Temperaturen verlängern die Blütezeit.
- Wenn die Blüten verwelkt sind, sollten Sie die Pflanze wegwerfen.
- Düngen ist nicht notwendig.
- Die Pflanzen sind relativ anfällig für den Befall von Blattläusen. Suchen Sie junge Blätter und Blütenknospen regelmäßig nach den Schädlingen ab und besprühen Sie sie, wenn nötig, mit einem entsprechenden Insektizid.

Sinningia speciosa
Gloxinie

Die Gloxinie ist eine Knollenpflanze. Sie hat lange, ovale, dunkelgrüne Blätter und große, aufrecht stehende Blüten an kurzen Stielen. Blätter und Blüten sind samtig behaart. Die Blüten erscheinen in zahlreichen Farbvarianten von Rot, Rosa, Purpur oder Weiß. Daneben gibt es auch Sorten mit gefüllten und zweifarbigen Blüten.

- Sorgen Sie für Feuchtigkeit, indem Sie den Topf in feuchten Kies stellen. Besprühen Sie die Pflanze gelegentlich mit lauwarmem Wasser. Benützen Sie einen feinen Zerstäuber, damit die behaarten Blätter und die Blüten nicht beschädigt werden.
- Halten Sie das Substrat stets feucht. Achten Sie darauf, das Herz der Pflanze beim Gießen nicht zu benetzen.
- Wenn die Blüten verwelkt sind, gießen Sie allmählich weniger und lassen das Substrat austrocknen, sobald die Blätter abgefallen sind. Stellen Sie die Pflanze bis zum Frühling an einen kühlen Platz. Setzen Sie die Knolle im Frühjahr in frische Erde.

Solanum diflorum
Nachtschatten, Korallenstrauch, Korallenkirsche

Die Korallenkirsche ist ein hübscher Strauch mit lanzettartigen, tiefgrünen Blättern, die einen leicht gewellten Rand aufweisen. Im Sommer wachsen kleine, grünlichweiße, sternförmige Blüten; allerdings wird die Pflanze vor allem wegen ihrer runden, langlebigen, hell orangerot gefärbten Beerenfrüchte geschätzt. Von ähnlicher Gestalt ist *Solanum pseudocapsicum*; beide Arten werden häufig miteinander verwechselt. Die Blätter von *S. diflorum* sind leicht behaart, während die von *S. pseudocapsicum* glatt sind.

- **Solanum** *benötigt einen kühlen Standort – zuviel Wärme läßt die Beeren vorzeitig schrumpfen.*
- *Die Beerenfrüchte wirken auf Kinder verlockend, sind aber giftig und dürfen keinesfalls gegessen werden.*
- *Im Spätwinter oder zu Beginn des Frühjahrs, wenn die Beeren nicht mehr ansehnlich sind, schneiden Sie die Triebe etwa auf die halbe Länge zurück. Im Sommer stellen Sie die Pflanze an einen geschützten, schattigen Ort ins Freie. Besprühen Sie sie regelmäßig mit Wasser, um die Bestäubung der Blüten zu fördern. Vor dem ersten Frost im Herbst holen Sie die Pflanze wieder in die Wohnung.*

Sparmannia africana
Zimmerlinde

Die Zimmerlinde hat weiche, blaßgrüne, herz- oder ahornförmige Blätter. Es handelt sich bei ihr um eine überaus schnellwachsende, baumförmige Pflanze, die in einem Kübel bald eine Höhe von einem Meter erreichen kann. Im Frühjahr und im Sommer entwickeln sich an den Enden der Zweige Dolden mit weißen Blüten, die an langen Stielen sitzen. Sie schließen hervorstehende, goldfarbene Staubgefäße mit purpurnen Spitzen ein. Die sehr seltene Sorte 'Variegata' hat cremefarbene Blätter und wächst langsamer.

- *Schneiden Sie die Triebe ein wenig zurück, sobald die Blüten verwelkt sind, um eine weitere Blüte im Spätsommer anzuregen.*
- *Vermehrung im späten Frühjahr und im Sommer durch Triebstecklinge, die leicht bewurzeln. Damit können Sie ältere Pflanzen ersetzen, die zu lang und staksig geworden sind.*
- *Zwicken Sie die Triebspitzen junger Pflanzen ab, um eine buschige, kompakte Wuchsform zu erhalten.*
- *Im Winter und zu Frühjahrsbeginn verträgt die Zimmerlinde volle Sonne, im Sommer dagegen müssen die zarten Blätter vor zu starker Sonneneinstrahlung geschützt werden.*
- *Von der Blütenbildung bis in den Herbst hinein alle drei Wochen mit einer Kalidüngerlösung gießen.*

Wassergärten im Haus

Ein Wasserbecken mit schwimmenden Gewächsen oder Unterwasserpflanzen ist ein attraktiver Blickfang im Haus. Wenn in einem Wintergarten oder auf einer Veranda genügend Platz zur Verfügung steht, kann ein Zimmerteich installiert werden. Ein Zimmerteich muß nicht sonderlich tief sein, da in einem Raum im Normalfall keine so niedrigen Temperaturen herrschen, daß er zufrieren könnte. Kleiden Sie dazu einen Keramikkübel oder einen großen Bottich mit Polyethylen aus, damit kein Wasser ausläuft. Für ein kleineres Zimmer eignen sich Töpfe oder Aquarien besser.

Bedenken Sie, daß das Wasser ein enormes Gewicht hat. Wenn Sie Ihr Arrangement auf einen Tisch stellen, achten Sie darauf, daß der Unterbau das Gewicht auch dann trägt, wenn das Gefäß bepflanzt und mit Wasser gefüllt ist. Manche Miniaturwasserpflanzen können in einem kleinen Gefäß wie einem Glasaquarium oder einem Goldfischglas kultiviert werden.

Der richtige Standort

Stellen Sie das Gefäß mit den Wasserpflanzen ins Helle, aber nicht direkt in die Sonne. Andernfalls nimmt das Algenwachstum überhand. Wenn das Gefäß frei im Raum steht, müssen Sie es so sichern, daß es nicht umgestoßen werden kann.

Das Einsetzen der Pflanzen

Ganz egal, für welche Art von Gefäß Sie sich entscheiden: Prüfen Sie vor der Bepflanzung, ob das Behältnis wasserdicht ist. Zuunterst geben Sie eine Schicht schwerer Lehmerde, die mindestens 3 cm dick sein sollte, und bedecken diese mit einer gleich starken Schicht gewaschener Kiesel oder Steine. Wenn Sie ein größeres Gefäß (ca. 80 Liter) verwenden, können Sie die Wasserpflanzen in spezielle Körbe mit Lehmerde und Kieseln pflanzen, die Sie auf die Steine am Grund des Gefäßes stellen. Füllen Sie das Gefäß vorsichtig auf, indem Sie das Wasser langsam an den Seiten herabrinnen lassen. In kleinen Gefäßen wie Glas- oder Keramikkugeln, die nur eine oder zwei Pflanzen enthalten, setzen Sie die Pflanzen direkt in die Lehmerde, ehe Sie die Kiesel einfüllen. Einige Pflanzen, wie die Wasserhyazinthe *(Eichhornia crassipes)*, werden nicht eingepflanzt, sondern schwimmen frei auf der Wasseroberfläche (siehe rechts oben).

In einem großen Teich mit mindestens 80 Liter Fassungsvermögen können Sie sogar einen kleinen Springbrunnen installieren. Viele Gartencenter bieten für Veranden oder große Wintergärten komplette Wasserbassin-Einheiten an.

Die Auswahl der Pflanzen ist enorm wichtig. Auf Pflanzen, die zu groß werden und zu kräftig wuchern, müssen Sie verzichten. Am besten kommt ein Wassergarten im Haus mit einigen speziellen, empfindlichen Pflanzen aus den Tropen zur Geltung, die im Freien nicht überleben könnten.

Empfohlene Wasserpflanzen fürs Zimmer

Eichhornia crassipes, **Wasserhyazinthe**
Die hübsche Wasserhyazinthe ist eine Schwimmpflanze mit aufgetriebenen Blattstielen und Ähren aus lilafarbenen Blüten, die denen der Hyazinthe ähneln (rechts). In subtropischen Regionen ist die Wasserhyazinthe ein Unkraut, in einem Zimmerbecken aber kommt sie gut zur Geltung.

Marsilea quadrifolia, **Kleefarn**
In tiefem Wasser schwimmen die Blätter des Kleefarns, in seichtem liegen sie auf der Oberfläche. Sie sind in olivgrüne Blättchen mit hellgrünem Zentrum unterteilt.

Nelumbo nucifera, **Indische Lotosblume**
Die Blüten, die vom gleichen Typ wie die der Seerose sind, sitzen an aus dem Wasser ragenden Stielen und sind von runden, blaugrünen Blättern umgeben. Inmitten der Blüte erscheint eine Samenkapsel. Wählen Sie möglichst kleine Sorten und Hybriden.

Nymphaea spec., **Seerose**
Es gibt tag- und nachtblühende Sorten mit Blüten, die oft einen starken Duft verströmen. Wenn Sie nur wenig Platz zur Verfügung haben, sollten Sie Zwergarten wie die lavendelblaue *N.* x *daubenyana* verwenden. Winterharte Miniatursorten können auch im Zimmer kultiviert werden – so etwa die dunkelrosafarbene 'Joanne Pring', die gelbe 'Pygmaea Helvola' (rechts) und die rote 'Pygmaea Rubra', deren Blüten nur 5 cm groß werden. Weitere Seerosen mit einem Blütendurchmesser von bis zu 10 cm sind *N.* 'Laydekeri Fulgens' mit dunkelroten Blüten und rötlichen Staubgefäßen sowie *N.* 'Laydekeri Alba', die sternförmige weiße Blüten, gelbe Staubgefäße und dunkelgrüne Blätter hat, die auf der Unterseite purpurfarben gesprenkelt sind.

Pistia stratiotes, **Wassersalat**
Der Wassersalat hat hübsche Rosetten aus satinartigen, hellgrünen Blättern, die auf dem Wasser schwimmen oder in ständig nasser Erde wurzeln. Zwischen den Blättern erscheinen winzige, unscheinbare weiße Blüten.

Salvinia natans, **Schwimmfarn**
Runde, moosartige Blättchen schwimmen paarweise auf dem Wasser, während ein drittes, fransenförmiges Blatt unterhalb der Wasseroberfläche sitzt. Wurzeln werden nicht ausgebildet.

Spathiphyllum wallisii
Einblatt, Blattfahne

Das Einblatt zeichnet sich durch sein attraktives Laub aus: Büschel von elliptischen, geäderten, dunkelgrünen Blättern. Die Blüten erscheinen größtenteils im späten Winter und im zeitigen Frühjahr. Jeder der langen, aufrecht stehenden Blütenstengel, die aus den Blattgruppen emporragen, trägt ein weißes Hochblatt (Spatha), das wie ein Segel einen ährenartigen weißen oder grünen Kolben (Spadix) umgibt. Wenn die Hochblätter älter werden, nehmen sie einen blaßgrünen Farbton an. Zu den vielen Hybriden zählt eine Reihe von Sorten, die nach berühmten Komponisten benannt sind ('Chopin', 'Vivaldi', 'Mozart') sowie die imposante großblättrige 'Euro Gigant'. Weitere beliebte Sorten sind 'Cupido' mit breiten, runden Hochblättern, und Zwergformen wie 'Petite' und 'Quatro', die nur 20 cm hoch werden.
- Halten Sie das Substrat ständig feucht, aber vermeiden Sie Staunässe.
- *Besprühen Sie die Blätter regelmäßig. Auf den Blättern dürfen keine Wassertropfen zurückbleiben, da diese braune Flecken verursachen.*
- *Das Einblatt benötigt einen gleichmäßig warmen Standort und verträgt keine Zugluft.*

Stephanotis floribunda
Madagaskar-Jasmin, Kranzschlinge

Stephanotis ist eine Kletterpflanze, die eine Höhe von drei Metern oder mehr erreichen kann. Als Zimmerpflanze wird sie meist an einem Drahtring gezogen, damit sie eine kompakte Form behält. Die dunkelgrünen, ledrigen, elliptischen Blätter sind paarweise und gegenständig an schlanken, kletternden Trieben angeordnet. Im Frühjahr und im Sommer bilden sich Scheindolden aus wachsartigen weißen Blüten in den Blattachseln. Die fünf Kronblätter öffnen sich aus einer langen, engen Röhre zu einem sternförmigen Gebilde; auffällig ist ihr intensiver, berauschender Duft, der sich vor allem nachts ausbreitet.
- *Stephanotis benötigt eine aufmerksame Pflege, da die Pflanze ständig gleichmäßige Temperaturen braucht.*
- *An einem warmen Standort regelmäßig mit lauwarmem Wasser besprühen. Sellen Sie den Topf auf feuchte Kiesel, um die Luftfeuchtigkeit zu erhöhen.*
- *In der Wachstumsphase das Substrat stets feucht halten, im Winter spärlicher gießen.*

Strelitzia reginae
Paradiesvogelblume, Strelitzie

 Die Paradiesvogelblume ist eine prachtvolle Pflanze. Die paddelförmigen, blaugrünen Blätter beeindrucken durch ihre Spreite von mehr als 30 cm Länge und ihre langen Stiele, vor allem aber durch ihre Blüten. Vom Frühjahr bis in den Frühsommer hinein bringen ältere Pflanzen seltsam geformte Blüten mit rechtwinklig zum Stamm angeordneten, spitzen, waagerechten Brakteen hervor, aus denen blau- und orangefarbene Blütenblätter hervorragen. Die Blüte sieht wie der Kopf eines Kranichs aus: Die Brakteen bilden Kopf und Schnabel, die Blütenblätter stehen für die prächtig gefärbte Krone.
- *Verwenden Sie ein lehmhaltiges Substrat; durch sein Gewicht verleiht es dem Topf und somit auch der Pflanze mehr Standfestigkeit.*
- *Pflanzen bringen erst mit fünf oder sechs Jahren Blüten hervor.*
- *Im Winter darf die Temperatur unter 12° C absinken, da die Pflanze eine Ruheperiode einlegt; in dieser Zeit nur mäßig gießen.*

Streptocarpus-*Hybriden*
Drehfrucht, Kap-Primel

 Streptocarpus gehört zur selben Familie wie *Saintpaulia*. Die derben, stiellosen und geäderten Blätter stehen in einer Rosette zusammen. Daraus sprießen lange Blütenschäfte hervor; sie tragen Gruppen trichterförmiger Blüten, die blau, purpur, rosa, rot oder weiß gefärbt sind. Die samtrote Hybride 'Constant Nymph' hat einen gelben Schlund und dunkle Adern auf den unteren Blütenblättern. 'Tina' ist leuchtend hellrosa; 'Falling Stars' hat malvenfarbige Blüten an halbrankenden Trieben.
- *Schneiden Sie verwelkte Blütenschäfte an der Basis ab.*
- *Die Blätter werden braun und brüchig, wenn die Luftfeuchtigkeit zu niedrig ist. Besprühen Sie die Blätter gelegentlich, aber achten Sie darauf, die Blütenkronen nicht zu benetzen.*
- *Vermehrung durch Blattstecklinge im Frühjahr.*

Tibouchina urvilleana
Tibouchina, Prinzessinnenblume

 Tibouchina ist ein aufrecht wachsender Strauch mit ovalen, spitzen, samtigen, deutlich bogig geäderten Blättern. Die Pflanze zeichnet sich durch ein kräftiges Wachstum aus und bringt im Sommer und im Herbst flache blauviolette Blüten hervor, in deren Zentrum dunklere Staubgefäße sitzen. Die Sorte 'Edwardsii' hat große purpurne Blüten und eine kompaktere Wuchsform als die Art; 'Jules' ist eine langsam wachsende Zwergform, die kleine hellblaue Blüten hervorbringt.
- *Schneiden Sie zu Frühjahrsbeginn die Triebe auf eine Länge von 15 cm über dem Substrat zurück, damit sich die Pflanze buschig entwickelt.*
- *Kühl überwintern lassen und nur sehr wenig gießen.*
- *Tibouchina liebt im Frühling und im Herbst direkte Sonne. Schützen Sie das Laubwerk im Hochsommer aber vor intensiver Sonneneinstrahlung.*

Tillandsia cyanea
Tillandsie, Luftnelke

Viele Arten der Gattung *Tillandsia* sind Epiphyten – Pflanzen, die ohne Substrat an einem Stück Rinde, Holz oder Fels haften. Allerdings ist *Tillandsia cyanea* kein typischer Epiphyt: Sie bildet genügend Wurzeln aus, um in einem Topf mit Erde zu wachsen, und bringt einen attraktiven Blütenkopf hervor. Die langen, graugrünen, halmartigen Blätter überlappen sich an der Basis und bilden eine Rosette, aus deren Mitte ein Blütenstiel aufragt. Der Blütenkopf hat eine breite, abgeflachte Spitze, die aus überlappenden Brakteen besteht. Prächtige, veilchenblaue Blüten mit drei hervorstehenden Blütenblättern kommen nach und nach zum Vorschein. Während die Blüten nur kurzlebig sind, schmücken die dekorativ gefärbten Brakteen die Pflanze viele Wochen lang.

- *Verwenden Sie Bromelienerde, die das Wasser gut ableitet.*
- *Besprühen Sie die Pflanze jeden zweiten oder dritten Tag mit lauwarmem Wasser. Geben Sie im Frühjahr und im Sommer alle drei oder vier Wochen etwas Dünger ins Sprühwasser.*
- *Das Substrat nur spärlich oder überhaupt nicht gießen. Die Pflanzen erhalten durch das Besprühen die Feuchtigkeit, die sie brauchen.*
- *Nach der Blüte sterben die Rosetten ab, aber die Kindel können separat eingepflanzt werden und ersetzen dann die alten Pflanzen.*

Torenia fournieri
Torenie

Diese einjährige sommerblühende Pflanze bietet einen farbenprächtigen Anblick. Die lanzettartigen, hellgrünen, gezähnten Blätter sitzen an weichen Stengeln und verleihen der Pflanze eine buschige, ausladende Form. Die Röhrenblüten öffnen sich in vier Lappen. Sie sind meist weiß oder violett gefärbt und tragen am Rand eine dunkelrote Zeichnung. Die Sorte 'Clown' hat Blüten mit verschiedenen Schattierungen kontrastierender Zeichnungen, zum Beispiel in dunklem Rosa. Die goldgelben Blüten von 'Susie Wong' weisen ein braunes Zentrum auf. Die Sorte eignet sich gut für eine Zimmerampel.

- *Brechen Sie die Triebspitzen junger Pflanzen regelmäßig aus, um eine kompakte Wuchsform zu erhalten.*
- *Falls nötig, können Sie die Triebe mit mehreren kurzen Stäben abstützen.*
- *Werfen Sie die Pflanzen nach der Blütezeit weg. Neue Pflanzen können aus Samen gezogen werden, den man zu Beginn des Frühjahrs aussät.*

Tulipa-*Hybriden*
Tulpen

 Obwohl Tulpen als Zimmerpflanzen bei weitem nicht so beliebt sind wie Narzissen oder Hyazinthen, geben einige Sorten, die im Winter blühen, schöne Topfpflanzen ab. Breite, spitz zulaufende Blätter in einem weißlichen Grün umgeben hochstielige, becherförmige Blüten. 'Brilliant Star' ist eine leuchtend rote Sorte; 'Peach Blossom' hat pfirsichfarbene, gefüllte Blüten. Zum zeitigen Treiben hat sich die rosenrote 'Christmas Marvel' bewährt. Kurzstielige *Tulipa-Greigii*-Hybriden wie die scharlachrote 'Red Riding Hood' und die rot-weiße 'Pinocchio' sind seltener.

- *Wenn Sie statt eines Zwiebelpflanzen-Substrats Blumenerde verwenden, lassen sich die Zwiebeln nach der Blüte besser in den Garten verpflanzen.*
- *An einem hellen, kühlen Standort hält sich der dekorative Anblick der Tulpen besonders lang.*

Vriesea splendens
Vriesee, Flammendes Schwert

 Zu den beliebtesten Bromelien zählt *Vriesea splendens* mit ihrer Rosette aus harten, gebogenen Blättern mit breiten, quer verlaufenden, braunen Bändern. Der steil aufragende, schlanke Blütenkopf besteht aus flachen, leuchtend scharlachroten Brakteen, deren Farbe über Wochen erhalten bleibt. Daneben sind zahlreiche *Vriesea*-Hybriden mit unterschiedlichen Blattfarben, Bänderungen und Blütenformen erhältlich.

- *Gießen Sie das Flammende Schwert, indem Sie die Öffnung in der Blattrosette mit Wasser auffüllen und das Substrat nur leicht feucht halten.*
- *Die Pflanze braucht ein wenig direkte Sonneneinstrahlung, doch sollten Sie sie vor starker Sommersonne schützen.*
- *Nach der Blüte stirbt die Hauptrosette ab. Sie kann durch Kindel ersetzt werden, die einzeln eingetopft werden können.*

x Vuylstekeara-*Hybriden*
Vuylstekeara-Orchidee

 Diese Hybriden sind das Ergebnis einer Kreuzung aus den Orchideengattungen *Odontoglossum*, *Cochlioda* und *Miltonia* und ähneln im Erscheinungsbild und in ihren Pflegeansprüchen *Odontoglossum*. Die bekannteste Art ist x *Vuylstekeara cambria* 'Plush' (rechts), die im Winter und zu Frühjahrsbeginn lange Rispen von acht oder neun Blüten hervorbringt. Die oberen Blüten- und Kelchblätter sind tiefrot, die weiße „Unterlippe" hat eine rote Zeichnung. Der Rachen ist goldfarben.

- *Sorgen Sie für hohe Luftfeuchtigkeit, indem Sie den Topf in eine Schale mit feuchten Kieseln stellen und das Laub öfter besprühen.*
- *Die Pflanze braucht – besonders im Winter – helles Licht, doch muß sie vor direkter Sonneneinstrahlung geschützt werden.*

KAKTEEN UND ANDERE SUKKULENTEN VON A BIS Z

„SUKKULENTEN" nennt man Pflanzen mit wasserspeichernden Blättern oder Stämmen. Unter ihnen bilden die Kakteen mit ihren zu Dornen umgewandelten Blättern eine eigene Familie (Cactaceae). Die in erster Linie aus Trockenzonen stammenden Sukkulenten sind ausgesprochen robuste Pflanzen und daher meist relativ anspruchslos.

Aeonium arboreum
Aeonie, Rosettendickblatt, Ewigblatt

Diese strauchförmige Pflanze erinnert an einen kleinen Baum. Die Stämmchen bilden Verzweigungen aus, an deren Ende Rosetten aus dunkelgrünen, löffelförmigen Blättern sitzen. Beliebt ist die Sorte 'Atropurpureum' (links) mit ihren tiefroten Blättern. Eine Sorte mit dunkelroten, nahezu schwarzen Blättern ist als 'Schwarzkopf' bzw. als 'Arnold Schwarzkopf' im Handel.

Im Laufe ihres Wachstums wirft die Pflanze die unteren Blätter ab. Dabei bleiben an der Stelle, an der sie am Stamm saßen, Narben zurück. Aus dem Zentrum der Blattrosetten entspringen bei ausgewachsenen Pflanzen sternförmige, leuchtendgelbe Blüten; allerdings sterben die Rosetten nach der Blüte ab und müssen entfernt werden.

- *'Atropurpureum' und andere Sorten mit dunkelfarbenen Blättern brauchen das ganze Jahr über viel Sonne, damit die Blätter nicht vergrünen.*
- *In der Wachstumsperiode mäßig gießen. Im Winter eher trocken halten, so daß das Substrat nur mäßig feucht ist.*
- *Vermehrung im Frühsommer durch Stammstecklinge, die sich problemlos bewurzeln.*

Agave americana
Amerikanische Agave, Hundertjährige Aloe

Die Amerikanische Agave bildet eine Rosette aus herabhängenden, blaugrünen, gezähnten Blättern, die spitz auslaufen. Im Wintergarten kann sie – in einen Kübel gepflanzt – sehr groß werden; junge Pflanzen wachsen allerdings nur langsam und können längere Zeit als Zimmerpflanzen gehalten werden. Die Sorte 'Marginata' (rechts) hat Blätter mit cremegelb gestreiften Rändern. 'Mediopicta' weist in der Blattmitte einen breiten gelben Streifen auf. Eine weitere attraktive Art ist *Agave victoriae-reginae*: Sie bildet Rosetten aus dreieckigen, dunkelgrünen Blättern mit einer feinen weißen Randlinie und einem dunklen Dorn an der Spitze.

- *Wählen Sie für die Agave einen Standort, an dem sie keine Gefahr darstellt. Die Dornen an den Blattspitzen können Verletzungen verursachen.*
- *Eine Ruheperiode im Winter bei Temperaturen um 10° C wirkt sich positiv aus.*
- *Der Name Hundertjährige Aloe rührt daher, daß die Pflanze in der Natur viele Jahre benötigt, um zu blühen. Kübelpflanzen bilden im Haus keine Blüten aus.*

Aloe vera
Echte Aloe

 Diese langsamwüchsige Pflanze ist vor allem deshalb so beliebt, weil ihr Saft als natürliches Heilmittel bei Verbrennungen dient. Ihre zugespitzten, graugrünen, gezähnten Blätter sind silbrig gesprenkelt und gestreift. Im Frühling oder im Sommer erscheinen manchmal gelbe Röhrenblüten an einem langen Blütenschaft.

- *Wenn Sie den Saft für medizinische Zwecke verwenden möchten, schneiden Sie besser ein ganzes Blatt an der Basis ab, statt ein Stück herauszubrechen; andernfalls wird der Rest des Blattes welk und unansehnlich.*
- *Gießen Sie die Pflanze vorsichtig, damit kein Wasser in das Zentrum der Blattrosette gelangt.*

Aporocactus flagelliformis
Schlangenkaktus, Peitschenkaktus

 An seinem natürlichen Standort bildet der Schlangenkaktus lange, hängende Triebe aus und wächst epiphytisch auf Baumstämmen oder Felsen. Die gerippten, dünnen Triebe können bis zu zwei Meter lang werden. Im Frühjahr erscheinen rosarote Röhrenblüten, die jenen des Weihnachtskaktus, *Schlumbergera* x *buckleyi* (siehe Seite 142), ähneln.

- *Dieser Kaktus kommt am besten in einer Ampel zur Geltung. Achten Sie aber darauf, daß die stachligen Triebe keine Gefahr darstellen.*
- *Das Substrat während der Wachstumsperiode feucht halten. Im Winter nur mäßig gießen.*
- *Verabreichen Sie vom Frühjahr bis zum Ende der Wachstumsperiode regelmäßig Kalidünger, um eine schöne Blüte zu fördern.*

Ceropegia woodii
Leuchterblume, Rosenwein

 Die Ampelpflanze *Ceropegia* kann auch an einem Drahtring gezogen werden. Die Pflanze hat eine runzlige Knolle, die auf der Oberfläche des Substrates sitzt und dünne, fadenförmige Triebe hervorbringt; an diesen erscheinen in längeren Abständen jeweils paarweise dunkelgrüne, herzförmige Blätter. Die Oberseite der Blätter ist gesprenkelt und zeigt silbrige Adern, die Unterseite ist burgunderrot gefärbt. Kleine unregelmäßige Brutknöllchen entwickeln sich zuweilen entlang den Trieben. Im Sommer erscheinen rosafarbene Röhrenblüten.

- *Die Pflanze benötigt einen hellen Standort, damit die Blätter ihre schöne Färbung behalten.*
- *Wenn die Brutknöllchen entfernt und in einen Topf mit Sand gedrückt werden, können sie Wurzeln und Stengel ausbilden und zu neuen Pflanzen heranwachsen.*

Crassula ovata
Dickblatt, Geldbaum

 Diese sukkulente Pflanze ist sehr leicht zu kultivieren. Sie bildet einen baumartig verzweigten Strauch mit einem knorrigen Stamm. Die glänzend dunkelgrünen, ovalen Blätter tragen häufig einen roten Rand und sind – besonders, wenn die Pflanze in der Sonne steht – dickfleischig. Die abgerundeten Blätter erinnern an Münzen. Wenn die Pflanze einige Jahre alt ist, bringt sie im Winter regelmäßig Büschel sternförmiger, weißer, kleiner Blüten hervor, die sich nach und nach rosa färben. Kopfstecklinge von *Crassula ovata* werden häufig verschenkt; in speziellen Gartenfachgeschäften findet man auch seltenere Formen wie 'Hummel's Sunset', die gelb- und orangefarbene Blätter hat. *Crassula ovata* wird gelegentlich als *C. argentea* oder *C. portulacea* geführt.

C. schmidtii ist eine niedrige Pflanze mit schmalen, grünen Blättern, die rot angehaucht sind. Im Herbst bringt sie eine Fülle rosaroter Blüten hervor. Zu den Sommerblühern zählt *Crassula coccinea* (früher als *Rochea coccinea* bezeichnet). Sie hat verzweigte, aufrecht wachsende Triebe mit Reihen hübsch angeordneter, schmaler, fleischiger Blätter, an deren Spitze viele hellrote Röhrenblüten sitzen.

- *Vermehrung aus Kopfstecklingen im Frühjahr und im Sommer. Sie können den Geldbaum aber auch wie* Saintpaulia *aus Blattstecklingen ziehen (siehe Seite 171).*
- *Geben Sie den Pflanzen alle zwei bis drei Wochen vom Erscheinen der Blütenknospen an Flüssigdünger mit einem hohen Kaliumkarbonatanteil; nach der Blütezeit nicht mehr düngen.*

Echeveria secunda *var.* glauca
Echeverie

 Diese entzückende kleine Pflanze bildet eine sehr dichte, regelmäßig angeordnete, nahezu stammlose Rosette aus breiten, spitz zulaufenden Blättern, die intensiv silbrigblau gefärbt sind. Im späten Frühjahr und im Frühsommer erscheinen zahlreiche Trauben aus roten Blüten – allerdings wird die Echeverie hauptsächlich wegen ihrer schönen Blätter kultiviert. Mit der Zeit entstehen ganze Gruppen von Rosetten, von denen Sie einige ablösen und separat einpflanzen können.

- *Stellen Sie die Echeverie im Winter an einen kühlen Platz (etwa 10° C) und gießen Sie sie nur mäßig.*
- *Der wächserne Überzug der Blätter ist sehr empfindlich.*
- *Vermehrung durch Einpflanzen der kleinen Ableger oder durch Blattstecklinge.*
- *Achten Sie darauf, daß in der Rosette keine Wassertropfen stehen – andernfalls könnte die Pflanze faulen.*
- *Während der Wachstumsperiode alle drei Wochen Volldünger zugeben.*

Echinopsis eyriesii
Seeigelkaktus

Wegen seiner charakteristischen Kugelform und den regelmäßig angeordneten, wolligen Areolen entlang der Rippen sieht dieser Kaktus tatsächlich wie ein Seeigel aus. Er bildet zwölf oder mehr erhabene Rippen aus, die mit 14 kurzen, braunen Stacheln bewehrt sind. An mehrjährigen Pflanzen, denen eine Winterruhe zugestanden wurde, erscheinen im Sommer duftende, weiße oder leicht lila getönte Röhrenblüten, die bis zu 20 cm lang und 10–13 cm breit werden können. Am Abend beginnen die Blüten sich zu öffnen; in der Nacht erreichen sie dann ihre volle Größe mit einem Durchmesser bis zu 10 cm. Bereits am Morgen darauf fangen sie an zu welken.

- *Um schöne Blüten zu erhalten, müssen Sie den Kaktus im Winter an einen kühlen und trockenen Standort stellen. Wenn die Bedingungen günstig sind, kann eine einzelne Pflanze mehr als sechs Blüten hervorbringen.*
- *Geben Sie vom Frühjahr bis zum Ende der Blütezeit alle zehn Tage einen Flüssigdünger mit einem hohen Kaliumkarbonatanteil zu.*
- *In Spezialgeschäften erhalten Sie eine Vielzahl an Echinopsis-Hybriden mit prächtig gefärbten Blüten, die sich am Tage entfalten.*
- *Vermehrung durch Ableger, die man im Frühjahr oder im Sommer von der Mutterpflanze ablöst und in kieshaltiges Substrat einpflanzt.*

Euphorbia x keysii
Christusdorn

Euphorbia x keysii, eine Hybride von *Euphorbia milii*, bildet verzweigte, holzige Triebe mit spitzen Dornen. Die langen, ovalen, blaßgrünen Blätter sind weder fleischig noch sukkulent. Sie entstehen nur an den Spitzen neuer Triebe und hinterlassen nach dem Abfallen einen kahlen Stamm. Im Frühjahr und im Sommer erscheinen an den Triebspitzen Büschel kleiner Blüten an langen Stielen. Die winzigen, goldgelben Blüten sind von jeweils zwei roten Brakteen eingefaßt.

- *Obwohl der Christusdorn einen sonnigen Standort bevorzugt, müssen die Blätter vor zu starker Sommersonne geschützt werden.*
- *Alle Teile der Pflanze scheiden einen weißen, klebrigen Milchsaft aus. Der Saft ist giftig und kann Irritationen auf der Haut auslösen.*
- *An einem warmen Standort sollten Sie die Blätter besprühen.*

Faucaria tigrina
Tigerrachen, Tigermaul

Diese Sukkulente gehört zur selben Familie wie *Lithops* (Seite 140); sie hat ähnliche Blätter und eine vergleichbare Wuchsform. Die bläulich-grünen, mit weißen Tupfen gesprenkelten Blätter sind fleischig, im Querschnitt dreieckig und stehen sich paarweise gegenüber. Die langen „Zähne" an der Oberseite des Blattrandes greifen bei jungen Blattpaaren ineinander und öffnen sich nach und nach, sobald sich die Blätter auseinanderbewegen. Die Pflanze bildet mitunter eine sternförmige, einige Zentimeter hohe Rosette. Im Herbst erscheinen goldgelbe Blüten zwischen den Blättern, die so groß werden, daß sie die gesamte Pflanze bedecken.

Sehr ähnlich ist *Faucaria felina* (Katzenkiefer); jedoch hat diese Pflanze kleinere Blätter mit weniger Zähnen.

- *Blüten werden nur von Pflanzen ausgebildet, die das ganze Jahr über direkte Sonne bekommen.*
- *In der Wachstumsperiode mäßig gießen. Im Winter kühl halten und nur spärlich gießen, sonst besteht die Gefahr, daß die Pflanze an der Basis verfault.*
- *Die Vermehrung erfolgt durch vorsichtiges Teilen des Stockes im Frühsommer. Die Rosetten werden getrennt eingepflanzt.*

Gymnocalycium mihanovichii
Gymnocalycium

Gymnocalycium ist ein kugelförmiger, gerippter Kaktus. Die Mehrzahl der Zuchtformen besitzt kein Chlorophyll: Sie sind vollkommen rot oder gelb. Da diese Pflanze nicht in der Lage ist, selbst genügend Nährstoffe zu produzieren, um ihr Überleben zu sichern, wird sie auf den Stamm einer grünen Kaktusart – in den meisten Fällen *Hylocereus* – gepfropft. Als Sorten sind 'Red Cap', 'Japan', 'Yellow Cap' und 'Blondie' erhältlich

Gymnocalycium produziert auch nach dem Pfropfen reichlich Ableger, wodurch nach einigen Jahren äußerst bizarre Wuchsformen entstehen können.

- *Diese grellbunten Kakteen von außergewöhnlicher Gestalt sind besonders bei Kindern sehr beliebt. Vorsicht vor den Dornen!*
- *Auch die grüne Form von G. mihanovichii kann gezogen werden; in jungen Jahren bringt diese Pflanze viele gelblich-grüne und rosafarbene Blüten hervor.*

Kakteen und andere Sukkulenten 137

Haworthia pumila
Haworthie

 Dieses Liliengewächs unterscheidet sich von den meisten Sukkulenten dadurch, daß es in normal hellem Licht besser wächst als in der grellen Sonne und niemals austrocknen darf. *Haworthia* bildet eine dichte Rosette aus dicken, spitz zulaufenden Blättern, die ein attraktives Muster aus erhabenen, perlweißen Höckerchen oder Warzen tragen. *Haworthia pumila* wird manchmal auch unter ihrem alten Namen *Haworthia margaritifera* verkauft.

- *Haworthia kommt mit Halbschatten gut zurecht, obwohl sie einen hellen Standort bevorzugt. Direktes Sonnenlicht schadet den Blättern und läßt sie welken.*
- *Die Pflanze hat kleine Wurzeln, so daß sie problemlos in einen flachen Topf paßt.*
- *Die Erde im Winter feucht halten, in der Wachstumsperiode etwas stärker gießen. Staunässe unbedingt vermeiden.*
- *Sobald die Blattrosette den Topf bedeckt, im Frühjahr in einen größeren Topf mit grobkörnigem Substrat umpflanzen.*
- *Ältere Pflanzen bringen Seitentriebe hervor, die abgenommen und separat – mit oder ohne eigene Wurzeln – eingepflanzt werden können.*
- *Haworthia muß nicht gedüngt werden.*

Kalanchoe blossfeldiana
Flammendes Käthchen

 Das Flammende Käthchen wird das ganze Jahr über blühend verkauft. Die buschige, kurzstämmige Pflanze hat gezähnte, fleischige Blätter. Die Blüten stehen in flachköpfigen Dolden am Ende langer Stiele. Die ursprüngliche Art hat scharlachrote Blüten; mittlerweile gibt es auch Züchtungen in roten, rosa- oder orangefarbenen und gelben Farbtönen. Zu den beliebtesten Sorten gehören die gelbe 'Beta', die kirschrote 'Cherry Singapore', die scharlachrote 'Debbie', die flieder- bis rosafarbene 'Mistral' und die orangerote 'Santorini'.

Etwas weniger verbreitet sind Kreuzungen aus *Kalanchoe manginii*, die kleinere Blätter und orangefarbene Blütenglöckchen an lockeren Stielen aufweisen und sich gut als Ampelpflanzen eignen. *Kalanchoe daigremontiana* (Brutblatt), eine buschige, aufrecht wachsende Pflanze, hat dreieckige, fleischige Blätter, die sich paarweise am Stamm gegenüberstehen. An den Blatträndern entwickeln sich winzige Pflänzchen mit fadenförmigen Wurzeln. *Kalanchoe tomentosa* (Filzige Kalanchoe) hat spitze, silbrig behaarte Blätter, die eine Rosette bilden und braune Flecken an den Rändern aufweisen.

- *Als Kurztagspflanze benötigt das Flammende Käthchen mehr als zwölf Stunden ununterbrochene Dunkelheit, um ihre Blüten auszubilden. Künstliche Beleuchtung genügt, um eine erneute Blüte zu verhindern.*
- *K. daigremontiana kann leicht vermehrt werden, da die Brutpflänzchen in jedem beliebigen Substrat wurzeln. Wird sie jedoch mit anderen Pflanzen im selben Topf gehalten, kann sie schnell zum Unkraut werden.*

Dornen und Borsten

Die meisten Kakteen wachsen in Wüstengebieten und haben sich den dortigen trockenen Bedingungen hervorragend angepaßt, indem sie in ihren verdickten Stämmen Wasser speichern.

Warum Kakteen Dornen haben

Vielen Pflanzen gehen durch Transpiration an ihren Blattoberflächen große Mengen an Wasser verloren. Bei den „Blättern" von Kakteen dagegen handelt es sich um schmale Dornen. Auf diese Weise reduzieren die Pflanzen ihre Oberfläche auf ein Minimum und verlieren kaum noch Flüssigkeit.

Die Dornen erfüllen aber noch eine weitere Funktion. In der Wüste wird jede grüne Pflanze – vor allem dann, wenn sie Wasser speichert – zu einer begehrten Beute von pflanzenfressenden Tieren. Nadelscharfe Dornen verhindern jedoch, daß die Pflanze gefressen wird.

Dornen als Dekoration

Kakteen weisen an ihrer Oberfläche Areolen auf – Vorsprünge, d. h. gestauchte Kurztriebe, die Dornen oder kurze Borsten tragen. Sie sitzen auf den Rippenkämmen oder – bei Kakteen wie *Mammillaria* oder *Rebutia* – in diesen knotenartigen Erhebungen und sehen wie Büschel kurzer, stoppliger oder samtiger Haare aus, aus denen die Dornen emporragen. Aus den Areolen gehen Blütenknospen hervor, wobei jede Areole nur eine einzige Knospe hervorbringen kann. Künftige Blüten entstehen aus neuen Areolen, die im Laufe des Wachstums gebildet werden. Die Dornen vieler Kakteen sind einer näheren Betrachtung wert – es finden sich ausnehmend hübsch geformte darunter.

Jede Areole weist zwei Typen von Dornen auf: Die äußeren Randdornen bilden häufig ein flaches oder reflektierendes Rad, während die Mitteldornen, die aufrecht emporragen, gewöhnlich kräftiger und manchmal mit einem starken Widerhaken versehen sind. Die Dornen können sehr unterschiedlich angeordnet sein: Es kann ein Mitteldorn vorkommen – oder auch mehrere –, während die Randdornen verschiedene Muster bilden, zum Beispiel einen Stern oder Kamm.

Die Farbe der Dornen variiert von Schwarz über Hellrot, Orange und Gelb bis hin zu Weiß. Rand- und Mitteldornen können unterschiedlich gefärbt sein. Häufig tragen die Dornen eine schwarze oder eine dunkle Spitze. Die Randdornen sind oft von ein und demselben Typ, es treten aber auch verschiedene Formen und Farben auf derselben Areole auf.

Behaarte Kakteen

Anstelle von starren Dornen oder Borsten bringen manche Kakteen lange, seidige oder wollige Haare hervor, die die gesamte Pflanze einhüllen und dadurch verhindern, daß Feuchtigkeit verlorengeht. Diese langen, dichten Haare, die an ein Spinnennetz erinnern, überziehen dann die gesamte Pflanze mit einem silbrig glänzenden Schimmer.

Einige Kakteen wie *Opuntia* produzieren anstelle der Dornen pelzartige Polster aus Glochidien. Diese mögen zwar ungefährlich erscheinen, tatsächlich handelt es sich dabei aber um zarte, borstenartige Haare, die mit zahlreichen Widerhaken besetzt sind und bei Berührung leicht abbrechen. Sind sie erst einmal in die Haut eingedrungen, können sie nur schwer wieder entfernt werden und Hautreizungen hervorrufen.

Kakteen mit auffälligen Dornen:

Cephalocereus senilis, Greisenhaupt
Lange weiße Wollhaare umhüllen die gesamte Pflanze.

Cleistocactus strausii, Säulenkaktus, Silberkerze
Kräftige weiße Haare geben dem hochgewachsenen Säulenkaktus ein flaumiges Aussehen, das sich zur Spitze hin noch verstärkt.

Echinocactus, Kugelkaktus
Die kräftigen, gold- und rotfarbenen Dornen sind hübsch und gleichmäßig angeordnet (großes Bild). *Echinocactus grusonii* (Goldkugelkaktus) wird manchmal ziemlich uncharmant als „Schwiegermuttersessel" bezeichnet.

Echinofossulocactus, Lamellenkaktus
Dieser Kugelkaktus hat gewellte Rippen und kräftige Dornen. Die Areolen vieler Arten sind mit dichten Wollhaaren besetzt.

Echinopsis eyresii, Seeigelkaktus
Bei diesem Kaktus sind die kurzen braunen Dornen auf zwölf oder mehr Rippen angeordnet (links und Seite 135).

Ferocactus latispinus, Teufelszunge
Dieser Kaktus ist mit langen, dicken Dornen besetzt. Der Mitteldorn trägt einen gefährlichen Widerhaken.

Mammillaria, Warzenkaktus
Viele Arten der Gattung *Mammillaria* haben gemusterte Dornen. Die Randdornen sind hübsch angeordnet, die Mitteldornen dunkler und mit Widerhaken versehen (rechts und Seite 140).

Opuntia, Feigenkaktus
Zu der Goldopuntie *(O. microdasys)* zählen die Sorte 'Albispina' mit silberweißen Glochidien und die Sorte 'Rufida', bei der die Glochidien dunkelbraun sind. *O. tunicata* ist von bis zu 5 cm langen, weiß-rötlichen, mit Widerhaken versehenen Dornen bedeckt (Seite 141).

Sulcorebutia crispata
Die zahlreichen langen weißen Dornen erwecken den Eindruck, als sei die Pflanze von Tausendfüßlern bedeckt.

Lithops spec.
Lebende Steine

In ihrem natürlichen Lebensraum, der Wüste, schützen sich diese Pflanzen durch eine spezielle Tarnung vor dem Gefressenwerden: Sie sehen wie die Steine in ihrer Umgebung aus. Jede Pflanze besteht aus zwei dikken, fleischigen Blättern, die an der Basis verwachsen sind und an der Oberseite einen Spalt bilden. Die Oberfläche der Blätter ist gesprenkelt. Im Herbst bahnt sich eine große Blüte ihren Weg durch den Spalt ins Freie. Ist die Blüte abgestorben, beginnen die Blätter zu welken, und von der Basis aus entsteht ein neues Paar, um 90° versetzt zu den alten Blättern. Bei vielen Arten entstehen so nach und nach zusammenhängende Gruppen.

Zu den beliebtesten Arten zählt *Lithops lesliei*, die unterschiedlich gefärbt sein kann, aber normalerweise hellbraune Blätter mit olivgrünen Sprenkeln und eine gelbe Blüte hat. *L. bella* ist graubraun mit dunkelgrauer Zeichnung und einer weißen Blüte. Eine weitere bekannte Gattung ist *Conophytum*, die sich durch einen kleineren Spalt zwischen den Blättern auszeichnet. Einige Arten haben hübsche Blüten in Rosatönen.

- *Im Frühjahr und Sommer sparsam gießen. Ist die Pflanze im Herbst verblüht, benötigt sie bis zum nächsten Frühling kein Wasser mehr.*
- *Verwenden Sie ein grobkörniges Substrat, das Wasser gut ableitet. Setzen Sie die Pflanzen nur um, wenn der Topf zu eng wird, was normalerweise einige Jahre dauert.*

Mammillaria spec.
Warzenkaktus

Zur Gattung *Mammillaria* gehören die beliebtesten Kakteen. Sie sind kugelförmig bis zylindrisch mit fleischigen Warzen – rundlichen Vorsprüngen – anstelle der Rippen. Die Warzen sind in einer Spirale angeordnet und tragen jeweils ein Büschel Dornen. Die Art und Form der Dornen ist unterschiedlich – sie können kräftig und gebogen sein oder langen, seidigen Haaren ähneln. Ein Grund für die Beliebtheit der Kugelkakteen liegt in ihren Blüten, die im Frühjahr einen normalerweise rosafarbenen Kranz unterhalb der Kakteenspitze bilden.

Zu den bevorzugten Arten zählen *M. bocasana* (Puderquastenkaktus) mit langen, silbrigen Wollhaaren und cremefarbenen Blüten, *M. zeilmanniana* (Nadelkissen, Muttertagskaktus) mit rosa- bis dunkelroten Blüten und *M. hahniana* mit langen, weißen Härchen und dunkelroten Blüten. Einige Arten tragen hübsche bunte Früchte, wenn die Blüten verwelkt sind.

- *Sie können die Blütenbildung fördern, indem Sie die Pflanzen im Winter kühl halten und ihnen nur so viel Wasser geben, daß das Substrat nicht völlig austrocknet.*
- *Bevor Sie eine* **Mammillaria** *kaufen, überprüfen Sie, ob alle Blüten echt sind und sich keine künstlichen auf Stecknadeln darunter befinden. Abgesehen davon, daß dies ein hinterhältiger Verkaufstrick ist – die Blüten sehen überzeugend aus –, können die Stecknadeln den Kaktus verletzen.*

Opuntia microdasys
Goldopuntie

Die abgeflachten Sprosse von *Opuntia microdasys* wachsen aus der Spitze des jeweils vorherigen und bilden mit der Zeit eine ausladende Pflanze. Die hellgrünen Sprosse sind mit Büscheln von tiefgelben Glochidien besetzt – kurze Borsten mit Widerhaken. Diese können Verletzungen verursachen, wenn sie in die Haut eindringen. Die Sorte 'Albispina' hat silbrig-weiße Glochidien.

- Fassen Sie Opuntien nicht an: Die borstigen Glochidien dringen leicht in die Haut ein und können nicht wieder herausgezogen werden. Achten Sie darauf, daß Kinder nicht in die Nähe der Pflanzen kommen.
- Opuntien benötigen mehr Wasser als andere Kakteen. Gießen Sie in der Wachstumsphase regelmäßig, so daß nur die oberste Schicht des Substrates kurz austrocknet. Im Winter nur spärlich gießen.
- Die Pflanzen werden mit zunehmendem Wachstum kopflastig. Stützen Sie sie mit einem Stab oder stellen Sie den Topf in ein größeres Gefäß.

Rebutia miniscula
Rebutie

Ähnlich wie *Mammillaria* hat auch *Rebutia* Warzen anstelle der Rippen und bildet eine kompakte Kugel mit einer leicht gewölbten Spitze. *Rebutia miniscula* ist sehr klein (jeder Kopf erreicht ungefähr 5 cm im Durchmesser), bildet aber viele Ableger. Im späten Frühjahr erscheinen ziemlich lange, röhrenförmige Blüten an der Basis der Pflanze.

- Die Pflanze muß im Winter kühl stehen (5° C), um zu blühen.
- Pflanzen Sie diesen Kaktus in einen niedrigen Topf oder in eine Schale – seine Wurzeln wachsen oberflächlich, breiten sich aber weit aus.
- Vermehrung durch Ableger, die leicht abgetrennt werden können

Rhipsalidopsis gaertneri
Osterkaktus

Dieser Kaktus stammt aus dem tropischen Regenwald, wo er auf Bäumen wächst. Er benötigt daher andere Wachstumsbedingungen als die meisten Kakteen. Die Stammglieder ähneln denen des Weihnachtskaktus *Schlumbergera* x *buckleyi* (Seite 142). Neue Glieder entspringen bereits existierenden und bilden ausufernde Triebe. Im Frühjahr erscheinen scharlachrote, 4–5 cm lange Blüten.

- *Verändern Sie den Standort der Pflanze nicht mehr, sobald sich die Blütenknospen ausgebildet haben, sonst fallen diese ab, ohne sich zu öffnen.*
- Nach der Blüte stellen Sie die Pflanze im Schatten ins Freie. Im Herbst holen Sie sie wieder ins Haus und halten das Substrat feucht. Im Frühjahr sollte die Pflanze an einem wärmeren Standort stehen. Sobald die Knospen erscheinen und während der Blütezeit reichlicher gießen.
- In der Wachstumsphase sollten Sie die Blätter täglich mit lauwarmem Wasser besprühen.

Rhipsalis baccifera
Binsenkaktus, Rutenkaktus

Dieser im tropischen Regenwald heimische Kaktus bevorzugt – wie *Rhipsalidopsis* (Seite 141) – feuchte und schattige Bedingungen. Die blattlosen, zylindrischen, verzweigten Stengel hängen über einen Meter weit herab. Sie tragen über ihre gesamte Länge Areolen, aus denen im Winter oder zu Beginn des Frühjahrs kleine, grünlichweiße Blüten hervorbrechen. Auf die Blüten folgen langlebige runde, durchscheinende weiße Früchte, die wie Mistelbeeren aussehen.

- Besprühen Sie die Triebe während der Wachstumszeit täglich mit lauwarmem Wasser.
- Als Substrat für den Binsenkaktus eignet sich kalkfreie Azaleenerde am besten.
- Dank seiner wunderschön überhängenden Stengel eignet sich der Binsenkaktus hervorragend für eine Ampel.
- Wenn Sie gegen die Pflanze stoßen, können Stengel oder Teile davon leicht abbrechen. Sie können die abgebrochenen Teile aber als Stecklinge für die Vermehrung verwenden.

Schlumbergera-*Hybriden*
Weihnachtskaktus

Der Weihnachtskaktus ist ein weiterer epiphytisch wachsender Kaktus, der wie *Rhipsalidopsis* (Seite 141) aussieht und oft mit diesem verwechselt wird. *Schlumbergera* hat ähnliche, aus abgeflachten Segmenten bestehende, herabhängende Triebe. Allerdings blüht er früher: im Winter oder zu Frühjahrsbeginn. Die Blüten sind magenta- und rosafarben und haben zurückgeschlagene Blüten- sowie emporragende Staubblätter. *Schlumbergera*-Hybriden sind als *S. x bridgesii* und *Zygocactus truncatus* erhältlich. Der Weihnachtskaktus ist eine Kreuzung zwischen *S. truncata* und *S. russelliana*. Es gibt außerdem verschiedene andere, rot-, rosa- und lachsfarben blühende *Schlumbergera*-Hybriden, die sich zunehmender Beliebtheit erfreuen.

- In der Blütezeit häufig mit lauwarmem Wasser besprühen.
- Sobald die Blüten verwelkt sind, sollten Sie die Pflanze weniger gießen und kühl stellen (13° C). Wenn die Temperaturen steigen, plazieren Sie die Pflanze an einem geschützten Standort im Freien und halten das Substrat feucht. Geben Sie der Pflanze während der Blütezeit einen Flüssigdünger mit einem hohen Kaliumkarbonatanteil.
- Die Dornen der Dschungelkakteen sind zu ungefährlichen Borsten reduziert, die in den Kerben der Blattränder stehen.
- Vermehrung im Frühsommer durch einzelne Segmente. Lassen Sie diese antrocknen, ehe Sie sie in Anzuchterde einpflanzen.

Kakteen und andere Sukkulenten 143

Sedum burrito
Fetthenne, Eselsschwanz

 Der Eselsschwanz hat hängende Triebe, die gut in einer Ampel oder einem Hängekorb zur Geltung kommen. Sie sind bedeckt von kleinen, elliptischen und runden, blaugrünen Blättern, die fleischig und sukkulent sind. Eine nahe verwandte Art ist *Sedum morganianum* (Affenschwanz); sie hat eine grazilere Form, dafür brechen ihre Blätter leicht ab und lassen lange, unattraktive, kahle Stengel zurück. Daher wurde sie als Zimmerpflanze weitgehend durch *S. burrito* ersetzt.

Eine weitere Art, die sich gut für Ampeln eignet, ist *S. sieboldii* mit ihren hängenden, halbkriechenden Trieben und den kleinen, runden, stahlblauen Blättern, die in Wirteln zu dreien angeordnet sind. Fast immer als Zimmerpflanze kultiviert wird die Sorte 'Mediovariegatum'. Ihre Blätter zeichnen sich durch ein breites, cremefarbenes Mittelband aus. Köpfchen mit sternförmigen, rosa getönten Blüten wachsen im Spätsommer und im Frühherbst an den Triebspitzen. Sie haben hervorstehende Staubblätter, die sie flaumig aussehen lassen.

- *Die Pflanzen benötigen einen hellen, sonnigen Standort, um ihre prachtvolle Blattfärbung beibehalten zu können. Die Sorte* S. sieboldii *'Mediovariegatum' verliert ihre Färbung, wenn sie zu dunkel steht.*
- *Die Vermehrung der* Sedum-*Arten durch Triebstecklinge im Frühjahr und im Frühsommer gelingt leicht. Entfernen Sie die unteren Blätter, damit die Stecklinge nicht faulen. Achten Sie darauf, das Erscheinungsbild von* S. burrito *nicht zu verderben, wenn Sie Stecklinge abnehmen.*

Stapelia variegata
Ordensstern, Aasblume

Die gezähnten, fleischigen, aufrecht stehenden Triebe des Ordenssterns stehen in Gruppen zusammen und füllen den ganzen Topf aus. Im Sommer bilden sich auffällige, herzförmige Blüten: Sie stehen an kurzen Stielen, die sich von der Basis der vierkantigen Triebe erheben, und sind relativ groß – über 8 cm im Durchmesser. Die fünf breiten, cremegelben oder beigefarbenen Blütenblätter sind von purpurbraunen Flecken überzogen. Die Blüten sind unterschiedlich stark gefleckt, weisen aber alle einen hervorstehenden Stern auf, der von einem heller gefärbten Ring umgeben ist. Die Blüten riechen zwar nach verfaultem Fleisch, doch macht sich dieser unangenehme Geruch in einem großen, gutgelüfteten Zimmer kaum bemerkbar.

Stapelia gigantea hat Blüten, die weniger auffällig strukturiert, aber dafür in anderer Hinsicht spektakulär sind: Sie erreichen einen Durchmesser von 35 cm. Die sternförmigen Blüten sind behaart, die Blütenblätter laufen zu schmalen Spitzen aus. Sie erscheinen in geringer Zahl und riechen weniger unangenehm als die Blüten von *S. variegata*.

- *In der Wachstumszeit ein wenig, im Winter kaum gießen. Die Stengel faulen bereits, wenn die Pflanze nur leicht übergossen wird.*

2

MIT PFLANZEN LEBEN

DER STANDORT

◆

DIE RICHTIGE PFLANZE
AM RICHTIGEN PLATZ

◆

PFLANZEN
ARRANGIEREN

Der Standort

DIE PFLANZEN, die wir bei uns zu Hause ziehen, machen zwar nur einen kleinen Teil des Pflanzenreichs aus, zeigen aber dennoch eine erstaunliche Vielfalt an Größe, Form, Gestalt und Lebensbedingungen. Viele Pflanzen haben sich perfekt an ihre jeweilige Umwelt angepaßt und konnten auf diese Weise tropische Regenwälder, Wüsten, die Hochgebirgsweiden des Himalaja oder die südafrikanischen Trockengebiete besiedeln.

Die meisten Arten und Sorten, die als Zimmerpflanzen angeboten werden, sind als spezielle Züchtungen an die typischen Bedingungen in geschlossenen Räumen gewöhnt. Obwohl sie wegen ihrer unterschiedlichen Herkunft spezifische Ansprüche stellen, sind allen diesen Pflanzen drei Grundbedürfnisse gemein: Sie benötigen Licht, Wärme und Feuchtigkeit.

Licht

Pflanzen brauchen Licht von ausreichender Qualität und Intensität, um eine effektive Photosynthese durchführen zu können –

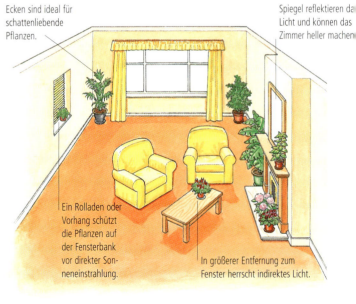

Oben: Auf einer Fensterbank erhalten Pflanzen den ganzen Tag über Licht – allerdings hängt dessen Intensität vom Stand der Sonne ab. Pflanzen wachsen auf eine Lichtquelle zu. Wenn das Licht ständig nur aus einer Richtung einfällt, wird die Pflanze seitenlastig. Daher sollte der Topf alle paar Tage um 90 Grad in die gleiche Richtung gedreht werden.

Rechts: Vom Standort einer Pflanze hängt ab, wieviel Licht sie erhält. Während das Licht direkt vor dem Fenster am stärksten ist, gelangt in die Ecken eines Zimmers nur relativ wenig Licht. Die Lichtmenge variiert ferner je nach Größe und Position der Fenster, je nach Lauf der Sonne während des Tages sowie je nach Jahreszeit.

Ecken sind ideal für schattenliebende Pflanzen.

Spiegel reflektieren das Licht und können das Zimmer heller machen.

Ein Rolladen oder Vorhang schützt die Pflanzen auf der Fensterbank vor direkter Sonneneinstrahlung.

In größerer Entfernung zum Fenster herrscht indirektes Licht.

Der Standort 147

jenen Prozeß, bei dem mit Hilfe des Sonnenlichts aus Kohlendioxyd und Wasser Energie für das Wachstum gewonnen wird (siehe unten). Das Tageslicht bietet den Pflanzen eine derartige gute Lichtqualität: Räume mit großen Fenstern, Glastüren oder Oberlicht sind Zimmern mit nur wenig Licht vorzuziehen. Kunstlicht erreicht nicht die Intensität von Tageslicht – notfalls müssen spezielle Lampen das für die Pflanzen notwendige Licht liefern.

Faktoren, die das Licht beeinflussen

Selbst in einem hellen Zimmer ist das Tageslicht immer noch weniger intensiv als im Freien. Wieviel Sonnenlicht einfällt, hängt von der Jahreszeit und der Dichte der Wolkendecke ab. Da die Tage im Winter kürzer sind, ist die Lichtmenge dann selbst an einem sonnigen Tag wesentlich geringer. Die Ausrichtung des Zimmers und seiner Fenster ist ebenfalls entscheidend für die Lichtmenge, die in den Raum gelangt. Bestimmte Bereiche des Zimmers erhalten zu unterschiedlichen Tageszeiten maximales Licht – je nach dem Stand der Sonne.

Wenn ein Haus oder eine Wohnung nah an anderen Gebäuden oder an Bäumen steht, kann dies die Lichtmenge weiter verringern. Ferner haben Anzahl, Form und Größe der Fenster und deren jeweilige Glasart einen großen Einfluß auf die Helligkeit. Daneben sind auch die Deckenhöhe, die Farben und Verzierungen der Wände sowie die Größe des Zimmers mit entscheidend für die den Pflanzen zur Verfügung stehende Lichtmenge.

Manche Pflanzen genießen es geradezu, den ganzen Tag über in direktem Sonnenlicht zu stehen. Anderen genügen kurze Peri-

Oben links: Wenn diffuses Licht von einem Deckenfenster oder einer anderen Lichtquelle an der Zimmerdecke kommt, bleiben die Pflanzen von größeren Hell-Dunkel-Schwankungen verschont. Unten links: Ein großes Fenster versorgt fast den ganzen Raum mit indirektem Licht.

PHOTOSYNTHESE

Wichtig für das Wachstum einer Pflanze sind Feuchtigkeit, Sonnenlicht, Mineralstoffe und Belüftung. Diese Faktoren sind unabdingbar für die Photosynthese – den Vorgang, bei dem Pflanzen Kohlenhydrate als Energiespeicher für ihr Wachstum synthetisieren. Aus der Luft nimmt die Pflanze Kohlendioxyd auf; Feuchtigkeit aus dem Boden wird von den Wurzeln absorbiert. Das Sonnenlicht liefert Energie, die von den Blättern aufgenommen wird und chemische Prozesse in Gang setzt, an deren Ende die Bildung von Glukose steht. Dabei gibt die Pflanze Sauerstoff ab.

Sonnenlicht
Sauerstoff
Kohlendioxyd
Die Wurzeln entziehen dem Boden Wasser und Mineralsalze.

Oben: Eine Fensterbank ist ein idealer Platz für Alpenveilchen, die kühle Temperaturen von 13–18° C und helles Licht benötigen. Die Temperatur kann hier jedoch in der Nacht extrem absinken – dies gilt auch für Standorte in der Nähe von Glasflächen oder einer Außenwand. Dann kann es notwendig sein, die Pflanzen an einen wärmeren Platz zu stellen.

oden in der Sonne, während sie sonst helles, aber diffuses Licht bevorzugen. Viele Zimmerpflanzen lieben Helligkeit, vertragen es aber nicht, wenn die Sonne direkt auf ihre Blätter strahlt; einige nehmen auch mit Halbschatten oder Schatten vorlieb.

Mit einem Lichtmesser läßt sich die Helligkeit in verschiedenen Bereichen des Zimmers zu unterschiedlichen Zeiten bestimmen, so daß die Pflanzen den für ihre Ansprüche günstigsten Standort erhalten können.

Temperatur

Die Temperaturen, unter denen sich Pflanzen am besten entwickeln, schwanken. Pflanzen wachsen auch dann noch, wenn die Temperatur einige Grade über oder unter dem Idealwert liegt. Das Wachstum kann aber aufhören, wenn die Temperatur zu hoch oder zu niedrig ist: Die Pflanze stirbt ab oder geht in ein Ruhestadium über, bis ihr die Temperaturen wieder zusagen.

Da Zimmerpflanzen ihr Heim mit ihren Besitzern teilen, sind die Räume in einem Maße beheizt und gelüftet, das Menschen eher entgegenkommt als Pflanzen. Die meisten Zimmerpflanzen fühlen sich aber bei Temperaturen zwischen 18 und 24° C wohl – einem Bereich, der oftmals der Durchschnittstemperatur in Wohnungen entspricht. Einige Pflanzengruppen gedeihen prächtig an der unteren, andere an der oberen Grenze. Pflanzen, die eine kühlere Umgebung brauchen, können in ein ungeheiztes Schlafzimmer oder in einen Flur gestellt werden. Höhere Temperaturen als üblich findet man meist nur in einem Wintergarten.

Der Standort 149

NATÜRLICHE STANDORTE

Unsere Zimmerpflanzen stammen ursprünglich aus sehr unterschiedlichen Regionen.

Einige Kakteen, Sukkulenten und Aloe-Gewächse, die in trockenen Gebieten wie den kalifornischen Wüsten (oben links) vorkommen, benötigen einen warmen, trockenen Standort, um sich im Zimmer wohl zu fühlen.

Völlig andere Bedingungen benötigen Zimmerpflanzen, die aus tropisch-feuchten Regenwäldern stammen. Die Abbildung oben rechts zeigt einen Baum im südamerikanischen Dschungel, der von Bromeliaceen, Farnen, Baumkakteen und Orchideen überwuchert ist. Diese Epiphyten benötigen eine spezielle Pflege, damit sie als Zimmerpflanzen blühen.

Primula vulgaris, die Kissenprimel (unten links), ist typisch für die gemäßigten nördlichen Klimazonen. Als Zimmerpflanzen lieben sie kühle, feuchte und luftige Bedingungen mit hellem Licht und etwas Sonne während des Winters.

Alpenveilchen (*Cyclamen*) stammen von wild wachsenden Pflanzen aus dem Mittelmeerraum ab (unten rechts). Diese gedeihen in durchlässiger Erde im Halbschatten und blühen im zeitigen Frühjahr nach einem nassen Winter. In der warmen Sommerzeit ruhen die Knollen.

Unten: Eine einfache Methode, um die Luftfeuchtigkeit in der Umgebung einer Pflanze zu erhöhen, ist, den Topf in eine Schale mit feuchtem Kies zu stellen. Diesen Zweck erfüllt auch das regelmäßige Besprühen der Blätter mit klarem Wasser aus einem Handzerstäuber.

Die idealen Temperaturen für jede Pflanze können Sie den Pflegetips im Lexikonteil dieses Buches entnehmen.

Eine Zentralheizung ermöglicht es sogar in kalten Klimazonen, Zimmerpflanzen zu halten. In vielen Wohnungen wird die Heizung über Nacht zurück- oder abgeschaltet, so daß die Temperaturen nachts niedriger sind als tagsüber. Die meisten Pflanzen kennen diese Verhältnisse aber von ihrem natürlichen Standort und haben sich diesen regelmäßigen Temperaturschwankungen angepaßt.

Luftfeuchtigkeit

Die Pflanzen nehmen einen Teil der Feuchtigkeit aus der Luft in Form von Wasserdampf auf. Der Wassergehalt der Luft wird als relative Luftfeuchtigkeit bezeichnet. Bei ansteigender Temperatur nimmt die Luft Feuchtigkeit aus jeder erreichbaren Quelle auf, bis ein Sättigungsgrad von 100 % relativer Luftfeuchtigkeit erreicht ist. Wenn sich die Luft abkühlt, nimmt auch ihre Fähigkeit ab, Wasser zurückzuhalten, und Wasserdampf schlägt sich nieder.

An den meisten Standorten im Haus herrscht eine ziemlich trockene Atmosphäre von 15–20 % Luftfeuchtigkeit, so daß die Luft allen Oberflächen Feuchtigkeit entzieht – auch den Blättern der Pflanzen. Um gut zu gedeihen, benötigen Pflanzen aber eine Luftfeuchtigkeit von 60 %: Man sollte sie daher regelmäßig mit Wasser besprühen und die Töpfe in Schalen mit feuchtem Kies stellen. Pflanzen, die in Gruppen zusammenstehen, bilden außerdem ein natürliches Mikroklima aus, von dem nicht zuletzt auch der Mensch profitiert.

Die richtige Pflanze am richtigen Platz

IN JEDEM HAUS und in jeder Wohnung finden Pflanzen unterschiedliche Standorte vor: Alter, Bauart und Ausstattung des Hauses sowie die persönlichen Vorlieben des Eigentümers verschmelzen zu einer einzigartigen Form von Lebensbedingungen.

Hinsichtlich der für Pflanzen wichtigsten Faktoren, Lichtverhältnisse und Temperatur, gilt: je größer das Fenster, desto heller der Raum – doch steigt damit auch die Gefahr eines Wärmeverlusts. In modernen Häusern sorgen doppelte Glasscheiben und Isolierungen dafür, daß über die Fenster kaum noch Wärme verlorengeht. In älteren Häusern dagegen sind die Fenster kleiner, um den Wärmeverlust möglichst gering zu halten, und die Räume somit dunkler. Die Lichtintensität nimmt mit zunehmender Entfernung von der Lichtquelle ab. Je größer der Raum ist, desto dunkler sind jene Bereiche, die sich am weitesten entfernt vom Fenster befinden. Räume mit zwei oder drei Fensterseiten bieten mehr helle Ecken als solche mit einer einzigen Fensterwand. Intensität und Qualität des Lichtes variieren aber auch je nach Himmelsrichtung, in der das Fenster liegt.

Heutzutage sind fast alle Häuser und Wohnungen mit einer Zentralheizung ausgestattet, die eine relativ gleichbleibende Raumtemperatur garantiert. Allerdings kann die Temperatur direkt über den Heizkörpern stark ansteigen. Wenn niemand zu Hause ist, sorgt häufig eine Zeitschaltautomatik für niedrigere Temperaturen. In Räumen ohne Zentralheizung oder mit einer zusätzlichen Wärmequelle in Form eines Kamins oder Kachelofens kann es ebenfalls zu großen Temperaturunterschieden kommen. Auch hohe Zimmerdecken lassen die Wärme aufsteigen, so daß davon betroffene Räume im Bodenbereich wesentlich kühler sind als die oberen Regionen.

Diele

Obschon die Diele die Visitenkarte eines Hauses ist, kann sie ein ungünstiger Platz für Pflanzen sein. Flure sind dunkel und bieten nur wenig natürliches Licht; außerdem werden sie oft durch eine Treppe begrenzt. Wenn warme Luft die Treppe hochsteigt, entsteht beim Öffnen und Schließen der Haustür Zugluft.

Einige Pflanzen kommen jedoch mit diesen schwierigen Bedingungen zurecht; manche kurzblühende Arten verwandeln den Hauseingang sogar in ein glänzendes Entree. Aufrecht wachsende Pflanzen oder solche, deren Wuchs aufrecht getrimmt werden kann, geben die passende Antwort auf die Enge der Diele. Auch Ampeln finden dort problemlos Platz.

Grünpflanzen: *Hedera helix* (Efeu) • *Cissus antarctica* (Zimmerwein)
Blütenpflanzen: *Cyclamen persicum* (Alpenveilchen) • *Jasminum polyanthum* (Jasmin) • *Narcissus spec.* (Narzissen) • *Primula* x *tommasinii* (Primel)
Kletterpflanzen: *Chlorophytum comosum* (Grünlilie) • *Tradescantia fluminensis* (Dreimasterblume)

Oben: Die Diele ist das Entree des Hauses. Obwohl sie oft nur wenig Raum bietet, können anspruchslose Pflanzen wie Efeu und Marante von einem dekorativen Tischchen aus den Gast herzlich willkommen heißen.

Wohnzimmer

Die meisten Wohnzimmer sind relativ weiträumig und bieten Platz für große Pflanzen oder sogar Pflanzengruppen. Es herrscht eine angenehme Temperatur, und es sind meist mehrere Fenster vorhanden, die Licht spenden. Wenn das Wohnzimmer in blassen Farben gehalten ist oder Spiegel an den Wänden hängen, sind die Lichtverhältnisse sogar noch besser.

Nahezu alle Zimmerpflanzen eignen sich für das Wohnzimmer. Grünpflanzen kommen dort gut zur Geltung, Kletterpflanzen können an einem Spalier hochranken. Wenn das Wohnzimmer eine Tür zur Veranda hat, stellen Zimmerpflanzen eine harmonische Verbindung zwischen Haus und Garten her.

Arbeitszimmer

Das Arbeitszimmer wird häufig nur gelegentlich genutzt. Die Pflanzen sollten daher robust genug sein, um längere Zeit ohne Pflege auszukommen, aber zugleich eine angenehme Atmosphäre

Die richtige Pflanze am richtigen Platz

Links: Pflanzen, die die Luft reinigen, können aus dem Studierzimmer oder Büro einen angenehmen und gesunden Arbeitsplatz machen.

Oben: Dieses Wohnzimmer strahlt eine behagliche Atmosphäre aus: geringer Lichteinfall, gedämpfte Farben und einige dekorative Grünpflanzen.

schaffen, in der die Arbeit Spaß macht. Wählen Sie Pflanzen aus, die zwar ähnliche Ansprüche an Pflege und Standort stellen, aber Blätter unterschiedlicher Form, Farbe und Zeichnung aufweisen.

Pflanzen können außerdem dazu dienen, die Qualität der Büroluft zu verbessern, die oft durch Geräte wie Computer, Drucker und Fotokopierer oder durch den Dampf von Korrekturflüssigkeiten beeinträchtigt wird.

Grünpflanzen: *Asplenium nidus* (Nestfarn) • *Dracaena sanderiana* (Drachenbaum) • *Ficus binnendijkii* 'Alii' (Feigenbaum) • *Hypoestes phyllostachya* (Buntfleckige Hüllenklaue) • *Fittonia verschaffeltii* (Fittonie) • *Nephrolepis exaltata* (Schwertfarn) • *Peperomia caperata* (Zwergpfeffer) • *Spathiphyllum wallisii* (Einblatt) • *Yucca elephantipes* (Palmlilie)

Blütenpflanzen: *Guzmania* (Guzmanie) • *Neoregelia carolinae* (Neoregelie)

Oben: Efeu und Efeutute kommen mit den Temperaturschwankungen in der Küche zurecht. Blütenpflanzen setzen freundliche Farbtupfer.

Rechts: Die Blüten einer Stiefmütterchen-Orchidee bringen einen romantischen Hauch ins Schlafzimmer. Die Pflanze braucht nur wenig Pflege.

Küche

Die Küche kann ein Zimmer mit wenigen Quadratmetern sein, das nur für die Zubereitung der Mahlzeiten genutzt wird, oder aber ein größerer Raum, der Platz zum Essen und für andere Aktivitäten bietet. Auf jeden Fall verbringt man dort viel Zeit.

Pflanzen hauchen dem Raum Leben und Farbe ein und mildern die Sterilität moderner Küchen. Der Raum ist gewöhnlich warm – obwohl Küchen, die nur als Kochplatz dienen, auskühlen können, wenn sie nicht genutzt werden –, und die von Wasserdampf geschwängerte Atmosphäre sorgt für eine hohe Luftfeuchtigkeit, die für viele Pflanzen ideal ist. Obwohl die meisten Menschen heute helle, gut beleuchtete Küchen bevorzugen, wird die Helligkeit häufig nicht durch Tageslicht, sondern durch Kunstlicht erzeugt – und hat damit für Pflanzen keinen Nutzen.

Pflanzen für die Küche sollten einigermaßen robust sein und Temperaturschwankungen vertragen. Gewächse mit zarten Blättern könnten dort Schaden nehmen. Pflanzen, die nach der Blüte weggeworfen werden, setzen für kurze Zeit einen farbigen Akzent in der Küche.

Kräuter: *Ocimum basilicum* (Basilikum) • *Petroselinum crispum* (Petersilie) • *Salvia officinalis* (Salbei) • *Thymus vulgaris* (Thymian) • *T.* x *citriodorus* (Zitronenthymian)
Grünpflanzen: *Epipremnum aureum* (Efeutute) • *Hedera helix* (Efeu)
Blütenpflanzen: *Chrysanthemum spec.* (Topfchrysantheme) • *Pelargonium spec.* (Edelpelargonie) • *Senecio* x *hybridus* (Cinerarie)
Knollenpflanzen: *Narcissus spec.* (Narzisse) • *Tulipa spec.* (Tulpe)

Schlafzimmer

Gewöhnlich verbringen wir zuwenig Zeit im Schlafzimmer, als daß wir dort plazierte Pflanzen würdigen könnten. Trotzdem tragen sie zu einer angenehmen Atmosphäre bei. Allerdings besteht die Gefahr, daß solche Pflanzen vernachlässigt werden. Da hilft es

bereits, wenn in diesem Raum eine kleine Gießkanne bereitsteht, die im Badezimmer aufgefüllt werden kann.

Im allgemeinen herrschen im Schlafzimmer gute Lichtverhältnisse. Oft fällt die Morgensonne in diesen Raum, der meist weniger stark geheizt wird als andere Bereiche des Hauses. Das Fensterbrett im Schlafzimmer ist ein geeigneter Platz für Pflanzen, die einen kühlen Standort bevorzugen. Große Schlafzimmer bieten sich zudem für Solitärpflanzen an, die Halbschatten schätzen.

Blattpflanzen: *Begonia boweri* und *B. rex* (Blattbegonien)
Blütenpflanzen: *Browallia speciosa* (Browallie) • *Campanula isophylla* (Glockenblume) • *Catharanthus roseus* (Madagaskar-Immergrün) • *Impatiens walleriana* (Fleißiges Lieschen) • *Jasminum polyanthum* (Jasmin) • *Miltoniopsis*-Hybriden (Stiefmütterchen-Orchidee)
Große Pflanzen: *Chrysalidocarpus lutescens* (Goldfruchtpalme, Arecapalme) • *Ficus benjamina* (Birkenfeige)

Badezimmer

Obwohl Luftfeuchtigkeit und Temperatur schwanken, ist das Badezimmer ein hervorragender Standort für Pflanzen, die eine warme, feuchte Atmosphäre brauchen.

Badezimmer haben oft kleine Fenster – gewöhnlich aus Matt- oder Riffelglas –, durch die nur wenig Licht fällt. Das Fensterbrett ist ein idealer Platz für Pflanzen, die zwar helles, aber kein direktes Sonnenlicht schätzen. Da der Platz dort häufig Mangelware ist, bieten sich Pflanzen mit überhängenden Trieben in Blumenampeln oder Töpfe in Wandhalterungen an.

Blattpflanzen: *Adiantum raddianum* (Frauenhaarfarn) • *Asplenium nidus* (Nestfarn) • *Calathea makoyana* (Korbmarante) • *Cyperus alternifolius* (Zypergras) • *Maranta leuconeura* (Marante, Pfeilwurz) • *Nephrolepis exaltata* (Schwertfarn)
Blütenpflanzen: *Saintpaulia*-Hybriden (Usambaraveilchen) • *Streptocarpus*-Hybriden (Kap-Primel, Drehfrucht)
Ampelpflanzen: *Syngonium podophyllum* (Purpurtute) • *Schlumbergera* x *buckleyi* (Weihnachtskaktus)

Wintergarten

Helligkeit und Wärme machen den Wintergarten zum idealen Standort für exotische und dekorative Zimmerpflanzen. Solitärpflanzen und grüne Kletterer finden dort genügend Platz, um sich in ihrer ganzen Pracht entfalten zu können. Eine leistungsfähige Lüftung und effektive Schattierungsmöglichkeiten sind jedoch unerläßlich, um die Temperatur im Hochsommer erträglich zu halten.

Blattpflanzen: *Ananas comosus* var. *variegatus* (Zierananas) • *Caladium bicolor* (Kaldadie, Buntblatt, Buntwurz)
Blütenpflanzen: *Bougainvillea* (Bougainvillea) • *Citrus limon* (Zitronenbäumchen) • *Passiflora caerulea* (Passionsblume) • *Nerium oleander* (Oleander) • *Plumbago auriculata* (Bleiwurz) • *Strelitzia reginae* (Strelitzie, Paradiesvogelblume)

Oben: Der Schwertfarn gedeiht im Badezimmer prächtig. Dort findet er genau die Feuchtigkeit und Wärme vor, die er braucht.

Unten: Ein heller Wintergarten mit seiner hohen Luftfeuchtigkeit wird von exotischen Pflanzen in ein subtropisches Paradies verwandelt.

Pflanzen arrangieren

ZIMMERPFLANZEN dienen dazu, das eigene Heim zu verschönern und interessant zu gestalten. Man sollte ihnen einen Standort zuweisen, an dem die Pflanzen gut gedeihen, an dem man sich aber auch an ihrem Anblick erfreuen kann.

Pflanzengruppen

Zimmerpflanzen stehen oft einzeln – mehr oder weniger zufällig im Raum verstreut. Eine größere Wirkung kann jedoch erzielt werden, wenn man Pflanzen gruppiert. Wenn die Pflanzen in Gruppen stehen, bildet sich ein feuchtes Mikroklima, das das Wachstum fördert.

Wählen Sie für Ihre Ensembles Pflanzen aus, die dieselben Ansprüche an Licht, Temperatur und Luftfeuchtigkeit stellen. Wenngleich Sie ein wenig Intuition und Geschmack brauchen, um das Arrangement zusammenzustellen, sind dabei auch einige Grundregeln zu beachten: Immergrüne Blattpflanzen sollten das Rückgrat eines Ensembles bilden, wobei ein oder zwei panaschierte Sorten Helligkeit und Kontrast liefern. Allzu viele unterschiedlich geschechte Varietäten wirken unruhig.

Die Abwechslung von Blattformen und Strukturen macht eine Pflanzengruppe erst interessant. Die spitzen, aufrechten Blätter der *Dracaena*, die daunenartigen Triebe von *Asparagus densiflorus* 'Myerii', Farne, deren filigran gefiederte Blätter an kostbare Spitze erinnern, die knittrig gewellten, herzförmigen Blätter des Zwergpfeffers (*Peperomia caperata*) – die Auswahl an Gewächsen, mit denen sich experimentieren läßt, ist nahezu unerschöpflich. Blühende Pflanzen sind stärker saisongebunden. Sie können auf dem Höhepunkt ihrer Blütezeit zu einer Gruppe von Grünpflanzen gestellt und später ersetzt werden.

Eine der ästhetischsten Formen für ein Ensemble aus Topfpflanzen ist das Dreieck, dessen Spitze eine hohe, aufrecht wachsende Pflanze bilden sollte. Wenn gerade keine passende Pflanze zur Hand ist, können Sie einen der Töpfe weiter oben postieren, um Ihrem Arrangement die nötige Höhe zu verleihen. Einer der

Vorzüge von Pflanzengruppen liegt in der Möglichkeit, derartige Manipulationen elegant zu kaschieren. Unzulänglichkeiten wie schiefer Wuchs oder unten verkahlte Stämme lassen sich auf diese Weise ebenfalls leicht verbergen. Alternativ können Sie sich von der Form der Pflanzen zur Form des Ensembles inspirieren lassen und beispielsweise ein kreisförmiges Arrangement aus rundblütigen Pflanzen wie Margeriten oder Usambaraveilchen gestalten.

Töpfe tragen erheblich zum Gesamtbild einer Pflanzengruppe bei. Einfache, funktionale Töpfe können in einem dekorativeren Gefäß aus Porzellan oder Kupfer oder einem speziellen Blumenständer versteckt werden.

Links: In einem Drahtkorb kommen Gloxinien (Sinningia speciosa) mit ihren großen Blättern und leuchtenden Farben gut zur Geltung. Der beste visuelle Eindruck entsteht, wenn die Pflanzen in Gruppen zusammengestellt werden.

Oben: Ein klassisches Arrangement in Dreiecksform aus Bromelien, Klivie und Osterkaktus in einer flachen Schale mit großen Kieselsteinen paßt hervorragend zur Atmosphäre eines modern eingerichteten Raumes.

Plätze für Pflanzen

Ehe man sich Pflanzen ins Haus holt, sollte man sich überlegen, wo sie stehen sollen. Im Anschluß daran wählt man die aus, die zu den vorgesehenen Plätzen passen und dort auch gedeihen.

Kamin: Ein offener Kamin ist der zentrale Blickfang eines Raumes und somit der ideale Platz für ein eindrucksvolles Pflanzenarrangement im Sommer. Weil die Lichtverhältnisse dort eher schlecht sind, sollten Sie die Pflanzen gelegentlich an einen helleren Platz stellen und von Zeit zu Zeit durch andere ersetzen. Aus Sicherheitsgründen und zum Wohl der Pflanzen muß das Ensemble beiseite gestellt werden, wenn Feuer im Kamin brennt.

Boden-Arrangements: Größere Pflanzen und Pflanzengruppen wirken besonders, wenn sie auf dem Boden plaziert werden. Obwohl die Versuchung groß ist, ein üppiges Arrangement in eine Ecke zu stellen, sollte man prüfen, ob das Licht dort ausreicht: Ecken sind gewöhnlich nur schwach ausgeleuchtet. Ein Platz in der Nähe großer Fenster oder Terrassentüren ist dagegen ideal.

Wände: Kletternde oder hängende Pflanzen machen sich in an der Wand befestigten Töpfen oder in Ampeln besonders gut. Sie können zum Beispiel in schmalen Hausfluren oder Treppenhäusern angebracht werden. Um zu verhindern, daß Tropfen Wände und Möbel verschmutzen, verwendet man beim Gießen eine Kanne mit eingebautem Tropfenfänger.

Blumenständer und Sockel: Eine andere Möglichkeit, Pflanzen mit hängenden Trieben aufzustellen, bieten Blumenständer. Eine weit ausladende Pflanze wie der Schwertfarn zieht in einem stilvollen Übertopf auf einem Sockel alle Blicke auf sich. Plazieren Sie ihn aber so, daß er nicht heruntergestoßen werden kann.

Fensterbrett: Viele Gewächse fühlen sich auf einem sonnenbeschienenen Fensterbrett wohl. Jene aber, die kein direktes Sonnenlicht vertragen, werden dort versengt. Eine Tüllgardine oder ein Rollo aus transparentem Stoff streut das Licht.

Bei einer Fensterbank direkt über einem Heizkörper kann die aufsteigende, trockene Warmluft zum Problem werden: Stellen Sie die Pflanzen in eine Schale voll feuchter Kiesel, um die Luftfeuchtigkeit zu erhöhen. Die Temperatur auf dem Fensterbrett ist oft niedriger als im übrigen Raum. In kalten Nächten ist dies nicht der richtige Platz für zarte Pflanzen, denen Temperaturstürze Schwierigkeiten bereiten.

Tisch: Ein kleiner Beistelltisch bringt die Pflanzen auf Blickhöhe, so daß Sie sich auch im Sitzen daran erfreuen können. Es hat sich auch bewährt, eine Gruppe von mehreren Pflanzen in einem großen, flachen Gefäß zusammenzustellen. Versuchen Sie, Ihre Pflanzen vor einem möglichst ruhigen Hintergrund zu plazieren: Dort kommen sie besser zur Geltung als im hellen Licht und vor dem unruhigen Hintergrund eines Fensters. Eine neutrale Wandgestaltung bietet eine bessere Kulisse als eine bunte Tapete.

Unten: Ein schöner Kamin stellt auch im Sommer einen Blickfang dar, wenn Öffnung und Sims mit Pflanzen geschmückt sind.

Rechts: Ein Durchgang oder Treppenabsatz mit etwas Seitenlicht durch ein Fenster ist der ideale Platz für Topfpflanzen in Wandhalterungen.

3
PFLANZEN-PFLEGE

PFLANZGEFÄSSE
◆
SUBSTRATE UND UMTOPFEN
◆
GIESSEN
◆
DÜNGEN
◆
SCHNEIDEN
◆
STÜTZEN
◆
PFLANZEN VERMEHREN
◆
SPEZIELLE KULTURVERFAHREN

Pflanzgefäße

AN IHREN NATÜRLICHEN STANDORTEN haben Pflanzen einen großen Vorrat an Erde zur Verfügung, dem sie Wasser und Nährstoffe entziehen und in dem sie ein Wurzelsystem ausbilden, das ihnen Standfestigkeit verleiht. Zimmerpflanzen finden jedoch ganz andere Bedingungen vor: Sie sind auf Gefäße angewiesen, die nur eine relativ geringe Menge an Erde oder an handelsüblichem Substrat enthalten. In diesen beengten Pflanzgefäßen wachsen zu müssen stellt die Pflanzen vor allerlei Probleme – deshalb ist die Wahl der richtigen Töpfe von entscheidender Bedeutung für die Gesundheit der Pflanzen. Die Grundvoraussetzungen sind, daß der Topf die passende Größe sowie eine sinnvolle Form aufweist und überschüssiges Wasser problemlos ablaufen kann.

Größe

Die Gefäßgröße hängt von der Größe der Pflanze ab. Der Topf sollte genügend Substrat fassen, damit die Pflanze ausreichend Wasser aufnehmen kann. Ist der Topf zu klein, muß die Pflanze häufig gegossen werden – eventuell mehrmals täglich –, um zu verhindern, daß sie welkt. Die Größe eines Pflanzgefäßes wird mit dem Durchmesser der Oberkante oder mit seinem Fassungsvermögen angegeben.

Die Pflanze sollte in dem Gefäß ein Wurzelsystem entwickeln können, das ihrem oberirdischen Wachstum entspricht. Pflanzen haben unterschiedliche Wurzelformen, denen man individuell gerecht werden muß: Flachwurzler wie bestimmte Kakteen und Alpenpflanzen wachsen in einer niedrigen Schale besser als in einem tiefen Topf.

Größe und Form des Topfes beeinflussen auch die Standfestigkeit der Pflanze. Wird die Pflanze im Verhältnis zum Topf zu groß, kann sie umkippen – besonders, wenn das Substrat trocken oder sowieso schon sehr leicht ist.

Form

Der typische Blumentopf – gewöhnlich rund, obwohl auch Töpfe mit quadratischem oder achteckigem Grundriß gebräuchlich sind – weist eine mehr oder weniger standardisierte Form auf. Die Höhe des Topfes entspricht ungefähr seinem oberen Durchmesser oder ist ein wenig geringer. Der Topf verjüngt sich nach unten hin zu etwa zwei Dritteln des oberen Durchmessers. Diese Form ermöglicht ein gutes Wurzelwachstum und erleichtert das Umtopfen. Sie können diese funktionalen Töpfe in dekorative Übertöpfe stellen.

Im Handel sind viele Formen erhältlich: flache Schalen und halbhohe Töpfe, kompakte Gefäße, besonders tiefe Töpfe, Tröge, Kübel und vieles mehr. Vermeiden Sie Gefäße, deren Hals schmaler ist als irgendeine Stelle darunter – dann ist es normalerweise unmöglich, die Pflanze in einen größeren Topf umzusetzen, ohne das Wurzelsystem zu schädigen.

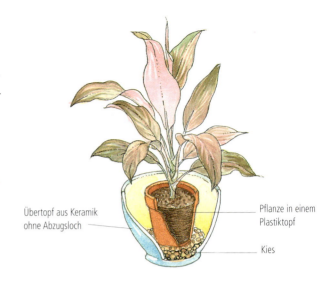

Oben: Die Größe und Form des Topfes, den Sie für Ihre Pflanze verwenden, ist ganz entscheidend. Zudem muß der Topf Abzugslöcher im Boden aufweisen. Diese funktionalen Pflanzgefäße können in einem dekorativen Übertopf versteckt werden. Denken Sie aber daran, den inneren Topf auf ein Kiesbett zu stellen, damit das Wasser abfließen kann.

Pflanzgefäße 159

Oben: Tontöpfe haben normalerweise ein zentrales Abzugsloch, das mit Tonscherben abgedeckt werden sollte, damit es nicht verstopft wird. Es gibt zwei Arten von Kunststofftöpfen: Die eine weist mehrere Löcher am Rand des Bodens auf, die andere – und das ist das wirkungsvollste System – verfügt über Löcher, die in zwei Etagen angeordnet sind.

TON ODER KUNSTSTOFF?

Einfache Blumentöpfe bestehen aus Ton oder Kunststoff. Kunststoff ist im allgemeinen beliebter, weil er billig, leicht und relativ robust ist. Kunststofftöpfe sind in vielen Farben erhältlich. Tontöpfe wirken angenehm altmodisch, sind aber schwer und zerbrechlich. Da sie porös sind, werden die Pflanzen darin seltener zu stark gegossen. Andererseits speichern Kunststofftöpfe die Feuchtigkeit besser, so daß seltener gegossen werden muß. Als einzige Zimmerpflanze wird die Azalee *(Rhododendron simsii)* in einem Tontopf verkauft.

Drainage

Alle Pflanzgefäße sind auf Abzugslöcher im Boden angewiesen. Tontöpfe haben meist ein einziges Loch in der Mitte, Kunststofftöpfe eine Reihe von Löchern am Rand des Bodens. Manche Plastiktöpfe sind mit einem zweistufigen Drainagesystem ausgestattet: Löcher am unteren Rand der Topfwand sowie im Boden. Gefäße ohne Abzugslöcher verwendet man nur als Übertöpfe.

Links: Nahezu jedes attraktive Gefäß kann auch als Pflanzenübertopf dienen: Holzkisten, Tröge, Körbe aus Weide oder Stroh, Metallkübel, handelsübliche Übertöpfe sowie Schalen aus Keramik oder Glas. Sie sollten allerdings darauf achten, daß der Topf die richtige Größe hat und zu der Pflanze paßt.

Substrate und Umtopfen

DIE MEISTEN ZIMMERPFLANZEN sind beim Kauf zwar noch ziemlich klein, wachsen in der Folge jedoch stetig weiter. Damit die Pflanzen ein gesundes Wachstum durchlaufen können, müssen sie umgetopft werden. Die zwei wichtigsten Substrate für Zimmerpflanzen sind Einheitserde oder ein Torfkultursubstrat. Wofür Sie sich entscheiden, ist Geschmackssache – manche Pflanzen bevorzugen jedoch eines der beiden Substrate. Beide Typen sind als Aussaat- und als Anzuchtsubstrat mit geringer Nährstoffdichte (siehe Seite 170) sowie als Topfpflanzensubstrat erhältlich, das vorgedüngt ist und vor allem für größere Pflanzen verwendet wird.

Einheitserde

Einheitserde

Einheitserde wird aus Lehm mit Zusätzen von Torf, Sand und verschiedenen Nährstoffen hergestellt und in unterschiedlichen Variationen angeboten: Während der Typ P relativ schwach gedüngt ist, eignet sich der etwas stärker gedüngte Typ T in erster Linie für große und kräftige Pflanzen.

Einheitserde sieht aus wie Gartenerde. Sie ist relativ schwer, was ihre Beschaffung und das Arbeiten mit ihr zuweilen zum Kraftakt werden läßt. Doch ihr Gewicht erweist sich gerade bei großen Pflanzen als Vorteil, da diese zusätzliche Standfestigkeit benötigen. Wird die Erde jedoch zu fest angedrückt, können die Wurzeln darunter leiden. Einheitserde ist mit einem lang anhaltenden Düngervorrat ausgestattet, wasserdurchlässig und hält die Feuchtigkeit zurück.

Torfkultursubstrate

Torfkultursubstrate, kurz TKS genannt, basieren hauptsächlich auf Weißtorf. Da der Torfabbau aber ökologisch bedenklich ist, sind seit einiger Zeit auch Alternativprodukte im Handel. Das bekannteste besteht aus Kokosfasern. Torfkultursubstrate haben ein geringes Gewicht und lassen sich sauber und angenehm verarbeiten. Die Qualität dieser Substrate ist ziemlich konstant, doch weil sie arm an Nährstoffen sind, müssen die Pflanzen schon bald gedüngt werden – etwa einen Monat nach dem Umtopfen. Wegen ihres geringen Gewichts eignen sich Torfkultursubstrate nicht für große Pflanzen, die ihre Standfestigkeit verlieren und umkippen

SUBSTRATE

Für verschiedene Pflanzenarten hält der Fachhandel spezielle Substrate bereit.

 Orchideensubstrat eignet sich für Epiphyten, die auf Bäumen wachsen. Hierzu zählen einige Bromelienarten und Orchideen.

 Kakteenerde besteht aus grobkörnigem Sand und eignet sich für Kakteen, die von Natur aus unter Wüstenbedingungen wachsen.

 Azaleenerde wird für Kamelien, Azaleen *(Rhododendron simsii)* und Glockenheide *(Erica hiemalis)* verwendet, die keinen Kalk vertragen.

 Spezialerde für Usambaraveilchen enthält genau die richtige Düngerkombination, damit die Pflanzen üppig blühen.

 Bonsai-Substrat besteht aus Blumenerde mit Zusätzen von Sand und Torf oder Tongranulat, die für eine gute Entwässerung sorgen.

 Torfkultursubstrat (TKS), das weder Lehm noch Ton enthält, ist in unterschiedlichen Düngestufen erhältlich.

 Einheitserde ist die bekannteste Blumenerde. Sie wird als Markenerde von verschiedenen Herstellern angeboten.

Oben: Verwenden Sie sowohl für Jungpflanzen als auch für größere Zimmerpflanzen nur Qualitätssubstrate. Für die Aussaat oder das Bewurzeln von Stecklingen hat sich spezielles Anzuchtsubstrat bewährt.

können, sobald das Substrat austrocknet. Trockenes Torfkultursubstrat zu durchfeuchten ist nicht einfach, da das Wasser an der Oberfläche abperlt. Dem wirkt bei vielen Markensubstraten ein Zusatz von Netzmitteln, Perlite oder Tongranulat entgegen.

Umtopfen

Beim Umtopfen werden Pflanzen mit zusätzlichem Substrat umgeben, dem sie dann Nährstoffe und Wasser entziehen können, und die Wurzeln bekommen mehr Platz, um sich auszubreiten. Große Pflanzen erhalten mehr Balance und Stabilität. Pflanzen sollten umgetopft werden, wenn die Wurzeln den alten Topf ausfüllen und durch das Abzugsloch nach außen wachsen.

Verwenden Sie beim Umtopfen ein ähnliches Substrat wie bisher und einen Topf, der ein- bis zweimal so groß wie der alte ist. Es bekommt der Pflanze nicht, in einen erheblich größeren Topf umgesetzt zu werden: Das Substrat wird dann sauer und staunaß, ehe es richtig durchwurzelt ist.

Am besten topft man eine Pflanze kurz vor ihrer Wachstumsphase um – im Frühjahr oder Frühsommer. Für Pflanzen dagegen, die ihre Ruhephase im Sommer einlegen, ist der Spätsommer oder der Frühherbst die richtige Zeit für einen neuen Topf.

Oben: Die Wurzeln einer Pflanze, die in einen größeren Topf umgesetzt wird, füllen den alten Topf aus. In einem größeren Topf können sich die Wurzeln ausbreiten und die Pflanze wächst wieder besser.

UMTOPFEN

Wenn die Wurzeln durch das Abzugsloch des Topfes nach außen wachsen, sollten Sie die Pflanze umtopfen.
1. Auf den Boden des neuen Topfes legen Sie eine Schicht Tonscherben und bedecken sie mit etwas Substrat.

2. Halten Sie die Pflanze fest. Drehen Sie den Topf um und klopfen Sie den Rand gegen eine Kante.
3. Entfernen Sie den Topf.
4. Setzen Sie die Pflanze in den neuen Topf und füllen Sie seitlich Substrat auf.

5. Bedecken Sie die Oberfläche mit frischem Substrat, wobei Sie einen Gießrand von etwa 1,25 cm aussparen.
6. Gießen Sie soviel Wasser an, daß es aus dem Abzugsloch läuft. Lassen Sie den Topf nicht im Wasser stehen.

Neue Erde in den alten Topf

Nach einiger Zeit erreichen manche Pflanzen ein Stadium, in dem ein erneutes Umpflanzen in einen größeren Topf nicht mehr sinnvoll ist: Die Pflanzen würden den verfügbaren Raum binnen kurzem erneut ausfüllen. Gleichzeitig brauchen sie jedoch frisches Substrat, um gesund zu bleiben.

Zudem müssen die Wurzeln einiger Pflanzen – etwa die der Klivie – fest im Topf eingeschlossen sein, damit sich die Blüten gut entwickeln. In diesen Fällen ist ein Umtopfen erst notwendig, wenn die Wurzeln auf der Substratoberfläche erscheinen.

Wenn Sie eine Pflanze in einen Topf derselben Größe wie bisher einsetzen wollen, entfernen Sie sie zunächst aus dem Pflanzgefäß (siehe Seite 161). Anschließend bröckeln Sie einen Teil der vorhandenen Erde rund um den Wurzelballen ab und ersetzen ihn durch frisches Substrat desselben Typs.

Bei allen Methoden des Umtopfens können Sie Langzeitdünger in Granulatform unter das neue Substrat mischen, um die Pflanze mit einem mehrere Monate anhaltenden Vorrat an zusätzlichen Nährstoffen zu versorgen.

Wenn es nicht möglich ist, die Pflanzen in einen Topf gleicher Größe umzusetzen, entfernen Sie etwas alte Erde von der Oberfläche des Topfes und ersetzen diese durch frisches Substrat.

Drücken Sie die Erde mit den Händen gut an, um zu verhindern, daß Luftkammern entstehen. In schwierigen Fällen schieben Sie einen Stab seitlich im Topf nach unten, um das Substrat bis zum Topfboden hinunter anzudrücken.

Vorsichtig umtopfen

Wenn Sie eine Pflanze umtopfen oder die alte Erde an der Oberfläche des Topfes ersetzen, müssen Sie sehr vorsichtig mit den Wurzeln umgehen – sind diese erst einmal abgeknickt, kann die Gesundheit der Pflanze leiden. Rankende oder überhängende Pflanzen müssen besonders behutsam behandelt werden, damit die Triebe nicht verletzt werden oder abbrechen.

Nähern Sie sich stachligen Pflanzen nur mit größter Vorsicht: Einige haben extrem spitze Blätter oder Stacheln. Kaktusdornen können schmerzhafte Verletzungen verursachen, wenn sie in der Haut steckenbleiben.

UMTOPFEN IN DEN ALTEN TOPF

Auch wenn Sie Ihre Pflanze im selben Topf lassen wollen, müssen Sie das Substrat von Zeit zu Zeit austauschen.
1. Nehmen Sie die Pflanze heraus und legen Sie den Wurzelballen frei. Wenn Wurzeln verfault oder abgestorben sind, schneiden Sie sie ab.
2. Mischen Sie frisches Substrat mit Langzeitdünger. Dann geben Sie zunächst eine Schicht groben Kies auf den Boden des alten Topfes und bedecken ihn mit Erde. Setzen Sie die Pflanze ein und füllen Sie rundherum frische Erde auf.

GROSSE PFLANZEN IN DEN ALTEN TOPF SETZEN

Große Pflanzen lassen sich manchmal nur schwer umtopfen.
1. Wenn die Pflanze nicht umgedreht werden kann, fahren Sie mit einem langen Messer oder einem dünnen Holzstück einmal zwischen Erde und Topfwand rundherum, um den Wurzelballen zu lösen.
2. Legen Sie die Pflanze auf die Seite, klopfen Sie eventuell mehrmals auf den Topf und ziehen Sie ihn vom Wurzelballen ab. Setzen Sie die Pflanze – wie oben beschrieben – ein.

DIE OBERSTE ERDSCHICHT ERNEUERN

Wenn eine große Pflanze nicht aus ihrem Topf genommen werden kann oder bereits in einem Gefäß der gewünschten Größe wächst, können Sie die oberste Erdschicht erneuern, anstatt die Pflanze umzutopfen.
1. Kratzen Sie mit einer Gartenkralle oder einer alten Gabel soviel Erde wie möglich von der Oberfläche ab. Achten Sie darauf, daß Sie dabei weder die Wurzeln noch den Stamm der Pflanze beschädigen.
2. Füllen Sie den Topf mit frischem Substrat desselben Typs auf, dem Sie zuvor einen Langzeitdünger beigemischt haben. Wässern Sie die Pflanze und fügen Sie weiteres Substrat hinzu, wenn die Erde sich unter das alte Niveau gesetzt hat.

UMGANG MIT SCHWIERIGEN PFLANZEN

Empfindliche Pflanzen:
Pflanzen mit rankenden Trieben oder empfindlichen Stengeln, die leicht abbrechen, lassen sich nur schwer umtopfen. Leichter geht es, wenn Sie die Pflanzen zuvor in Papier wickeln, um sie zu schonen.

1. Legen Sie die Pflanze auf die Seite, so daß die Triebe auf einem Blatt Zeitungspapier oder auf einem Bogen Packpapier oder Noppenfolie ruhen.
2. Falten Sie diese Umhüllung vorsichtig, aber fest trichterförmig um die Triebe und fixieren Sie sie mit Klebeband.

Pflanzen mit Stacheln oder Dornen:
Tragen Sie beim Umtopfen von stachligen oder dornigen Pflanzen Gartenhandschuhe (a) oder legen Sie einen Papierstreifen um die Pflanze. Halten Sie die Enden des Streifens fest und schieben Sie den Topf vorsichtig vom Wurzelballen (b).

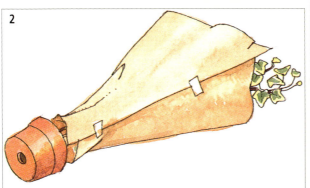

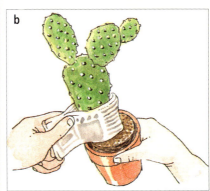

Gießen

FEHLER BEIM GIESSEN sind die häufigste „Todesursache" bei Zimmerpflanzen, die in einer unnatürlichen Umgebung, fern von ihrer ursprünglichen Heimat, in kleinen Gefäßen und beheizten Räumen wachsen. Da in einem Blumentopf nur geringe Mengen an Erdreich rund um die Wurzeln verteilt sind, kann sich schon die kleinste Nachlässigkeit beim Gießen verheerend auswirken.

Die Pflanzen, mit denen wir unsere Wohnungen dekorieren, stammen aus allen Teilen der Welt, wo sie unter völlig verschiedenen Bedingungen wachsen. Einige sind in heißen, trockenen Wüstenzonen heimisch und begnügen sich mit geringen Mengen an Feuchtigkeit. Andere hingegen sind im tropischen Regenwald zu Hause, wo sie sich in einer feuchten, dunstigen Atmosphäre entwickeln. Im „Lexikon der Zimmerpflanzen" (Seite 12–143) erfahren Sie, wieviel Wasser die jeweilige Pflanze benötigt.

Wasser erhält den Turgor (Zellinnendruck) der Pflanzenzellen aufrecht. Ohne eine ausreichende Menge an Wasser verlieren diese ihre Form – das pflanzliche Gewebe erschlafft. Wenn eine Pflanze welkt, ist dies das erste Anzeichen dafür, daß ihr Wasserhaushalt nicht in Ordnung ist. Die häufigste Ursache hierfür ist Wassermangel an den Wurzeln. Welke kann aber auch durch zuviel Wasser bedingt sein. Die Wurzeln brauchen Luft und Wasser – sie sterben ab, wenn das Substrat unter Wasser steht. Die Symptome ähneln denen bei Wassermangel: Blätter und Triebe welken. Ob Staunässe oder Wassermangel für den Zustand der Pflanze verantwortlich ist, läßt sich herausfinden, indem man mit dem Finger prüft, ob das Substrat zu trocken oder zu naß ist.

WASSERVERSORGUNG

Gießen Sie Ihre Zimmerpflanzen mit kühlem oder lauwarmem Leitungswasser. Wenn das Wasser stark mit Chemikalien behandelt ist, sollten Sie es kurze Zeit stehenlassen, damit Stoffe wie Chlor sich verteilen können. Selbst in Gegenden mit sehr hartem Wasser schadet der Kalk im Leitungswasser den Pflanzen normalerweise nicht. Wenn Sie möchten, können Sie jedoch für Pflanzen, die sauren Boden bevorzugen – etwa Azaleen und Erika –, abgekochtes und wieder abgekühltes Wasser verwenden. Gießen Sie allerdings nicht mit Wasser, das mit Chemikalien entkalkt wurde – es könnte Mineralien enthalten, die den Pflanzen schaden.

SO GIESSEN SIE RICHTIG

Von oben gießen:
Pflanzen können von oben oder von unten gegossen werden. Normalerweise wird das Wasser aus einer Gießkanne auf die Oberfläche des Substrates gegossen (a). Falls nötig, halten Sie die Blätter mit einer Hand vor dem Wasserstrahl zurück.

Wasser hinterläßt Flecken auf den Blättern. Wenn die Pflanze in direktem Sonnenlicht steht, wirken die Tropfen wie ein Brennglas und verbrennen die Oberfläche der Blätter. Auf den Blüten verursachen Wasserspritzer braune Flecken.

Von unten gießen:
Pflanzen wie Usambara- oder Alpenveilchen werden von unten gewässert, da sie zu Fäulnis neigen, wenn Wasser auf das „Herz" der Pflanze gelangt. Auch Pflanzen, deren Blattrosetten die Substratoberfläche vollständig bedecken, lassen sich auf diese Weise leichter bewässern.

Gießen Sie Wasser in den Untersetzer und lassen Sie den Topf 10–30 Minuten lang darin stehen, so daß das Substrat die nötige Menge aufnehmen kann. Schütten Sie übriggebliebenes Wasser weg (b).

Erste Hilfe bei Ballentrockenheit:
Wenn eine Pflanze völlig ausgetrocknet ist, stellen Sie den Topf bis zur Oberkante in eine Schüssel voll Wasser. Gießen Sie zudem die Substratoberfläche, um die Wasseraufnahme von oben und von unten zu fördern. Besprühen Sie das Laub.

Wenn das Substrat durchfeuchtet ist, nehmen Sie den Topf aus der Schüssel und lassen überschüssiges Wasser ablaufen. Entfernen Sie alle trockenen Blätter und schneiden Sie die Triebe eventuell bis zur Erde zurück.

Der richtige Zeitpunkt zum Gießen ist gekommen, wenn die Oberfläche des Substrats nur noch leicht feucht ist. Sie können den Topf anheben, um sein Gewicht zu prüfen und so festzustellen, ob die Erde trocken ist. Oder Sie stecken eine Gießhilfe in die Erde, die sich bemerkbar macht, wenn das Substrat einen bestimmten Grad von Trockenheit erreicht hat. Manche dieser Anzeiger wechseln die Farbe, andere melden sich hörbar.

Rechts: Mit einem Indikatorstreifen, der in die Erde gesteckt wird, läßt sich feststellen, ob eine Pflanze Wasser braucht. Eine Markierung zeigt an, wie weit der Streifen in das Substrat gesteckt werden soll. Wenn die Bodenfeuchtigkeit einen bestimmten Grad unterschreitet, erscheint eine bestimmte Farbe auf dem Streifen. Manche dieser Indikatoren tragen Tropfensymbole, die bei Trockenheit die Farbe wechseln.

WIEVIEL WASSER?

Sparsam gießen:
Pflanzen aus trockenen Regionen brauchen nur wenig Wasser.
1. Schieben Sie ein Stäbchen innerhalb des Topfrandes nach unten, um festzustellen, wie feucht das Substrat ist. Es sollte bis zum nächsten Gießen bis zur halben Topfhöhe getrocknet sein. Sie können das Substrat aber auch völlig austrocknen lassen.
2. Gießen Sie nur so viel, daß die Erde bis zum Topfboden durchfeuchtet wird.

Mäßig gießen:
Die meisten Zimmerpflanzen benötigen mäßige Wassergaben.
1. Gießen Sie so viel, daß das Substrat bis zum Topfboden durchfeuchtet ist und ein wenig überschüssiges Wasser in den Untersetzer abfließt.
2. Lassen Sie den Topf etwa 30 Minuten lang im Wasser stehen. Dann schütten Sie den Rest weg. Bevor Sie das nächste Mal gießen, sollte sich die Oberfläche des Substrates trocken anfühlen.

Großzügig gießen:
Pflanzen, die es naß lieben, müssen häufiger gegossen werden. Das Substrat sollte ständig feucht, aber nicht durchnäßt sein. Nur wenige Zimmerpflanzen vertragen es, wenn ihre Wurzeln ständig im Wasser stehen.
1. Kontrollieren Sie die Substratoberfläche regelmäßig mit den Fingerspitzen.
2. Falls sie sich trocken anfühlt, gießen Sie so viel, daß das Wasser durch den Topfboden abfließt.

1

1

1

2

2

2

Düngen

DURCH ASSIMILATION mit Hilfe von Sonnenenergie sind Pflanzen in der Lage, Kohlendioxyd und Wasser in Zucker umzuwandeln. Die für diesen Prozeß benötigten Mineralstoffe werden normalerweise dem Boden entzogen. Da Zimmerpflanzen jedoch mit einer relativ kleinen Substratmenge auskommen müssen, die nur wenige dieser Mineralien enthält, ist zusätzliches Düngen notwendig, um die Pflanzen gesund und attraktiv zu erhalten.

Die wichtigsten Nährstoffe für Pflanzen sind Stickstoff, Phosphor und Kalium. Jedes dieser Minerale erfüllt eine Funktion im Stoffwechsel der Pflanzen: Stickstoff ist wichtig für das Wachstum von Blättern und Trieben, Phosphor für die Entwicklung des Wurzelsystems und Kalium für die Bildung von Blüten und Früchten sowie für die generelle Widerstandsfähigkeit der Pflanze. Während Kalzium, Magnesium und Schwefel ebenfalls in relativ großen Mengen aufgenommen werden, sind einige andere Mineralstoffe wie Bor, Kupfer, Eisen, Mangan, Molybdän und Zink in nur geringen Mengen notwendig. Von diesen Spurenelementen benötigen die Pflanzen so wenig, daß der im Substrat vorhandene Vorrat in den meisten Fällen ausreicht.

Mineralstoffe im richtigen Verhältnis

Handelsübliche Volldünger enthalten die Hauptmineralstoffe in unterschiedlicher Dosierung. Die Gruppe der wichtigsten Nährstoffe wird im allgemeinen mit NPK (Stickstoff, also Nitrogenium, Phosphor und Kalium) bezeichnet. Der Anteil jedes Stoffes sollte – in dieser Reihenfolge – auf der Verpackung des Volldüngers angegeben sein. Ein Dünger mit der Angabe „NPK 7:7:7" enthält alle drei Stoffe in einem ausgewogenen Verhältnis. Ein Dünger mit einem mehrheitlichen Stickstoffanteil, auf dessen Etikett „NPK 35:10:10" steht, eignet sich beispielsweise für Orchideen, während ein Dünger mit der Bezeichnung „NPK 14:4:22" viel Kalium enthält und für Blütenpflanzen verwendet wird.

Zusätzlich zur NPK-Gruppe enthalten Dünger Spurenelemente. Die Aufnahme einiger dieser Stoffe kann durch andere Mineralien im Substrat beeinflußt werden: Kalk beispielsweise bindet das Eisen im Substrat, so daß es für die Pflanzen nicht mehr verfügbar ist. Das Eisen kann jedoch in Chelat- oder in isolierter Form zugegeben werden, um dieses Problem zu umgehen. In dieser Form ist Eisen gewöhnlich in Spezialdüngern zu bekommen, die oft ausschließlich Spurenelemente enthalten.

Düngemethoden

Obwohl es viele verschiedene Formen von Zimmerpflanzendüngern gibt, ist es wichtig, sich vor Augen zu halten, daß Pflanzen

Unten links: Stickstoffreiche Dünger eignen sich für Pflanzen, die wegen ihres Blattwerks gezogen werden – wie dieser Gummibaum. Mitte: Dünger mit einem hohen Kaliumanteil werden für fruchttragende Pflanzen wie Zwergorangen verwendet. Rechts: Orchideen, Kakteen und Bonsai benötigen einen Spezialdünger.

Düngen 167

Links: Hier sind einige der am häufigsten im Handel angebotenen Zimmerpflanzendünger abgebildet (im Uhrzeigersinn von oben): Blattdünger in einem Zerstäuber, Langzeitdüngergranulat und Düngetabletten, die in die Erde gelöst werden, pulverförmiger Dünger, der in Wasser aufgelöst wird, Düngestäbchen, die in die Erde gesteckt werden, sowie konzentrierter Flüssigdünger, der vor Gebrauch mit Wasser verdünnt werden muß.

DER RICHTIGE ZEITPUNKT ZUM DÜNGEN

Pflanzen brauchen nur dann Dünger, wenn sie aktiv wachsen. Für die meisten Pflanzen ist das die Zeit vom Frühjahr bis zum Herbst; es gibt aber auch Pflanzen, die ihre aktive Wachstumsphase im Winter haben. Kümmerliches Wachstum, vergilbender oder abfallender Blattbestand sowie geringe Blütenbildung können Anzeichen dafür sein, daß die Düngung längst überfällig ist. Folgen Sie den Anweisungen auf der Düngerpackung – die Abstände zwischen den Düngergaben variieren je nach Produkt. Widerstehen Sie der Versuchung, des Guten zuviel zu tun: Zuviel Dünger kann Ihrer Pflanze schaden.

Mineralstoffe nur in gelöster Form aufnehmen können. Das Substrat muß feucht sein, um einen Dünger aufzulösen, der trocken eingebracht wurde.

Pulverförmige Dünger: Pulverförmige Dünger werden vor der Anwendung in Wasser aufgelöst. Einige jedoch können auch auf die feuchte Erdoberfläche gestreut und eingegossen werden. Ein Übermaß an trockenem Dünger schadet den Wurzeln.

Flüssigdünger: Hierbei handelt es sich um konzentrierte Lösungen, die im Gießwasser aufgelöst werden. Sie sind zwar einfacher anzuwenden als pulverförmige Dünger, dafür aber teurer. Alle Dünger, die man in gelöster Form anwendet, werden von der Pflanze rasch aufgenommen und wirken sofort.

Granulate: Dünger in granulierter Form können vor dem Eintopfen dem Substrat beigemischt (siehe Seite 160–163) oder später auf der Oberfläche der Topferde verteilt werden. Die Granulatkörner lösen sich erst mit der Zeit auf. Sie sind leichter zu dosieren und anzuwenden als pulverisierte Dünger.

Stäbchen und Tabletten: Dünger kann auch in Stäbchen- oder in Tablettenform gepreßt und in das Substrat gedrückt werden. So gelangt er in die Nähe der Wurzeln, wo er durch die Bodenfeuchtigkeit allmählich aufgelöst wird.

Langzeitdünger: Diese Dünger – meist in Form von Granulatkörnern, Tabletten oder Stäbchen – zerfallen nach und nach in der Erde und geben dabei über einen längeren Zeitraum hinweg Nährstoffe ab. Eine einmalige Anwendung reicht für ein oder zwei Monate, manchmal sogar für eine ganze Saison. Diese Art von Düngern eignet sich für vielbeschäftigte oder vergeßliche Pflanzenfreunde oder auch für all jene, die es sich nicht zutrauen zu beurteilen, wann ihre Pflanzen gedüngt werden müssen.

Blattdünger: Diese effizienten Dünger werden von den Pflanzen über das Laub aufgenommen, ohne daß die Blätter darunter leiden. Viele Spurenelementdünger werden direkt auf die Blätter aufgebracht. Blattdünger jedoch sollten nie bei Pflanzen mit behaarten Blättern, etwa Usambaraveilchen, eingesetzt werden.

VERSCHIEDENE METHODEN DES DÜNGENS

Ein direkt auf die Blätter einer kränkelnden Pflanze gesprühter Blattdünger wirkt sofort (a). Langzeitdünger in Form von Tabletten, die in die Erde gedrückt werden, versorgen eine guteingewöhnte Pflanze lange Zeit mit Nährstoffen (b). Düngestäbchen sind ein anderes Mittel, um einer Pflanze über Wochen hinweg die notwendigen Mineralien zuzuführen. Stecken Sie die Stäbchen am Topfrand in die Erde, um eine Beschädigung der Wurzeln zu vermeiden (c).

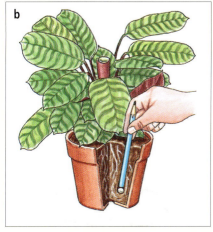

Schneiden und Stutzen

EIN RÜCKSCHNITT im großen Stil ist bei Zimmerpflanzen nur erforderlich, wenn eine Pflanze mit ihrem Wachstum an die Grenzen des vorhandenen Raumes stößt. Im allgemeinen beschränkt sich das Einkürzen jedoch auf das Entspitzen, also auf das Abzwicken der Triebspitzen, um einen buschigen Wuchs zu fördern, sowie auf das Zurückschneiden eines überzähligen Stammes, der die Form der Pflanze aus dem Gleichgewicht bringt.

Entspitzen

Diese Methode soll bei jungen Pflanzen mit einem einzigen Trieb die Entwicklung von Seitentrieben fördern. Bei Pflanzen, die aus Samen gezogen wurden, etwa Fleißige Lieschen oder Pelargonien, müssen die Wachstumspunkte der Sämlinge nach dem dritten oder vierten Blattpaar entfernt werden. Die weichen Triebspitzen lassen sich leicht mit Daumen und Zeigefinger abzwicken. Wenn sich Seitentriebe entwickelt haben, können auch deren Spitzen abgeknipst werden. Diese Behandlung empfiehlt sich bei raschwüchsigen Pflanzen mit weichen Trieben wie *Tradescantia*, *Plectranthus* und *Iresine*. Bei Blütenpflanzen steigert das Entspitzen die Blütenfülle. Die Blüte kann jedoch verzögert oder ganz verhindert werden, wenn zu oft entspitzt wird und dabei die Triebspitzen entfernt werden, an denen sich die Blütenknospen bilden.

Links: Schneiden Sie die sparrigen Triebe älterer Pflanzen im Frühjahr zurück. Blaßgrüne Triebspitzen zeigen an, wo sich neue Triebe entwickeln werden.

Stutzen

Hochgeschossene Pflanzen können im Frühjahr gestutzt werden: Schneiden Sie die Triebe mit einer scharfen Gartenschere direkt über einem Knoten ab, an dem das Blatt am Stamm angewachsen ist. Neue Triebe entwickeln sich aus den Knospen in den Blattachseln. Schneiden Sie über einer nach außen weisenden Knospe: Das hält die Pflanze offen und verhindert, daß sich zu viele Triebe überschneiden. Starkwüchsige Pflanzen können kräftiger zurückgeschnitten werden als langsam wachsende Arten.

Schneiden

Ein kräftiger Schnitt ist fällig, wenn eine Pflanze zu groß oder zu sparrig wird. Pflanzen wie *Monstera*, *Dieffenbachia* und *Tradescantia* verkahlen nach einigen Jahren und werden unansehnlich. Wenn man sie aber etwa 10 cm über der Erde kappt, treiben sie meist neu aus. Die abgeschnittenen Triebe können als Stecklinge eingesetzt werden. Doch nicht alle Pflanzen vertragen einen so drastischen Schnitt: Palmen beispielsweise treiben nicht wieder aus, wenn sie zurückgeschnitten wurden.

Links: Das Abzwicken der Triebspitzen raschwüchsiger Pflanzen mit weichen Trieben hilft dabei, die Pflanzen buschig zu halten, und fördert die Bildung von Blütenknospen.

Unten: Wenn die Triebe von Pflanzen wie Tradescantia *unansehnlich werden, schneidet man sie etwa 10 cm über der Erde ab. Bald darauf erscheinen kräftige, neue Triebe.*

WELKE BLÜTEN ENTFERNEN

Wenn Blüten anfangen, Samen zu bilden, produziert die Pflanze keine weiteren Blüten mehr. Das Entfernen welker Blüten fördert die Bildung weiterer Blüten, hilft Pilzkrankheiten vorzubeugen und erhöht fast immer die Attraktivität der Pflanze. Die Blütenstiele sollten aber sauber abgezwickt werden, wenn möglich genau über einem Knoten. Ausnahmen von dieser Regel stellen Pflanzen dar, die wegen ihrer Früchte gezogen werden (z. B. *Capsicum*), aber auch *Hoya*, deren künftige Blüten aus der Basis der momentan vorhandenen entstehen.

Stützen und Erziehen

KLETTERNDE ZIMMERPFLANZEN sind selbstverständliche Anwärter auf Rankhilfen, doch auch nichtkletternde Pflanzen brauchen bisweilen eine Stütze. Instabile oder von einer Überfülle an Blüten belastete Pflanzen können kippen, wenn sie nicht unauffällig gestützt werden.

Einfache Stützen

Dünne Holz- oder Bambusstäbe können einzeln oder zu mehreren in einen Topf gesteckt werden. Die Stäbe lassen sich mit der Gartenschere leicht auf die richtige Länge zuschneiden. Höhere Pflanzen benötigen eventuell ein kräftigeres Bambusrohr. Befestigen Sie die Triebe mit einer weichen Schnur und einer Schlaufe in Form einer Acht am Stab, um Beschädigungen zu vermeiden, oder winden Sie die Schnur um mehrere Stäbe, um eine Art „Käfig" für die Pflanzentriebe zu formen. Das Laub wird diese Stütze bald überdecken.

Links: Durch zwei Drahtbügel, die über Kreuz in den Topf gesteckt werden, entsteht eine Kugelform.

Bögen

Kletterer wie Jasmin oder *Hoya* werden oft an Drahtbögen aufgebunden. Wenn die Triebe um den Bogen gewunden und nach unten gebogen werden, statt gerade nach oben zu wachsen, fördert dies eine üppige Blüte.

Unten: Holz- oder Bambusstäbe können rund um den Topfrand in die Erde gesteckt und zusammengebunden werden.

Unten: Spaliere sind im allgemeinen fächerförmig und laufen am unteren Ende zu langen Spitzen aus, die in die Erde gesteckt werden.

Moosstäbe

Ein moosbedeckter Stab ist eine dekorative Stütze für Kletterer, die Luftwurzeln entwickeln, beispielsweise *Epipremnum* und *Monstera*. Stecken Sie zwei kurze Holzleisten durch den unteren Teil des Stabes und stellen Sie diesen in einen Topf, der tief genug ist, um die Höhe des Moosstabes auszugleichen. Halten Sie das Moos feucht, indem Sie den Stab häufig einsprühen. Lenken Sie die Luftwurzeln allmählich ins Moos.

Rechts: Ein Moosstab ist die beste Stütze für Kletterer mit Luftwurzeln. Stäbe mit einem Wasserspeicher in der Spitze halten das Moos feucht.

Spaliere

Spaliere aus Holz, Kunststoff oder Draht bieten eine größere Fläche, an der die Pflanzentriebe sich anklammern oder angebunden werden können. Derartige Rankhilfen werden meist in den Topf gesteckt, doch für kräftige und raschwüchsige Kletterer empfiehlt sich ein Spalier, das an der Wand befestigt wird, oder eine freistehende Konstruktion, die auch als Raumteiler dienen kann. Ein großflächiges Spalier sollte an einer festen Grundfläche hinter dem Pflanzgefäß oder an der Wand befestigt werden – die Substratmenge im Topf gibt ihm möglicherweise nicht mehr genügend Halt, wenn das Spalier erst einmal von Blättern bedeckt ist.

Ein Formbäumchen fürs Zimmer

Ein Miniaturformbäumchen fürs Zimmer erhält man, indem man einen Drahtrahmen mit einem in Form gebogenen Kükendraht bedeckt. Lassen Sie einen 5 cm breiten Spalt zwischen Draht und Rahmen frei und füllen Sie ihn mit Sumpfmoos aus. Stecken Sie den Rahmen in einem ausreichend großen Topf in die Erde und pflanzen Sie rundherum Efeu oder Kletterfeige. Halten Sie das Moos feucht.

Rechts: Die Triebe schlängeln sich durch den Kükendraht und bedecken das Drahtgestell. Schneiden Sie die Pflanze, um die Form zu erhalten.

Pflanzen vermehren

VIELE ZIMMERPFLANZEN lassen sich auch von Laien relativ problemlos vermehren. Die notwendige Ausrüstung ist nicht kostspielig: Saubere Töpfe oder Pflanzschalen, am besten mit durchsichtigen Kunststoff-Abdeckungen, sterile Anzuchterde, ein sehr scharfes Gartenmesser oder eine einseitig schneidende Rasierklinge sowie ein Pikierstab genügen. Ein beheizbares Anzuchtbeet rentiert sich, wenn Sie verschiedene Pflanzen vermehren wollen, und ermöglicht es Ihnen, Ihr Glück mit anspruchsvolleren Kandidaten zu versuchen, die besonders viel Wärme und Luftfeuchtigkeit brauchen.

Stecklinge

Die beliebteste Methode zur Vermehrung von Zimmerpflanzen ist das Bewurzeln von Stecklingen: Man schneidet einen Sprossenteil ab und bringt ihn dazu, eigene Wurzeln auszubilden.

Verwendet wird entweder ein Triebstück oder ein Blatt. Einige Pflanzen können auch durch Wurzelabschnitte vermehrt werden, allerdings handelt es sich hierbei vor allem um winterharte Gartengewächse, weniger um Zimmerpflanzen. Viele Pflanzen lassen sich durch Kopfstecklinge vermehren, die im späten Frühjahr oder im Frühsommer am besten Wurzeln bilden.

VERMEHRUNG DURCH KOPFSTECKLINGE

Wählen Sie einen gesunden Trieb ohne Blüten aus. Falls alle in Frage kommenden Triebe Knospen tragen, knipsen Sie diese aus.

1. Zwicken Sie den Trieb sauber ab oder schneiden Sie ihn mit einer scharfen Klinge genau über einem Blattknoten ab.

2. Schneiden Sie den Steckling so zu, daß er drei oder vier Blattpaare behält. Setzen Sie den untersten Schnitt genau unter einem Knoten an und entfernen Sie die unteren Blätter und Blattstiele.

3. Bestäuben Sie den unteren Teil von Stecklingen, die nur schwer Wurzeln bilden, mit Bewurzelungshormonen.

4. Füllen Sie eine Pflanzschale oder einen Topf mit Anzuchterde und drücken Sie das Substrat gut an. Eine dünne Sandschicht auf der Oberfläche erleichtert den Stecklingen die Bewurzelung. Stechen Sie mit dem Pikierstab ein Loch in die Erde und stecken Sie den Steckling hinein. Achten Sie darauf, daß das untere Ende des Stecklings Kontakt zum Substrat hat.

5. Drücken Sie den Steckling an. Verteilen Sie alle Stecklinge so in der Schale, daß sie sich nicht berühren. Wässern Sie die Schale und legen Sie den Deckel darauf.

6. Stellen Sie die Schale an einen warmen Platz (ca. 20° C) mit viel Licht, aber ohne direkte Sonneneinstrahlung. Halten Sie das Substrat feucht. Möglicherweise bilden sich erst nach Wochen Wurzeln – abhängig von der Pflanzenart und der Jahreszeit. Wenn die Jungpflanzen bewurzelt sind, werden sie einzeln eingetopft.

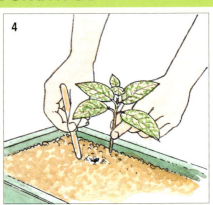
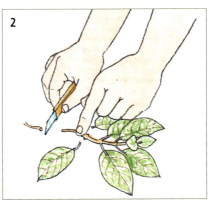

Pflanzen vermehren

VERMEHRUNG DURCH KOPFSTECKLINGE	VERMEHRUNG DURCH BLATTSTECKLINGE
Viele Pflanzen, darunter: *Epipremnum aureum* *Hedera helix* *Hypoestes phyllostachya* *Impatiens walleriana* *Jasminum polyanthum* *Kalanchoe spec.* *Pelargonium*-Sorten *Philodendron spec.* *Solanum diflorum* *Tradescantia fluminensis*	**Ganzes Blatt:** *Begonia* (kleinblättrig) *Peperomia* (kleinblättrig) *Saintpaulia*-Sorten *Sinningia speciosa* **Blattschnittlinge:** *Begonia* (großblättrig) *Peperomia* (großblättrig) *Sansevieria trifasciata* *Sinningia speciosa* *Streptocarpus x hybridus*

Blattstecklinge

Verschiedene Zimmerpflanzen können durch Blätter oder Teile von Blättern vermehrt werden. In diesen Fällen entwickeln sich Wurzeln und Sproß aus den Blattadern oder dem Blattstiel. Wählen Sie ein gesundes Blatt und lassen Sie keine Reste vom Blattstiel zurück: Das könnte Krankheiten fördern.

Oben: Um Pflanzen durch Stecklinge oder Samen vermehren zu können, benötigen Sie Anzuchtschalen und Töpfe für größere Stecklinge. Der Topf sollte mit einer Kunststoffhaube oder mit einer transparenten Plastiktüte abgedeckt werden. Zusätzlich braucht man Anzuchtsubstrat, eine Gießkanne mit einer feinen Brause, ein scharfes Messer und – für bestimmte Pflanzensorten – pulverförmige Bewurzelungshormone.

VERMEHRUNG DURCH BLATTSTECKLINGE

Stecklinge aus dem ganzen Blatt:
1a. Schneiden Sie ein voll entwickeltes, junges Blatt mit einer scharfen Klinge so nah wie möglich am Zentrum der Pflanze ab. Schneiden Sie das Ende des Blattstieles zu und bepudern Sie es eventuell mit Bewurzelungshormonen. Stecken Sie den Stiel in feuchtes Anzuchtsubstrat, so daß das Blatt die Erde nicht berührt. Drücken Sie den Stiel vorsichtig an.

Blattschnittlinge:
1b. Entfernen Sie ein Blatt von der Mutterpflanze. Je nach Blattform können Sie es in Quadrate oder waagerechte Streifen schneiden oder längs dem Zentrum der Mittelrippe spalten. Jeder Blattschnittling muß einen Teil einer Hauptader enthalten. Stecken Sie die Schnittlinge etwa 18 mm tief in eine Mischung aus Torf und scharfem Sand.

Für beide Blattstecklingsarten gilt:
2. Wässern Sie die Anzuchtschalen mit einer Brause und stellen Sie sie an einen warmen Platz ohne direkte Sonneneinstrahlung. Halten Sie das Substrat feucht. Nach sechs bis acht Wochen bringen die Stecklinge neue Pflänzchen hervor. Wenn die Jungpflanzen groß genug sind, teilen Sie die Gruppen vorsichtig und topfen jedes Pflänzchen einzeln ein.

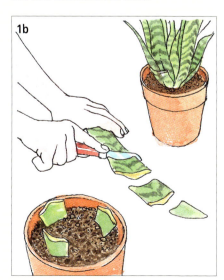

172 PFLANZENPFLEGE

Ableger

Pflanzen können entweder durch Absenker oder durch Abmoosen vermehrt werden. Absenker sind ähnlich wie Stecklinge zu handhaben, verbleiben aber an der Mutterpflanze, bis sie Wurzeln ausgebildet haben. Mittels Absenkern lassen sich Pflanzen vermehren, deren Triebe kriechen oder die an den Triebenden Tochterpflanzen – sogenannte Kindel – hervorbringen.

Abmoosen empfiehlt sich für Pflanzen mit aufrechtem Wuchs: Man schneidet einen Stamm ein und umgibt die Schnittstelle mit Substrat, um das Wachstum von Wurzeln anzuregen. Abgemoost werden Pflanzen, die stark gewuchert sind. Man verwendet dann den Hauptstamm, um eine einzelne, neue Pflanze zu erhalten. Dabei muß ein Stück von der Rinde entfernt und der Stamm mit einem scharfen Messer schräg nach oben angeschnitten werden. Dann bedeckt man die Wunde mit feuchtem Moos (Sphagnum) und schlägt den Stamm in eine Plastiktüte ein, die oben und unten zugebunden wird. Nach und nach wachsen Wurzeln in das Moos. Wenn diese gut entwickelt sind, kann die so entstandene Jungpflanze abgeschnitten und eingetopft werden.

Teilung und Ansaat

Pflanzen können auch durch Teilung vermehrt werden: Eine einzelne Pflanze wird in zwei oder mehr neue Pflanzen geteilt. Diese Methode eignet sich besonders für große Exemplare, die sich nicht noch weiter ausbreiten sollen. In einigen wenigen Fällen ist auch die Anzucht neuer Pflanzen aus Samen erfolgreich.

VERMEHRUNG DURCH ABSENKER

Bei dieser Methode bilden Pflänzchen Wurzeln aus, während sie noch mit der Mutterpflanze verbunden sind.

1. Füllen Sie einen Topf mit feuchter Anzuchterde und stellen Sie ihn zur Mutterpflanze. Wählen Sie einen kräftigen Trieb der Mutterpflanze aus und bringen Sie ihn mit dem Substrat im Topf in Kontakt.

Schneiden Sie eine Kerbe in die Unterseite eines verholzten Triebes oder kratzen Sie ihn mit einem Messer an, um die Wurzelbildung anzuregen.

2. Fixieren Sie den Trieb mit einem U-förmig gebogenen Stück Draht im Topf, so daß seine Unterseite in das Substrat eingebettet ist. Pflanzen, die Kindel an langen Trieben hervorbringen, sind leichter zu handhaben: Ihre Ableger bewurzeln sich rasch, wenn sie mit der Unterseite in das Substrat gesetzt werden.

3. Wenn der Absenker neue Blätter ausgebildet hat, können Sie ihn von der Mutterpflanze abtrennen und in frische Erde einpflanzen.

VERMEHRUNG DURCH TEILUNG

Pflanzen, die Ableger produzieren, können durch Teilung vermehrt werden. Diese Methode bietet sich an, wenn eine Pflanze zu groß wird, aber nicht in einen größeren Topf umgesetzt werden soll.

1. Nehmen Sie die Pflanze aus ihrem Topf und entfernen Sie die Erde. Ziehen Sie die Pflanze auseinander, so daß jeder Teil ein gesundes „Herz" und viele Wurzeln behält. Möglicherweise müssen Sie die einzelnen Jungpflanzen mit einem Messer voneinander trennen.

2. Topfen Sie die Pflanzen ein und stellen Sie sie zunächst in den Schatten.

DURCH ABSENKER ZU VERMEHREN	DURCH ABMOOSEN ZU VERMEHREN	DURCH TEILUNG ZU VERMEHREN	AUS SAMEN ZU ZIEHEN
Chlorophytum comosum (Kindel)	*Codiaeum variegatum*	*Adiantum raddianum*	*Browallia speciosa*
Ficus pumila	*Cordyline fruticosa*	*Anthurium nipponicum*	*Capsicum annuum*
Fittonia albivensis	*Dieffenbachia spec.*	*Aspidistra elatior*	*Celosia argentea*
Glechoma hederacea	*Dracaena spec.*	*Calathea*-Sorten	*Coleus blumei*
Hedera helix	*Ficus elastica*	*Carex brunnea*	*Cyclamen*-Sorten
Hoya carnosa	*Monstera deliciosa*	*Chlorophytum comosum*	*Exacum affine*
Saxifraga stolonifera (Kindel)	*Philodendron spec.*	*Clivia miniata*	*Fuchsia*-Sorten
Tolmiea menziesii (Kindel)	*Schefflera arboricola*	*Hydrangea macrophylla*	*Impatiens walleriana*
		Maranta leuconeura	*Pelargonium*-Sorten
		Pellaea rotundifolia	*Primula*-Sorten
		Pteris cretica	*Senecio* x *hybridus*
		Saintpaulia-Sorten	

SAMEN AUSSÄEN

1. Füllen Sie eine Anzuchtschale oder einen Blumentopf mit Anzuchtsubstrat und drücken Sie dieses mit einem Brett an.

2. Streuen Sie die Samen gleichmäßig auf der Oberfläche aus und bedecken Sie sie mit einer Erdschicht, die so dick ist wie die Samenkörner selbst. Benutzen Sie hierzu ein Gartensieb. Bewässern Sie alles mit einer feinen Brause aus der Gießkanne und decken Sie die Schale mit einer transparenten Kunststoffhaube ab.

3. Stellen Sie die Schale an einen warmen Platz ohne direkte Sonneneinstrahlung und halten Sie das Substrat mittels eines Handzerstäubers oder einer Gießkanne mit feiner Brause feucht.

4. Wenn die ersten Sämlinge erscheinen, stellen Sie die Schale an einen hellen Platz ohne direkte Sonneneinstrahlung. Sobald die Mehrzahl der Samen gekeimt hat, entfernen sie die Abdeckhaube oder öffnen die Lüftungsschlitze vollständig.

5. Wenn die Sämlinge kräftig genug sind, werden sie pikiert: Setzen Sie die Pflänzchen in eine andere Schale oder in einen Topf um. Fassen Sie die Sämlinge immer an den untersten Blättern an, niemals am Sproß selbst.

6. Pflanzen Sie die Sämlinge einzeln in kleine Töpfe, sobald sie drei oder vier Blattpaare hervorgebracht haben. Fassen Sie die Pflanzen an den Blättern an. Vermeiden Sie es, die Wurzeln zu verletzen.

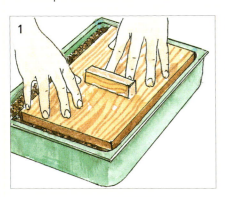

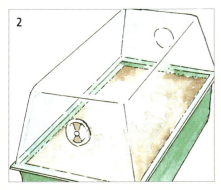

Spezielle Kulturverfahren

ANSTATT Ihre Zimmerpflanzen stets in Blumentöpfe voller Erde zu pflanzen, können Sie zur Abwechslung durchaus einmal auch weniger alltägliche Kulturmethoden ausprobieren.

Geschlossene Gefäße

Pflanzen in einem geschlossenen Glasgefäß sind dekorativ und problemlos zu pflegen. In einem versiegelten Gefäß herrscht ein eigenständiges Mikroklima mit einem kontinuierlichen Feuchtigkeitskreislauf. Es ist jedoch bisweilen schwierig, den richtigen Grad an Feuchtigkeit zu erreichen. Daher lassen manche Pflanzenbesitzer das Gefäß unversiegelt und gießen, sooft es nötig ist. Doch selbst in einem unversiegelten Pflanzgefäß ist die Luftfeuchtigkeit immer noch höher als gewöhnlich. Zudem sind die Pflanzen darin vor Zugluft geschützt.

Beliebt sind handelsübliche Flaschengärten (Korbflaschen) und nostalgische Gewächshäuschen, doch auch viele andere Behältnisse wie Aquarien oder Bonbongläser lassen sich zu Pflanzgefäßen umfunktionieren. Das Glas muß allerdings farblos sein – Grünglas ist nicht lichtdurchlässig genug.

Bepflanzung und Pflege gestalten sich einfacher, wenn das Gefäß eine handgroße Öffnung hat. Andernfalls benötigen Sie für das Bepflanzen improvisierte Werkzeuge wie Teelöffel und Garnrollen an Bambusstäben. Bedecken Sie den Boden des Gefäßes 2,5–5 cm hoch mit einer Mischung aus Holzkohle und feinen Kieseln. Darauf verteilen Sie eine 5–10 cm dicke Lage feuchten Substrats, das aus Blumenerde, grobem Sand und Torfkultursubstrat im Verhältnis 2:2:1 besteht.

Einen Tag nach der Pflanzung wird das Minigewächshaus bzw. der Flaschengarten verschlossen, damit darin „gespannte Luft" entsteht (falls Ihr Flaschengarten keinen Verschluß enthält, spannen Sie ein Stück Frischhaltefolie über die Öffnung). Stellen Sie das Gefäß an einen hellen Platz, aber nicht direkt in die Sonne. An den Innenwänden des Glases schlägt sich Kondenswasser nieder, wenn die Temperatur sich verändert. Falls das Glas auch nach einigen Stunden noch beschlagen ist, lüften Sie es.

Oben: Ein Miniaturgewächshaus mit offenen Seitenwänden ist leichter zu bepflanzen und zu gießen als ein Flaschengarten. Außerdem lassen sich Pflanzen, die unansehnlich geworden sind, einfacher ersetzen.

Luftpflanzen

Viele Tillandsien sind epiphytisch lebende Bromelien: In ihrem natürlichen Habitat wachsen sie auf Baumästen oder auf Felsen. Ihre Wurzeln breiten sich an der Oberfläche aus. Feuchtigkeit erhalten die Pflanzen aus der Luft; Nährstoffe gewinnen sie aus dem Staub, der sich in ihren Blattrosetten sammelt.

Einige dieser Epiphyten lassen sich zwar auch in Erde kultivieren, gedeihen aber am besten, wenn ihre natürlichen Lebensbe-

Unten: Epiphyten aus tropischen Regionen brauchen keine Erde, sondern konstant feuchte Luft.

> **PFLANZEN FÜR DAS MINIATURGEWÄCHSHAUS**
>
> *Adiantum raddianum* (Frauenhaarfarn)
> *Begonia bowerii* (Blattbegonie)
> *Cryptanthus acaulis* (Versteckblüte)
> *Episcia cupreata* (Schattenröhre)
> *Ficus pumila* 'Minima' (Kletter-Ficus)
> *Fittonia albivensis, Verschaffeltii*-Gruppe (Fittonie)
> *Pellaea rotundifolia* (Pellefarn)
> *Pilea cadierei* 'Minima' (Kanonierblume)
> *Peperomia caperata* 'Little Fantasy' (Spanischer Pfeffer)
> *Selaginella kraussiana* (Moosfarn)

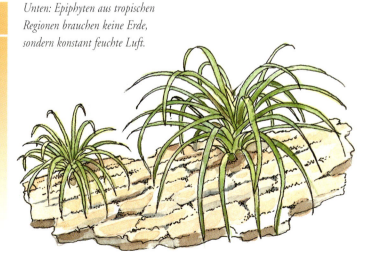

dingungen imitiert werden. Die Pflanzen können mit Hilfe von Draht an einem Zweig oder an einem Stück Holz oder Kork befestigt oder aber mit einem Spezialkleber fixiert werden. Wurzeln und Unterseite der Pflanze sollten in ein kleines Stück Sphagnum-Moos eingeschlagen werden, damit sie feucht bleiben. Besprühen Sie die Pflanze ein- oder zweimal täglich mit klarem, lauwarmem Wasser.

Künstliches Licht

Die Menge des natürlichen Lichts, das in einen Raum fällt, ist erheblich geringer als die zur Verfügung stehende Lichtmenge im Freien. Zimmerpflanzen leiden – besonders in den Wintermonaten – häufig unter Lichtmangel. Das natürliche Tageslicht kann jedoch durch Kunstlicht ergänzt werden, damit die Pflanzen das ganze Jahr über wachsen und regelmäßig blühen.

Gewöhnliche Glühbirnen erzeugen im Verhältnis zum natürlichen Licht zuviel Hitze. Gartenbaubetriebe verwenden Hochdruck-Quecksilberdampf- oder Hochdruck-Metallhalogendampf-Lampen, die die richtige Wellenlänge für die Kultur von Pflanzen liefern. Solche Lampen gibt es auch für den privaten Gebrauch zu kaufen. Billiger und leichter erhältlich sind allerdings Leuchtstoffröhren mit warmem Weißlicht oder Tageslicht. Die Röhren sollten täglich acht bis 18 Stunden lang eingeschaltet bleiben. Um sicherzustellen, daß das Substrat nicht austrocknet, sollten Sie die Töpfe auf einen Untersetzer mit feuchten Kieseln oder auf eine saugfähige und feuchte Matte stellen.

Hydrokultur

Normalerweise entziehen Pflanzen der Erde Wasser und Nährstoffe, sie können aber auch ausschließlich in einer Nährlösung kultiviert werden. Diese Art der erdfreien Kultur, die unter dem Begriff Hydrokultur bekannt ist, empfiehlt sich besonders für Pflanzenbesitzer, die gern experimentieren oder denen das Gießen ihrer Pflanzen zu kompliziert ist.

Hydrokulturpflanzen wachsen in einem Topf, der mit einem neutralen Substrat wie etwa Blähtonkügelchen gefüllt ist. Blähton ähnelt kleinen, leichten Kieseln. Direkt in das Gefäß oder in einen Übertopf, in den die Wurzeln wachsen können, gibt man eine Nährlösung. Häufig haben Hydrokulturtöpfe eine Aussparung am Rand, die einen Wasserstandsanzeiger aufweist. So läßt sich leicht erkennen, wann Nährlösung nachgefüllt werden muß.

Es ist möglich, in Erde angezogene Pflanzen auf Hydrokultur umzustellen. Viele Gartencenter bieten hierfür Komplettpackungen mit speziellen Töpfen, Wasserstandsanzeigern, Blähton und Dünger an. Spülen Sie die Blähtonkügelchen vor Gebrauch und legen Sie sie einige Stunden lang in Wasser. Dann nehmen Sie die Pflanze aus ihrem Topf und stellen den Wurzelballen etwa eine halbe Stunde lang in lauwarmes Wasser. Waschen Sie unter fließendem Wasser die Erdreste von den Wurzeln. Wenn das gesamte Substrat entfernt ist, setzen Sie die Pflanze zusammen mit den Blähtonkügelchen in einen speziellen Hydrokulturtopf, den Sie mit Wasser auffüllen. Eine für einige Tage über die Pflanze gestülpte aufgeblasene Plastiktüte hilft ihr bei der Umstellung.

Links: Wenn Sie Pflanzen bei Kunstlicht ziehen, erzielen Sie die besten Ergebnisse mit zwei 40-Watt-Leuchtstoffröhren, die 25–60 cm über den Pflanzen aufgehängt werden.

Links: Hier werden die Wurzeln von Blähtonkügelchen gehalten. Unten links: Ein Gefäß voller Blähtonkügelchen in einem größeren Übertopf. Unten rechts: Hyazinthen lassen sich in speziellen Gläsern antreiben.

KURZTAGPFLANZEN

Während zusätzliches Licht einige Pflanzen im Winter zum Blühen bringt, hält es andere davon ab. Weihnachtsstern, Kalanchoe und Chrysanthemen beispielsweise sind sogenannte „Kurztagpflanzen": Bei ihnen lösen die kürzer werdenden Tage und die länger werdenden Nächte die Bildung von Blütenknospen aus. Wird die notwendige Dunkelphase in der Nacht auch nur für kurze Zeit durch künstliches Licht unterbrochen, selbst wenn dieses sehr schwach ist, so blühen die Pflanzen nicht.

4
ERSTE HILFE FÜR ZIMMERPFLANZEN

SO BLEIBEN
PFLANZEN GESUND

◆

SCHÄDLINGE

◆

KRANKHEITEN

◆

SYMPTOME, URSACHEN
UND BEHANDLUNG
AUF EINEN BLICK

So bleiben Pflanzen gesund

OBWOHL PFLANZEN unter Schädlingen oder Krankheiten leiden können (siehe Seite 180–185), sind zumeist Pflegefehler wie falsches Gießen, zu hohe oder zu niedrige Temperaturen, Lichtmangel und extrem trockene Luft schuld daran, wenn Pflanzen nicht gut gedeihen. Wenn Sie jedoch sorgfältig darauf achten, daß eine Pflanze die richtigen Wachstumsbedingungen vorfindet, wird sie sich prächtig entwickeln. Dies schützt sie zwar nicht vor Schädlingen oder Krankheiten, doch je besser ihre Verfassung ist, desto eher wird sie in der Lage sein, diese Gefahren abzuwehren.

Schützen Sie Ihre Pflanze bereits beim Transport nach dem Kauf vor zu niedrigen Temperaturen – speziell im Winter. Wenn Sie schon Zimmerpflanzen besitzen, sollten Sie Ihre Neuerwerbung mehrere Tage in Quarantäne stellen, bis Sie sicher sein können, daß die Pflanze frei von Schädlingen und Krankheiten ist.

Die ideale Pflanze

Die ideale Pflanze ist von kräftigem Wuchs und ausgewogen proportioniert; ihre Blätter sind relativ groß und weisen die für die jeweilige Art typische grüne oder bunte Färbung auf. Das Substrat muß feucht sein – wenn es nicht mehr am Topfrand anliegt, so ist dies ein Anzeichen, daß es ausgetrocknet ist. Wurzelspitzen können durch die Drainagelöcher im Boden des Topfes herausragen. Starke Wurzelbildung zeigt allerdings an, daß die Pflanze für das Gefäß zu groß geworden ist und dringend umgetopft werden sollte, damit die Wurzeln mit frischem Substrat versorgt werden.

Kulturfehler

Es folgen einige der häufigsten Schäden, deren mögliche Ursachen und Tips, wie Sie Abhilfe schaffen können.

Knospenfall: Hierzu kann es kommen, wenn die Pflanze umgestellt wird, das Substrat austrocknet oder zu naß ist oder ein abrupter Temperatursturz aufgetreten ist. Ein weiterer Grund für Knospenfall kann eine zu hohe Luftfeuchtigkeit sein. Halten Sie die Temperaturen für die Pflanze konstant und stellen Sie sie nicht mehr um, sobald sich die Knospen ausgebildet haben.

Vorzeitiger Blattfall: Wenn das Substrat austrocknet, die Pflanze zu heiß und trocken steht oder kalter Zugluft ausgesetzt ist, kann vorzeitiger Blattfall die Folge sein. Frisch gekaufte Pflanzen können zunächst einige Blätter verlieren, sollten sich aber mit der Zeit an die neuen Bedingungen anpassen.

Gelbe Blätter: Die Hauptursache für das Gelbwerden der Blätter ist zu großzügiges Gießen. Gefleckte Blätter, die gelbe Stellen aufweisen, zeigen Nährstoffmangel an. Gelbe Blätter und Kümmerwuchs können darauf hinweisen, daß die Pflanze für ihren Topf zu groß geworden ist. Düngen Sie die Pflanze mit Spurenelementen oder topfen Sie sie um (siehe Seite 160–163).

VERSORGUNG DER PFLANZEN WÄHREND DES URLAUBS

Auch wenn Sie niemanden kennen, der sich während Ihrer Abwesenheit um Ihre Pflanzen kümmern kann, gibt es verschiedene Möglichkeiten, um eine ausreichende Versorgung der Pflanzen mit Wasser sicherzustellen. Lassen Sie ein Ende einer Stoffmatte in die mit Wasser gefüllte Küchenspüle hängen und breiten Sie das andere Ende über der Abtropffläche aus. Stellen Sie Ihre Pflanzen auf die Matte: Diese können über die Abflußlöcher in ihren Töpfen genügend Wasser aufnehmen **(a)**. Gießen Sie die Pflanzen vorher ausgiebig, damit das Substrat gut durchwässert ist, und drücken Sie die Töpfe fest in die Matte ein. Wenn es unmöglich ist, mehrere Pflanzen zusammenzustellen, nehmen Sie einen Stoffstreifen, lassen ein Ende in ein mit Wasser gefülltes Marmeladenglas hängen und drücken das andere Ende in das Substrat ein **(b)**.

So bleiben Pflanzen gesund 179

Wählen Sie eine kräftige, mittelgroße Pflanze mit vielen geschlossenen und einigen geöffneten Knospen.

Blätter und Triebe sollten bis in die Spitzen kräftig entwickelt sein.

Im Gefäß sollte ein Schildchen stecken, auf dem der Name der Pflanze und die Pflegeanleitung stehen.

Wenn einige Wurzeln aus dem Topf herausragen, ist dies ein Zeichen dafür, daß die Pflanze gut eingewachsen ist und nicht erst kürzlich umgesetzt wurde.

Wenn die Knospen welken oder vor dem Aufblühen abfallen, kann das mehrere Gründe haben: Die Pflanze wurde zu naß oder zu trocken gehalten, die Temperatur war falsch oder die Luftfeuchtigkeit zu hoch.

Wenn Blätter oder Triebe welk werden, kann dies bedeuten, daß die Pflanze entweder zu viel oder zu wenig gegossen wurde oder Zugluft ausgesetzt war.

Gelbe Blätter im unteren Teil oder Blätter mit gelben Flecken deuten normalerweise auf Übergießen hin. Achten Sie darauf, daß das Substrat nicht zu naß ist.

Dunkle Flecken oder grauer Schimmel auf den Blättern zeigen an, daß die Pflanze an einer Krankheit leidet.

Unkraut an der Oberfläche oder ein Substrat, das nicht mehr am Topfrand anliegt, sind Zeichen dafür, daß die Pflanze vernachlässigt wird.

Wenn die Wurzeln in einem Wirrwarr aus dem Gefäß herausragen, ist es Zeit, die Pflanze umzutopfen.

Abgefallenen Blätter zeigen an, daß die Pflanze – vor allem nach einem Standortwechsel – unter Ballentrockenheit gelitten hat.

Rechts: Die Abbildung zeigt die häufigsten Kulturfehler, unter denen Zimmerpflanzen leiden.

Schädlinge und Krankheiten

Zimmerpflanzen sind zwar vor vielen Schädlingen und Krankheiten geschützt, von denen Gartenpflanzen häufig befallen werden, aber dennoch nicht gegen alle immun. Schädlinge tauchen häufig ganz plötzlich auf und vermehren sich rasch. Auch Krankheitskeime sind ständig in der Luft und warten nur auf günstige Bedingungen für ihre Entwicklung.

Schädlinge und Krankheiten können Zimmerpflanzen zerstören, indem sie diese schwächen und deren Wachstum behindern. Zudem sehen Pflanzen mit Rußtau oder Blattläusen nicht mehr attraktiv aus. Da sich viele Schädlinge rasant vermehren, müssen rechtzeitig Maßnahmen ergriffen werden, ehe größerer Schaden entstehen kann. Die Auslöser für Krankheiten oder Schädlingsbefall fallen oft kaum auf – daher ist es unbedingt notwendig, die Pflanzen einer regelmäßigen und sorgfältigen Kontrolle zu unterziehen, um Mißstände so rasch wie möglich zu beseitigen. Falls Sie Probleme haben, wenden Sie sich an ein Gartencenter: Dort sind viele Produkte, die Schädlinge beseitigen und Krankheiten bekämpfen, erhältlich. Sie können chemische oder natürliche, umweltfreundlichere Mittel verwenden.

Vorsicht vor Schädlingen!

Probleme mit Schädlingen oder Krankheiten holt man sich meist unbewußt mit neuen Pflanzen ins Haus, da sie beim Kauf einer Pflanze häufig nur schwer zu erkennen sind; deshalb sollten Sie Ihr Wunschobjekt sorgfältig untersuchen. Sehen Sie sich vor allem die Unterseiten der Blätter an, da Schädlinge dort in der Regel zuerst auftreten. Kaufen Sie keine Pflanzen, die gefleckte und gelbe Blätter haben oder deren Wuchs einen schwachen, kümmerlichen Eindruck macht.

HYGIENE

Viele Pflanzenkrankheiten werden durch Pilze verursacht, die abgestorbenes oder beschädigtes Pflanzengewebe besiedeln. Entfernen Sie abgestorbene Pflanzenteile sofort, damit sich keine Krankheitskeime ausbreiten können. Verwelkte Blüten und Blätter oder Triebe, die eingerissen oder auf andere Weise beschädigt sind, müssen ebenfalls entfernt werden.

Triebe können mit den Fingernägeln abgezwickt oder mit einem Messer abgeschnitten werden. Entfernen Sie die kranken Teile und schneiden Sie die Pflanze bis zum gesunden Gewebe zurück. Achten Sie darauf, keine Triebenden stehenzulassen, und schneiden Sie bis zu einem Knoten oder einer Blattachsel.

Untersuchen Sie die Pflanze regelmäßig; achten Sie besonders auf die Triebspitzen und die Unterseiten der Blätter, wo sich Schädlinge zuerst festsetzen. Sollten Sie einen Befall feststellen, läßt sich das Problem manchmal dadurch lösen, daß Sie die betroffenen Teile entfernen. Ist dies nicht möglich, müssen Sie die Pflanze unverzüglich mit einem geeigneten Insektizid behandeln. Krankheiten können häufig geheilt werden, wenn ein geeignetes Fungizid angewendet wird.

Vorsorge

Regelmäßige Untersuchungen helfen dabei, mögliche Probleme frühzeitig zu erkennen und schnell auf diese zu reagieren. Sondern Sie eine kranke Pflanze von den anderen ab, um eine Ausbreitung der Krankheit oder der Schädlinge zu verhindern. In einem frühen Krankheitsstadium genügt es mitunter schon, einen schwachen Trieb oder ein krankes Blatt zu entfernen. Schädlinge wie Raupen können Sie mit der Hand ablesen.

Manche Schädlinge oder Krankheiten werden unbewußt gefördert, indem man ihnen optimale Bedingungen bietet. Heiße, trockene Luft ist beispielsweise günstig für Spinnmilben (Rote Spinne), zu starkes Gießen führt zu Stamm- und Wurzelfäule oder anderen Pilzerkrankungen.

Wenn abgestorbene oder beschädigte Blätter nicht entfernt werden, kann dies – vor allem bei kühlen, feuchten Bedingungen – Grauschimmel verursachen. Pflanzen, die sich in einer geeigneten Umgebung entwickeln, sind aber meist widerstandsfähig genug, um Schädlingen und Krankheiten widerstehen zu können.

Einige Pflanzen vertragen es, stark zurückgeschnitten zu werden – so können kranke Triebe entfernt und ein gesundes Wachstum angeregt werden. Zuweilen lohnt es sich aber nicht, kranke Pflanzen zu behandeln: Wenn sie stark befallen sind oder es sich um Blütenpflanzen wie Cinerarien oder Chrysanthemen handelt, ist es besser, sie zu entsorgen. Achten Sie darauf, daß kranke Pflanzenteile verbrannt oder in einem Plastiksack in den Müll gegeben werden, da sie andere Pflanzen infizieren können.

Biologische Schädlingsbekämpfungsmittel

Schädlinge können mit biologischen Mitteln bekämpft werden, die aus Materialien wie Seifenlösungen oder Rapsöl gewonnen

Unten: Oft genügen einfache Pflegemaßnahmen, damit eine Pflanze gedeiht: Zwicken Sie verwelkte Blüten und Blätter ab, schneiden Sie Triebe ab, die von Blattläusen befallen sind, und entfernen Sie Raupen von Hand.

INHALTSSTOFFE VON PESTIZIDEN

Für Zimmerpflanzen geeignete Insektizide und Fungizide enthalten folgende Wirkstoffe (die Angaben variieren je nach Herkunftsland):

Insektizide	Fungizide
Butoxycarboxim	Bitertanol
Dimethoat	Dichlofluanid
Ethiofencarb	Karathane
Fettsäuren	Kupfer
Imidacloprid	Iprodion
Kaliumsalze	Lecithin
Methiocarb	Mancozeb
Paraffinöl	Metriram
Permethrin	Pyrazophos
Piperonylbutoxid	Schwefel
Pirimicarb	Triforine
Pyrethrine	Vinclozin
Rapsöl	Zineb

Oben: Manche Fungizide sind als feines Pulver erhältlich, das aus einer Plastikdose auf die befallenen Stellen gestäubt wird. So vermeidet man zusätzliche Feuchtigkeit, die mit einem in Wasser gelösten Fungizid weitergegeben wird und die Pilzkrankheit verschlimmern kann.

werden und für Menschen und Haustiere ungefährlich sind. Das Angebot an „natürlichen" Insektiziden wächst in dem Maße, in dem das öffentliche Interesse am Umweltschutz zunimmt.

Chemische Schädlingsbekämpfungsmittel

Es sind viele chemische Mittel unter verschiedenen Markenbezeichnungen im Handel. Diejenigen für den Hobbygärtner unterliegen strengen Sicherheitskontrollen, damit sie in Haus und Garten verwendet werden können – dennoch sind sie nur dann ungefährlich, wenn man sich an die Anweisungen hält. Wenn Pestizide falsch eingesetzt werden, kann die Gesundheit der Pflanzen, aber auch die der Menschen Schaden nehmen.

Die Inhaltsstoffe des Mittels müssen auf der Verpackung angegeben sein. Einige Produkte enthalten mehrere Wirkstoffe, so daß sie gegen verschiedene Schädlinge eingesetzt werden können oder zugleich die Schädlinge und die von diesen verursachte Krankheit bekämpfen. Mitunter können Sie verschiedene Produkte selbst mischen – allerdings nur, wenn dies auf der Verpackung ausdrücklich angegeben ist.

Die Liste der Chemikalien, die für eine Anwendung im Haus in Frage kommen, ist relativ kurz. Richten Sie sich immer nach den Empfehlungen und Anwendungshinweisen auf der Verpackung; einige Zimmerpflanzen wie Farne, Fuchsien und Begonien vertragen bestimmte Chemikalien nicht.

Viele Pestizide gibt es als fertige Sprühlösungen, die einfach anzuwenden sind und keine Gefahr für die Gesundheit darstellen. Einige Mittel sind nur in konzentrierter Form erhältlich; diese müssen vor Gebrauch verdünnt werden. Dabei sollten Sie die übriggebliebene Lösung gleich nach dem Sprühen entsorgen.

Mit einem kleinen Handzerstäuber können Sie die Lösung am besten verteilen. Bevor Sie eine Pflanze mit Insektiziden besprühen, sollten Sie sie isolieren. Stellen Sie die Pflanze nach draußen oder in eine Plastikwanne. So schützen Sie auch Ihre Möbel und Ihre Einrichtung vor dem Gift. Das Insektizid muß an alle Teile der Pflanze gelangen. Bei großen Pflanzen gelingt dies am besten, wenn Sie zuerst die Oberseite der Blätter besprühen, dann vorsichtig Triebe und Zweige umdrehen und zuletzt die Unterseite der Blätter und den Stamm behandeln.

CHEMIKALIEN SICHER ANWENDEN

• Wählen Sie ein Produkt aus, das für die Pflanze geeignet ist, die Sie behandeln möchten.
• Bewahren Sie die Chemikalien an einem sicheren Platz auf, der für Kinder und Haustiere unzugänglich ist.
• Verwenden Sie das Mittel, das am schnellsten wirkt.
• Lesen Sie die Gebrauchsanweisung sorgfältig.
• Halten Sie sich bei der Herstellung der Lösung an die empfohlene Dosierung. Eine zu hoch konzentrierte Lösung kann die Pflanze vernichten, eine zu schwach konzentrierte bleibt vielleicht wirkungslos.
• Besprühen Sie die Pflanze nur dort, wo keine anderen Pflanzen in Mitleidenschaft gezogen werden.
• Behandeln Sie die Pflanze im Freien und nicht in der Nähe von Haustieren. Achten Sie darauf, daß die Pestizide nicht in Vorratskammer und Küche gelangen.
• Schütten Sie übriggebliebene Lösungen nicht in die Kanalisation, sondern entsorgen Sie sie als Sondermüll.
• Nach Anwendung der Chemikalien sollten Sie Ihre Hände sorgfältig reinigen.

Schädlinge

Sobald Sie Schädlinge an Ihren Pflanzen festgestellt haben, sollten Sie gegen diese vorgehen. Wenn sich die Schädlinge erst einmal festgesetzt haben, ist es sehr viel schwerer, sie wieder loszuwerden; außerdem riskieren Sie so, daß die Schädlinge auf andere Pflanzen übergehen. Mechanische Methoden wie das Absammeln per Hand oder das Ausreißen von befallenen Trieben können bereits ausreichen (siehe Seite 180); manchmal ist es jedoch notwendig, härtere Maßnahmen zu ergreifen (siehe Seite 180–181).

Blattläuse

Blattläuse sind kleine, weichhäutige, meist grün oder hellgelb gefärbte Insekten. Sie sitzen vor allem an den Triebspitzen, aber auch am Stamm, an Knospen, Blattstielen und auf der Unterseite der Blätter. Die Kolonien vermehren sich sehr rasch.

Schaden: Blattläuse ernähren sich von Pflanzensaft, schwächen das Wachstum der Pflanze und zerstören Blätter und Triebe. Zudem können sie Viruskrankheiten übertragen.

Abhilfe: Entfernen Sie die betroffenen Triebe oder waschen Sie die Blattläuse mit klarem Wasser ab. Im Handel sind spezielle Blattlausmittel erhältlich.

Raupen

Auf Zimmerpflanzen findet man Raupen (Larven) verschiedener Nachtfalter, vor allem aus der Familie der Wickler *(Tortricidae)*. Die kleinen grünen Raupen halten sich bevorzugt in den Blattachseln oder den Triebspitzen auf.

Schaden: unregelmäßige Fraßlöcher in den Blättern und Wachstumsstillstand, wenn die Wachstumszentren beschädigt wurden

Abhilfe: Lesen Sie die Raupen ab und vernichten Sie sie. Verwenden Sie ein Insektizid, wenn die Pflanze allzu stark befallen ist.

Wolläuse

Diese Schädlinge ähneln kleinen Wattebällchen; man findet sie bevorzugt in den Blattachseln und auf der Unterseite der Blätter. Sobald sie zu fressen beginnen, verharren sie unbeweglich. Sie befallen vor allem Kakteen, Farne, Dracaenen, *Codiaeum* und Orchideen.

Schaden: Wolläuse saugen Pflanzensaft, schwächen die Pflanze und sind unansehlich. Außerdem scheiden sie Honigtau aus und fördern so Rußtaupilze.

Abhilfe: Wolläuse leben in Kolonien und bilden eine wasserabweisende Wachsschicht, die sie vor Sprühmitteln schützt und eine wirksame Behandlung erschwert. Entfernen Sie so viele Wolläuse wie möglich mit einem Pinsel oder einem feuchten Wattebausch; anschließend setzen Sie ein umfassend wirkendes Insektizid ein.

Minierfliegen

Cinerarien und Chrysanthemen werden als einzige Zimmerpflanzen von Minierfliegen heimgesucht. Deren kleine Larven fressen sich durch das Blattgewebe und hinterlassen dabei gewundene Gänge.

Schaden: Minierfliegen verursachen nur selten größere Schäden an der Pflanze.

Abhilfe: Entfernen Sie befallene Blätter.

Schädlinge

Weiße Fliege
Die weißen, mottenähnlichen Insekten sitzen auf der Unterseite der Blätter und saugen Pflanzensaft. Die Weiße Fliege wird meist erst dann bemerkt, wenn man die Pflanze berührt und die Insekten wegfliegen.
Schaden: Die Weiße Fliege schwächt die Pflanze und kann Rußtau verursachen. Die Insekten können zu einer wahren Plage werden.
Abhilfe: Nur bestimmte Entwicklungsstadien der Weißen Fliege sind für Insektizide anfällig. Es ist daher notwendig, die Behandlung alle vier bis zehn Tage zu wiederholen. Sie können ein Insektizid, aber auch Seifenlösung und Rapsöl verwenden.

Schildläuse
Diese glatten, braunen Gebilde findet man meist auf hartlaubigen Pflanzen, wo sie auf der Unterseite der Blätter sowie an Blattstielen und Trieben sitzen.
Schaden: Schildläuse schwächen die Pflanze, indem sie Pflanzensaft saugen. Sie sondern Honigtau ab, was die Entstehung von Rußtau fördert.
Abhilfe: Heben Sie die Schilde mit dem Fingernagel oder einem Wattebausch ab. Seifenlösung schafft bereits in den ersten Larvenstadien Abhilfe.

Spinnmilben
Spinnmilben sind winzige, rote Spinnentiere. Sie überziehen die Triebspitzen und andere Teile der Pflanze mit einem feinen Gespinst. Die Blätter werden fleckig und trocknen aus.
Schaden: Spinnmilben schwächen die Pflanze häufig derart stark, daß die Blätter abfallen.
Abhilfe: Spinnmilben gedeihen gut in trockenem, heißem Klima. Erhöhen Sie daher die Luftfeuchtigkeit, indem Sie die betroffene Pflanze regelmäßig mit Wasser besprühen. Kaliumsalben und Insektizide helfen, den Befall unter Kontrolle zu halten.

Dickmaulrüßler
Die großen, weißen, C-förmigen Larven des Dickmaulrüßlers leben im Substrat. Die adulten Käfer sind schwarz und überwiegend nachtaktiv.
Schaden: Die Larven fressen besonders die Wurzeln von Alpenveilchen an und bringen die Pflanze oft zum Absterben. Die adulten Käfer beißen große Kerben in die Blattränder verschiedener Pflanzen.
Abhilfe: Vernichten Sie adulte Käfer und Larven, sobald diese auftreten. Normalerweise können die befallenen Pflanzen zwar nicht mehr gerettet werden, doch Sie können benachbarte Pflanzen schützen, indem Sie das Substrat mit einem flüssigen Insektizid wässern oder parasitische Nematoden zur biologischen Schädlingsbekämpfung einsetzen.

Krankheiten

Die meisten Krankheiten, an denen Zimmerpflanzen leiden, werden durch Pilze verursacht und durch ungünstige Wachstumsbedingungen gefördert. Zu den häufigsten Fehlern zählt, daß die Pflanze zugig, zu trocken oder zu naß steht. Dem kann leicht abgeholfen werden, indem man die Pflanze an einen anderen Standort bringt, der die entsprechende Temperatur oder Ventilation aufweist, oder indem man die täglichen Pflegemaßnahmen optimiert. Zusätzlich kann es nötig sein, die betroffenen Pflanzen mit einem Fungizid zu behandeln, um die Krankheit zu heilen oder wenigstens deren Ausbreiten zu verhindern.

Grauschimmel

Grauschimmel *(Botrytis)* entsteht häufig auf abgestorbenem Gewebe und kann von dort auf die gesamte Pflanze übergreifen. Grauschimmel zeigt an, daß die Bedingungen zu kalt und feucht sind. Die befallenen Pflanzenteile werden weich und braun, ehe sie von einem grauen Schimmelrasen überzogen werden.

Schaden: Wenn Grauschimmel nicht behandelt wird, zerstört er die Pflanze.

Abhilfe: Alle befallenen Pflanzenteile sofort entfernen und vernichten. Sorgen Sie für stärkere Ventilation, um die Luftfeuchtigkeit zu senken; mitunter kann es nötig sein, die Wärmezufuhr zu erhöhen. Fungizide verhindern, daß sich Grauschimmel ausbreiten kann.

Blattfleckenkrankheit

Blattflecken werden von verschiedenen Pilzarten verursacht. Sie treten bei einer Reihe von Pflanzen auf, zum Beispiel bei Alpenveilchen, *Dracaena*, Sansevierie, Orchideen und Cinerarien. Die Blätter bekommen braune Flecken, die mit der Zeit größer werden und zum Absterben des Blattes führen können.

Schaden: Die meisten Blattflecken sehen häßlich aus, sind für die Gesundheit der Pflanze aber ungefährlich.

Abhilfe: Meist liegt zu starkes Gießen oder extreme Feuchtigkeit vor. Entfernen Sie beschädigte Blätter und wenden Sie eventuell kupferhaltige Fungizide an.

Mehltau

Mehltau erscheint als pulverförmiger Belag auf einigen Zimmerpflanzen wie Begonien. Die mehlartigen Flecken treten auf der Oberseite der Blätter auf und können auch auf Knospen und Blüten übergreifen.

Schaden: Die befallenen Blätter können abfallen; die Pflanze verkümmert und kann absterben.

Abhilfe: Der Pilz braucht eine heiße, trockene Atmosphäre. Hohe Luftfeuchtigkeit und gute Belüftung schränken seine Verbreitung ein. Entfernen Sie die befallenen Pflanzenteile.

Krankheiten

Rußtau

Rußtaupilze entwickeln sich auf der Oberfläche von Honigtau, einer klebrigen Substanz, die von einigen Schädlingen abgesondert wird. Der dichte schwarze Belag kann die ganze Blattoberfläche bedecken.

Schaden: Abgesehen von seinem häßlichen Aussehen hindert der Pilz die Pflanzen an einer effektiven Photosynthese und schwächt damit ihr Wachstum.

Abhilfe: Wischen Sie den rußigen Belag mit einem feuchten Tuch ab und gehen Sie gegen die Schädlinge vor, die den Honigtau absetzen.

Rostpilze

Rostpilze kommen nur auf der Unterseite der Blätter vor und werden häufig erst bemerkt, wenn sie sich schon ausgebreitet haben. Rostbraune, pustelartige Sporen erscheinen auf der Blattunterseite, während sie auf der Oberseite nur als Flecken durchschimmern. Vor allem Pelargonien leiden häufig unter Rostpilzen.

Schaden: Die Krankheit kann zu Blattfall und schließlich zum Absterben der Pflanze führen.

Abhilfe: Entfernen Sie befallene Blätter sofort und vernichten Sie sie. Werfen Sie allzu stark befallene Pflanzen weg.

Stengelfäule

Zahlreiche Pilze und Bakterien können Stengelfäule verursachen. Dabei bilden sich meist am Fuß der Stengel braune oder schwarze Flecken. Stengelfäule befällt vorwiegend Kakteen und andere Sukkulenten, aber auch Ableger von Pelargonien.

Schaden: Stengelfäule führt normalerweise zum Absterben der Pflanze.

Abhilfe: Stengelfäule wird fast immer durch Übergießen verursacht. Lassen Sie das Substrat oberflächlich austrocknen und verwenden Sie frisches Leitungswasser. Ableger von Pelargonien stets in einen neuen Topf mit sterilem Substrat einpflanzen.

Symptome, Ursachen und Behandlung

SYMPTOM	URSACHE	BEHANDLUNG
Kleine, weichhäutige grüne oder gelbe Insekten befallen in Scharen Blätter und junge Triebe.	Blattläuse	Entfernen Sie die befallenen Triebe oder wenden Sie ein Insektizid an.
Kleine, weiße, mottenähnliche Insekten auf der Unterseite der Blätter, die bei Berührung auffliegen	Weiße Fliege	Sprühen Sie regelmäßig Insektizide oder verwenden Sie Seifenlösung bzw. Rapsöl.
Gefleckte, vertrocknet aussehende Blätter; manchmal sieht man zarte Gespinste um die Triebspitzen.	Spinnmilben	Sorgen Sie für höhere Luftfeuchtigkeit und besprühen Sie die Pflanzen mit Wasser. Wenden Sie ein Insektizid an.
Fraßlöcher in den Blättern; mitunter Gespinste	Raupen	Lesen Sie die Raupen mit der Hand ab. Wenden Sie ein Insektizid an.
Schildförmige Plättchen auf der Unterseite der Blätter und an den Trieben; die Pflanzen sind oft klebrig und von Rußtau bedeckt.	Schildläuse	Kratzen Sie die Schilde ab. Tragen Sie ein Insektizid auf.
Schwarze, rußartige Beläge auf den Blättern	Rußtau	Wischen Sie den rußigen Belag ab. Vernichten Sie die Schädlinge, die den Rußtau verursacht haben.
Kleine Insekten, die sich meist an den Blattachseln zusammendrängen und von einer watteähnlichen Substanz bedeckt sind	Wollläuse	Lösen Sie die Kolonien mit einer Bürste oder einem Pinsel ab. Wenden Sie ein universell wirkendes Insektizid an.
Faulige Blätter, Blüten und Triebe, die mit einem grauen, rasenartigen Belag überzogen sind	Grauschimmel	Senken Sie die Luftfeuchtigkeit und erhöhen Sie die Temperatur. Entfernen Sie abgestorbene Pflanzenteile.
Blätter oder Triebe sind mit mehlartigen Flecken überzogen.	Mehltau	Verbessern Sie die Lüftung und erhöhen Sie die Luftfeuchtigkeit. Wenden Sie ein großflächig wirkendes Fungizid an.
Plötzliches Absterben der Pflanze; im Substrat finden sich Larven. Fraßlöcher von schwarzen Rüsselkäfern in den Blättern	Dickmaulrüßler	Vernichten Sie die Käfer und Larven. Prophylaktisch können Sie ein Insektizid oder Nematoden einsetzen.

SYMPTOM	URSACHE	BEHANDLUNG
Die Pflanze wächst nicht mehr; am Fuß der Stengel bilden sich braune oder schwarze Flecken.	Stengelfäule	Achten Sie darauf, die Pflanzen nicht zu stark zu gießen. Verwenden Sie ein großflächig wirksames Fungizid.
Helle Flecken auf den Blattoberseiten; rostbraune, pustelartige Sporen auf der Blattunterseite	Rostpilze	Befallene Blätter sofort entfernen und vernichten. Wenden Sie ein Fungizid an.
Verfärbte Flecken auf den Blättern	Blattfleckenkrankheit Rostpilze Verbrennungen durch direktes Sonnenlicht	Wenden Sie ein Fungizid an. Setzen Sie die Pflanze nicht direkter Sonneneinstrahlung aus.
Welkende Blätter	Zuviel Wasser Zuwenig Wasser	Gießen Sie die Pflanze vorschriftsmäßig.
Korkartige, warzige Wucherungen auf der Unterseite von Blättern und Trieben, vor allem an Pelargonien, Begonien und Sukkulenten	Ödeme durch Übergießen und hohe Luftfeuchtigkeit	Weniger gießen, Luftfeuchtigkeit senken, Belüftung erhöhen.
Die Blätter trocknen – besonders an den Rändern – aus und fallen ab.	Trockene Luft Zugluft	Luftfeuchtigkeit erhöhen. Die Pflanze aus der Zugluft stellen.
Gelbe Blätter	Zuviel Wasser Zuwenig Wasser Topf zu klein	Gießen Sie die Pflanze vorschriftsmäßig. Topfen Sie sie, wenn nötig, um.
Das Gewebe zwischen den Blattadern wird gelb, die Adern bleiben grün.	Nährstoffmangel	Verwenden Sie einen Dünger, der Spurenelemente enthält.
Kleine, schlecht entwickelte Blätter, Kümmerwuchs	Topf zu klein Nährstoffmangel	Umtopfen, wenn nötig, und ausreichend düngen.
Helle, weiche, überlange Triebe	Zuwenig Licht	Stellen Sie die Pflanze um, damit sie mehr Licht erhält, oder installieren Sie eine künstliche Lichtquelle.

REGISTER

A

Aasblume 143
Ableger 172
Absenker 172–3
Abutilon x *hybridum* 20, 78
    'Ashford Red' 78
    'Boule de Neige' 78
    'Canary Bird' 78
    'Cannington Carol' 78
    'Kentish Belle' 78
    'Nabob' 78
Acalypha
    hispida 78
    wilkesiana 48, 57
Achimenes-Hybriden 78
Adiantum raddianum 14, 21, 29, 153, 173, 174
    'Double Leaflet' 14
    'Fragrantissimum' 14
    'Fritz Luthi' 14
    'Pacotti' 14
Adventsstern 92
Adzuki-Bohnen 114
Aechmea fasciata 79
    'Variegata' 79
Aeonie 132
Aeonium arboreum 132
    —'Arnold Schwarzkopf' 132
    atropurpureum 132
Ährenminze 67
Aeschynanthus radicans 79
    'Mona Lisa' 79
    'Purple Star' 79
    'Topaz' 79
Affenschwanz 143
Agapanthus campanulatus 79
Agave
    americana 21, 132
    —'Marginata' 132
    —'Mediopicta' 132
    victoriae-reginae 132
Aglaonema spec. 48
    'Maria' 48
    'Maria Christina' 48
    'Silver Queen' 48, 57
Aglaoneme 48
Alfalfa 114
Allamanda cathartica 80
    'Grandiflora' 80
    'Hendersonii' 80
Allamande 80
Allium schoenoprasum 66
Alocasia x *amazonica* 14, 29
Aloe 21
Aloe vera 133
Alokasie 14, 29
Alpenveilchen 91, 95, 148, 149, 150, 183, 184
Amerikanische Agave 132
Ampelopsis brevipedunculata var. *elegans* 49, 57
Ananas comosus 21
    'Variegatus' 49, 57, 153
Anthocyan 56
Anthriscus cerifolium 66
Anthurium
    andreanum 80
    —'Acropolis' 80
    —'Jolanda' 80
    —'Sweetheart Pink' 80
    crystallinum 14, 28
    nipponicum 173
    scherzerianum 80
Apfelminze 67
Aphelandra squarrosa 80, 111
    'Dania' 80
Aporocactus flagelliformis 133
Aralia elegantissima siehe *Dizygotheca elegantissima*
Ardisia crenata 81
Arecapalme 19, 152
Arrangieren von Pflanzen 154–5
Artemisia drancunculus 66
Arundinaria viridistriata siehe *Pleioblastus viridistriatus*
Aschenblume 122
Asparagus densiflorus 15
    'Meyeri' 15, 154
    'Sprengeri' 15, 29
Aspidistra elatior 15, 173
    'Variegata' 15
Asplenium
    bulbiferum 16
    nidus 16, 151, 153
Australische Silbereiche 21, 30
Australischer Wein 19
Azalee 105, 120

B

Bananenstaude 20, 35
Banyanbaum 26
Basilikum 67, 152
Baumfreund 20, 40
Becherprimel 105, 118
Begonia 171
    boweri 29, 50, 152, 174
    -*Elatior*-Hybriden 28, 81
    —'Renaissance' 81
    masoniana 50
    rex 29, 51, 57, 152
    —'Argentea' 51
    —'Bettina Rothschild' 51
    —'Merry Christmas' 51
    —'Raspberry Swirl' 51
    x *tuberhybrida* 81
Begonie 29, 184
Belevalia romana siehe *Hyacinthus romanus*
Beloperone guttata siehe *Justicia carnea*
Bengalischer Feigenbaum 26
Bergpalme 18, 21
Bestäubung 115
Bignonia jasminoides siehe *Pandorea jasminoides*
Billbergia
    nutans 55, 82
    x *windii* 82
Binsenkaktus 142
Birkenfeige 26, 37, 61, 152
Blätter
    Farben 56–7
    Formen und Größe 20–1, 154
    Struktur 28–9, 154
Blattbegonie 29, 50, 152
Blattfahne 126
Blattfleckenkrankheit 184, 187
Blattläuse 182
Blattpflanzen
    grüne - 13–45
    buntlaubige - 47–75
Blattschnittlinge 171
Blaues Lieschen 93, 95
Blechnum gibbum 16
Bleiwurz 117, 153
Blütenbegonie 81
Blüten- und Fruchtpflanzen 77–129
Bogenhanf 70
Bonsai 36–7
Bor 166

Botrytis 184
Bougainvillea 37, 82, 153
Bougainvillea 153
    x *buttiana* 37, 82
    —'Mahara' 82
    —'Mrs Butt' 82
    glabra 82
    —'Harrissii' 82
    —'Miami Pink' 82
    —'Rosenka' 82
Brassaia actinophylla 17
Brautprimel 118
Bromelie 21, 82, 174
Browallia speciosa 82, 152, 173
    'Blue Troll' 82
    'White Troll' 82
Browallie 82, 152
Brunfelsia pauciflora 83
Brunfelsie 83
Brutblatt 137
Bubiköpfchen 20, 73, 110
Büchsenfarn 23
Buntblatt 51, 153
Buntfleckige Hüllenklaue 151
Buntlaubige Blattpflanzen 47–75
Buntnessel 54
Buntwurz 51, 153
Buschbambus 69

C

Caladium bicolor 29, 51, 57, 153
Calamondinorange 37, 88, 95, 115
Calathea 173
    lanceolata 52
    lancifolia 52
    —'Wavestar' 52
    litzei 'Greenstar' 52
    makoyana 52, 153
    roseopicta 52
    —'Angela' 52
    —'Sylvia' 52
    zebrina 52
Calceolaria x *herbeohybrida* 83
Callisia
    elegans 17
    repens 17
Camellia japonica 83
Campanula
    carpatica 84
    —'Clips Light Blue' 84
    cochleariifolia 'Elizabeth Oliver' 84
    isophylla 84, 152
    —'Alba' 84
    —'Mayii' 84
    —'Stella Blue' 84
    —'Stella White' 84
Capsicum annuum 84, 104, 105, 173
    —'Bonfire' 84
    —'Masquerade' 84
    frutecens 115
    —'Apache' 115
Carex
    brunnea 173
    —'Jeneke' 52
    —'Variegata' 52, 57
    morrowii 'Variegata' 52
Carotin 56
Caryota mitis 18
Catharanthus roseus 84, 152
Celosia argentea 173
    var. *cristata* 85
    'Flamingo Feather' 85
    'Jewel Box' 85
    'Kimono' 85

'Plumosa' 85
Cepahlocereus senilis 139
Ceropegia woodii 133
Chamaedorea elegans 18, 21
Chamaerops humilis 21
Chilis 115
    'Apache' 115
Chinarose 99
Chinesischer Roseneibisch 99
Chlorophyll 56
Chlorophytum comosum 53, 150, 173
    'Variegatum' 53
    'Vittatum' 53, 57
Christusdorn 104, 105, 135
Chrysalidocarpus lutescens 19, 152
Chrysantheme 20, 175, 182
Chrysanthemum-Indicum-Hybriden 85, 105
    spec. 152
Cinerarie 122, 152, 182, 184
Cissus
    antarctica 19, 150
    discolor 19
    rhombifolia 19
    —'Ellen Danica' 19
x *Citrofortunella*
    microcarpa 115
    mitis 88
    —'Tiger' 88
Citrus 37, 95
    aurantium 88
    limon 88, 153
    x *meyeri* 'Meyer' 88, 115
    x *paradisii* 88
    reticulata 88
    sinensis 88
Cleistocactus strausii 139
Clerodendrum thomsoniae 88
Clivia
    miniata 20, 89, 173
    —var. *citrina* 'New Dawn' 89
    —'Striata' 89
Codiaeum variegatum 29, 173, 182
    var. *pictum* 53, 57
    —'Golden Bells' 53
    —'Purple Bells' 53
Codonanthe 89
Codonanthe crassifolia 89
Coleus blumei 54, 57, 173
    'Black Dragon' 54
    'Carefree' 54
    'Sabre' 54
Columnee 90, 28
Columnea
    x *banksii* 28, 90
    gloriosa 90
    'Chanticleer' 90
    'Hostag' 90
    'Krakatoa' 90
Conophytum 140
Cordyline 22
Cordyline 21
    fruticosa 20, 22, 54, 57, 173
    —'Atom' 54
    —'Glauca' 22
    —'Kiwi' 54
    —'Purple Compacta' 54
    —'Red Edge' 54
    terminalis siehe *C. fruticosa*
Corynocarpus laevigatus 'Variegatus' 54, 57
Crassula
    argentea siehe *C. ovata*
    coccinea 134
    ovata 134
    —'Hummel's Sunset' 134
    portulacea siehe *C. ovata*

schmidtii 134
Crossandra 90
Crossandra infundibuliformis 90
   'Mona Wallhed' 90
Croton 29, 53
Cryptanthus
   acaulis 22, 174
   bivattatus 55
   bromeliodes 'Tricolor' 55
   x *cryptbergia* 55
   zonatus 'Zebrinus' 55
Ctenanthe 44
   amabilis 44
   oppenheimiana 'Tricolor' 55
   pilosa 55
   —'Golden Mosaic' 55
Cuphea
   hyssopifolia 90
   ignea 90
Cupressus macrocarpa 'Goldcrest' 55, 57
Cycaspalme 23
Cycas revoluta 23
Cyclamen 95, 149, 173
Cyclamen persicum 91, 150
Cymbidie 91, 95
Cymbidium-Hybriden 91, 95
Cyperus
   alternifolius siehe *C. involucratus*
   involucratus 21, 23, 153
Cytisus racemosus siehe *Genista* x *spachiana*

D

Davallia solida var. *fejeensis* 23
Dickblatt 134
Dickmaulrüßler 183, 186
Dieffenbachia 173
   seguine 57, 58, 104
   —'Camilla' 57, 58
   —'Lemon Tropic' 58
   —'Tropic Snow' 58
   —'Vesuvius' 58
Dieffenbachie 58, 104
Dionaea muscipula 24
Dipladenia siehe *Mandevilla* x *amoena* 'Alice du Pont'
Dizygotheca elegantissima 21, 24
   —'Gemini' 24
Dornen und Borsten 138–9
Dracaena 154, 173, 182, 184
   deremensis siehe *D. fragrans*
   fragrans 58
   —'Lemon Lime'/'Lemon and Lime' 57, 58
   —'Massangeana' 58
   —'Warneckii' 58
   marginata 58
   —'Colorama' 58
   —'Tricolor' 58
   sanderiana 58, 151
   surculosa 58
   —'Florida Beauty' 58
   terminalis siehe *Cordyline fruticosa* 54
Drachenbaum 58, 151
Drachenlilie 58
Drainage 159
Drehfrucht 21, 127, 153
Dreimasterblume 29, 75, 150
Drillingsblume 82
Dryopteris erythrosora 24
Düngen 166–7
Duftpelargonie 65, 95
Duftpflanzen 94–5

E

Echeveria secunda var. *glauca* 134
Echeverie 134
Echinocactus 139
   grusonii 139

Echinofossulocactus 139
Echinopsis eyriesii 135, 139
Echte Aloe 133
Edelgeranie 113
Edelpelargonie 113, 152
Efeu 20, 25, 30, 60, 105, 150, 152
Efeuaralie 25, 60
Efeupelargonie 113
Efeutute 20, 59, 72, 152
Ehretia microphylla 37
Eichblattpelargonie 20, 39
Eichhornia crassipes 124, 125
Einblatt 29, 126, 151
Einheitserde 160
Eisen 166
Eisernes Kreuz 50
Elatior-Begonie 81
Elfengold 69
Entspitzen 168
Epiphyten 174–5
Epipremnum aureum 20, 59, 152, 171
   'Marble Queen' 57, 59
Episcia cupreata 29, 174
Erde 160
Erdstern 55
Erica
   gracilis 20, 92
   hyemalis 92
Erdbeeren 115
Eselsschwanz 105, 143
Eßbare Pflanzen 114–5 siehe auch Kräuter
Estragon 66
Etagenprimel 118
Euonymus japonicus 57, 59
   'Aureus' 59
   'Luna' 59
   'Marieke' 59
   'Microphyllus Variegatus' 59
   'Ovatus Aureus' 59
Euphorbia
   x *keysii* 105, 135
   milii 104, 135
   pulcherrima 92, 104, 105
Eustoma grandiflorum 93
   Echo-Gruppe 93
   'Blue Picotee' 93
   'Pink Picotee' 93
Ewigblatt 132
Exacum affine 93, 95, 173
   'Midget Blue' 93
   'Midget White' 93

F

Falscher Lorbeer 59
x *Fatshedera lizei* 25, 60
   'Annemieke' 60
   'Aurea' 60
   'Pia' 60
   'Variegata' 60
Fatsia japonica 20, 25, 60
   'Moseri' 25
   'Variegata' 60
Faucaria
   felina 136
   tigrina 136
Feige 7
Feigenbaum 151
Feigenkaktus 139
Fensterblatt 34
Ferocactus latispinus 139
Fetthenne 105, 143
Ficus
   benghalensis 26
   —'Audrey' 26
   benjamina 26, 37, 61, 152
   —'Curly' 61
   —'Danielle' 26
   —'Golden King' 57, 61
   —'Hawaii' siehe *F. microcarpa* 'Hawaii'

   —'Monique' 26
   —'Natasja' 26
   —'Reginald' 61
   —'Rianne' 26
   —'Starlight' 61
   binnendijkii 27
   —'Alii' 27, 151
   elastica 26, 27, 29, 61, 173
   —'Decora' 27
   —'Doescheri' 61
   —'Melany' 27
   —'Robusta' 27
   —'Sylvie' 61
   —'Tineke' 61
   lyrata 21, 27
   —'Bambino' 27
   microcarpa 'Hawaii' 57, 61
   pumila 26, 61, 173
   —'Minima' 26, 174
   —'Sonny' ('Sunny') 61
   —'Variegata' 61
   —'White Sonny' 61
Fiederaralie 70
Filzige Kalanchoe 28, 137
Fingeraralie 21, 24
Fischschwanzpalme 18
Fittonia albivensis 173
   verschaffeltii 151, 174
   var. *argyneura* 57, 62
   —'Nana' 62
   —'Mini' siehe 'Nana'
Fittonie 62, 151, 174
Flamingoblume 14, 28, 80
Flammendes Käthchen 137
Flammendes Schwert 129
Flammnessel 54
Flaschengarten 174
Flaschenpflanze 103
Fleischfressende Pflanzen 21, 24, 38, 43
Fleißiges Lieschen 101, 152
Fliederprimel 118
Flinker Heinrich 75
Flügelfarn 42
Formbäumchen 169
Formen und Stützen 169
   Bonsai 37
Fragaria vesca 115
Frangipani 95
Frauenhaar 29, 43
Frauenhaarfarn 14, 21, 29, 153
Frauenschuh 112
Freesia 95, 96
   'White Swan' 96
Freesie 95, 96
Frucht- und Blütenpflanzen 77–129
Fuchsia 96, 173
Fuchsie 96
Fukientee 37
Fungizide 181, 184, 187

G

Gardenia augusta 95, 97
Gardenie 95, 97
Gartenkerbel 66
Geigenfeige 21, 27
Gelbwerden der Blätter 178, 179, 187
Geldbaum 134
Genista 95
   x *spachiana* 97
Gerbera 20, 97
Gerbera jamesonii 20, 97
   'Happipot' 97
   'Living Colours' 97
   'Mini Looker' 97
Gestreifte Segge 52
Gießen 164–5
   während des Urlaubs 178
   zu starkes - 178, 180, 187
Giftige Pflanzen 104–5
Glanzkölbchen 80

Glechoma hederacea 62, 173
   'Barry Yinger Variegated' 62
   'Little Crown' 62
   'Variegata' 62
Glockenblume 152
Glockenenzian 93
Gloriosa superba 'Rothschildiana' 98
Gloxinie 122, 154
Glücksklee 111
Goldähre 111
Goldfruchtpalme 19, 152
Goldkugelkaktus 139
Goldopuntie 139, 141
Goldtrompete 80
Gomphrena globosa 98
   'Buddy' 98
Granatapfelbaum 37, 119
Grapefruit 88
Graslilie 53
Grauschimmel 180, 184, 186
Greisenhaupt 139
Grevillea robusta 21, 30
Große Kapuzinerkresse 114
Grünlilie 53, 150
Gummibaum 27, 29, 61
Gundermann 62
Gußeisenpflanze 15
Guzmania 99, 151
   'Cherry' 99
   'Empire' 99
   'Fiesta' 99
   'Luna' 99
   'Rana' 99
Guzmanie 99, 151
Gymnocalycium 136
Gymnocalycium mihanovichii 136
   'Blondie' 136
   'Japan' 136
   'Red Cap' 136
   'Yellow Cap' 136
Gynura aurantiaca 'Purple Passion' 28, 57, 62
Gynure 28, 62

H

Hahnenkamm 85
Harfenstrauch 69
Haworthia pumila (*margaritifera*) 137
Haworthie 137
Hedera
   canariensis 63
   —'Gloire de Marengo' 63
   colchica 'Dentata' 30
   helix 20, 25, 30, 60, 63, 105, 150, 152, 171, 173
   —'Glacier' 63
   —'Goldchild' 63
   —'Green Ripple' 30
   —'Harald' 63
   —'Kolibri' 63
   —'Little Diamond' 63
   —'Mein Hertz' 30
   —'Parsley Crested' 30
   —'Très Coupé' 30
   —'Wonder' 30
Heidekraut 92
Helichrysum petiolare 31
   'Goring Silver' 31
   'Limelight' 31
Helxine soleirolii siehe *Soleirolia soleirolii*
Henne mit Küken 74
Heptapleurum arboricola siehe *Schefflera arboricola*
Hibiscus rosa-sinensis 99
   'Bangkok' 99
   'König' 99
   'Rio' 99
   'Rosalie' 99
Hibiskus 99

Hippeastrum-Hybriden 99
Hirschzungenfarn 16
Hornklee 107
Hortensie 101
Howeia forsteriana 31
Hoya 95
   bella 100
   carnosa 100, 173
     —'Variegata' 100
Huckepackpflanze 74
Hüllenklaue 63, 151
Hundertjährige Aloe 132
Hyacinthus
   orientalis 95, 100, 105
     —'Borah' 87
     —'Delfts Blau' 87
     —'Jan Bos' 87, 100
     —'Ostara' 87
     —'Pink Pearl' 87
     —'Snow Princess' 87
     —'White Pearl' 100
   romanus 100
Hyazinthe 86, 87, 100, 105, 175
Hydrangea macrophylla 101, 173
   'Bodensee' 101
   'Leuchtfeuer' 101
   'Mme Emile Mouillière' 101
   'Rosita' 101
Hydrokultur 175
Hypocyrta glabra siehe *Nematanthus gregarius*
Hypoestes phyllostachya 57, 63, 151, 171

I

Impatiens walleriana 101, 152, 171, 173
Indische Azalee 120
Indische Lotosblume 125
Insektizide 181, 182–3
Insektenfressende Pflanzen siehe
   Fleischfressende Pflanzen
Iresine 64
Iresine herbstii 57, 64
   'Aureoreticulata' 64
   'Brilliantissima' 64
Iris
   danfordiae 101
   histrioides 'Major' 101
   reticulata 101
     —'Joyce' 101
     —'Clairette' 101
Isolepis cernua siehe *Scirpus cernuus*
Ixora-Hybriden 102
   'Anita' 102
   'Etna' 102
   'Vulcanus' 102
Ixore 102

J

Jacaranda 32
Jacaranda mimosifolia 32
Jacobinia carnea 121 siehe auch *Justicia carnea*
Jakobinie 103, 121
Jasmin 95, 102, 150, 152
Jasminum 95
   polyanthum 102, 150, 152, 171
Jatropha podagrica 103
Judenbart 71
Jungfernrebe 49
Junischnee 37
Justicia
   brandegeana 103
     —'Yellow Bracts' 103
   carnea 103

K

Känguruhwein 19
Kahnlippe 91
Kakteen 131–143, 182, 185
Kaladie 29, 51, 153
Kalanchoe 171, 175
   blossfeldiana 137
     —'Beta' 137
     —'Cherry Singapore' 137
     —'Debbie' 137
     —'Mistral' 137
     —'Santorini' 137
   daigremontiana 137
   manginii 137
   tomentosa 28, 137
Kallisie 17
Kalzium 166
Kamelie 83
Kanarische Dattelpalme 21, 41
Kanarischer Efeu 63
Kanarischer Ginster 95, 97
Kannenpflanze 38
Kannenstrauch 38
Kanonierblume 26, 68
Kap-Efeu 73
Kapheide 20, 92
Kap-Primel 127, 153
Karakabaum 54
Karotten 114
   'Parmex' 114
   'Suko' 114
Karpatenglockenblume 84
Katzenkiefer 136
Katzenschwanz 48, 78
Kentia forsteriana siehe *Howeia forsteriana*
Kentie 31
Kentiepalme 31
Keulenlilie 20, 22, 54
Kindchen im Schoß 74
Kissenprimel 119, 149
Kleefarn 125
Kleiner Schuppenfarn 33
Kletterfarn 33
Kletter-Ficus 26, 61
Kletterlilie 98
Kletternde Zimmerpflanzen 155, 169
Kletterphilodendron 40
Klivie 20, 89, 154
Knopffarn 40
Knospenfall 178, 179
Köcherblümchen 90
Königsbegonie 51
Königsklimme 19
Königswein 19
Kolbenfaden 48
Kopfsalat 114
   'Blush' 114
   'Lollo Rosso' 114
   'Tom Thumb' 114
Korallenbeere 110
Korallenkirsche 123
Korallenmoos 110
Korallenstrauch 123
Korbmarante 52, 153
Kräuter 66–7, 95, 114, 152
Krauses Basilikum 67
Krankheiten 180, 184–7
Kranzschlinge 126
Kreuzkraut 122
Kroton 29
Kugelamarant 98
Kugelkaktus 139
Kugelprimel 118
Kulturfehler 178–9, 187
Kupfer 166
Kurztagpflanzen 175
Kußrose 120

L

Läuseblume 122
Lamellenkaktus 139
Lantana camara 106
   'Sundancer' 106
Lanzenrosette 79
Laurus nobilis 66
Lebende Steine 21, 140
Leea 32
Leea coccinea 32
   —'Burgundy' 32
   guineensis siehe *L. coccinea*
Leptospermum scoparium 106
   'Nanum' 106
Leuchterblume 133
Licht 146–7, 150, 175, 187
Liebe in Unschuld 88
Lilie 95, 107
Lilium 95, 107
   longiflorum 107
   Midcentury-Hybriden 107
     —'Enchantment' 107
     —'Pixie' 107
Limone 88
Lisianthus russellianus siehe *Eustoma grandiflorum*
Lithops 140
   bella 140
   lesliei 21, 140
Livistona
   australis 32
   chinesis 32
Livistonie 32
Lorbeer 66
Losbaum 88
Lotus berthelotii 107
Lüftung 153
Luftfeuchtigkeit 149, 187
Luftnelke 128
Luftpflanzen 174–5
Lygodium japonicum 33

M

Madagaskar-Immergrün 84, 152
Madagaskar-Jasmin 95, 126
Magnesium 166
Majoran 67
Malaienblume 116
Mammillaria 138, 139, 140
   bocasana 140
   hahniana 140
   zeilmanniana 140
Mandevilla 107
Mandevilla x *amoena* 'Alice du Pont' 107
Mangan 166
Maranta leuconeura 29, 64, 153, 173
   var. *erythroneura* 64
   var. *kerchoveana* 64
Marante 29, 64, 153
Marsilea quadrifolia 125
Medinilla magnifica 108
Medinille 108
Mehltau 184, 186
Mentha
   rotundifolia siehe *M. suaveolens*
   suaveolens 67
   spicata 67
Mexikanisches Basilikum 67
Microlepia speluncae 33
Mikania dentata 34
Mikanie 34
Miltoniopsis-Hybriden 108, 152
Miniaturgewächshaus 174
Minierfliege 182
Molybdän 166
Monstera deliciosa 21, 34, 173
Monterey-Zypresse 55
Moosfarn 44, 72
Mooskraut 44
Moosstäbe 169
Mottenkönig 69, 95
Mung-Bohnen 114
Murraya
   koenigii 35
   paniculata 35, 37
Musa acuminata 20, 35
Muttertagskaktus 140

N

Nachtfalterblume 116
Nachtfalterorchidee 116
Nachtschatten 105, 123
Nadelkissen 140
Nährstoffe 166, 187
Narcissus 95, 109, 150, 152
   'Cragford' 87, 109
   'Earlicheer' 109
   'February Silver' 109
   'Paperwhite' *(papyraceus)* 87, 109
   'Peeping Tom' 109
   'Soleil d'Or' 87, 109
   'Tête-è-Tête' 87, 109
Narzisse 86, 87, 109, 150, 152
Neanthe bella siehe *Chamaedorea elegans*
Nektarine 115
Nelumbo nucifera 125
Nematanthus gregarius 109
   'Black Magic' 109
   'Freckles' 109
   'Golden West' 109
Neoregelia carolinae 151
   'Tricolor' 151
Neoregelie 109, 151
Nepenthes x *hookeriana* 38
Nephrolepis exaltata 21, 38, 151, 153
   'Atlanta' 38
   'Bostoniensis' 38
   'Maasii' 38
   'Rooseveltii' 38
   'Teddy Junior' 38
Nerium oleander 37, 95, 105, 110, 153
Nertera granadensis 110
Nesselschön 48
Nestfarn 16, 151, 153
Neuseeland-Lorbeer 54
Nickende Simse 43
NPK [Nitrogenium (Stickstoff), Phosphor, Kalium] 166
Nymphea spec. 125
   x *daubenyana* 125
   'Joanne Pring' 125
   'Pygmea Helvola' 125
   'Pygmea Rubra' 125

O

Ocimum basilicum 67, 152
   'Purple Ruffles' 67
Ölbaum 37
Olea europaea 37
Oleander 37, 95, 105, 110, 153
Oncidium spec. 111
Opuntia 139
   microdasys 139, 141
   —'Albispina' 139, 141
   —'Rufida' 139
   tunicata 139
Orange 95
Orangenraute 35, 37
Ordenstern 143
Origanum majorana 67
Osterkaktus 141, 154
Osterlilie 107
Oxalis
   deppei siehe *O. tetraphylla*
   tetraphylla 111
   —'Iron Cross' 111

P

Pachystachys lutea 111
Palisanderbaum 32
Palmfarn 23
Palmlilie 21, 75, 151

Panaschierte Blätter 156–7
Pandanus veitchii 64
   'Compacta' 64
Pandorea 112
Pandorea jasminoides 112
   'Charisma' 112
   'Lady Di' 112
   'Rosea Superba' 112
Pantoffelblume 85
Paphiopedilum-Hybriden 112
Paradiesvogelblume 127, 153
Passiflora caerulea 112, 153
Passionsblume 112, 153
Peitschenkaktus 133
Pelargonien 185
Pelargonium 95, 152, 171, 173
   crispum 38
    —'Creamy Nutmeg' 65
    —'Fragrans Variegatum' 65
    —'Minor' 38
    —'Variegated Clorinda' 65
    —'Variegated Peppermint' 65
    —'Variegatum' 65
   -*Grandiflorum*-Hybriden
    —'Aztec' 113
    —'Grand Slam' 113
    —'Lavender Grand Slam' 113
    —'Olga' 113
    —'Glory' 113
   graveolens 39
    —'Variegatum' 65
   x *hortorum* 65, 113
    —'Happy Thought' 65
    —'Mrs Henry Cox' 65
    —'Mrs Pollock' 65
   peltatum 113
    —'La France' 113
    —'L'Elégante' 113
    —'Rouletta' 113
   quercifolium 20, 39
    —'Royal Oak' 39
   tomentosum 28, 39
    —'Chocolate Peppermint' 39
Pellaea 40
Pellaea rotundifolia 40, 173, 174
Pellefarn 40
Pentas 116
Pentas lanceolata 116
Peperomia 171
   caperata 29, 65, 151, 154
    —'Lilian' 29
    —'Little Fantasy' 174
    —'Luna' 29
    —'Pink Lady' 57, 65
   obtusifolia 65
    —'Greengold' 65
    —'USA' 65
Perilepta 74
Perilepta dyeriana siehe *Strobilanthes dyerianus*
Pestizide 180–1
Petersilie 67, 152
Petroselinum crispum 67, 152
   'Italian' 67
   'Mooskrause' 67
   var. *neapolitanum* 67
Petticoatpalme 45
Pfeffergesicht 29, 65
Pfefferminzpelargonie 28, 39
Pfefferschoten 115
Pfeilwurz 64, 153
Pfirsich 115
Pflanzen arrangieren 154–5
Pflanzen am richtigen Platz 150–3
Pflanzenvermehrung 170–3
Pflanzgefäße 158–159
   geschlossene - 174
Pflege von Zimmerpflanzen 157–175
   Bonsai 36
Phalaenopsis-Hybriden 116
Philippinischer Tee 37

Philodendron 40
Philodendron 171, 173
   bipinnatifidum 20, 40
   scandens 40, 68
Phoenix
   canariensis 21, 41
   dactylifera 41
   roebelenii 41
Phosphor 166
Photosynthese 56, 146–7
Phyllitis scolopendrium 16
Pilea
   cardierei 29, 68
    —'Minima' 68, 174
   involucrata
    —'Moon Valley' 29
    —'Norfolk' 68
Piper ornatum 68
Pistacia chinensis 37
Pistazie 37
Pistia stratiotes 125
Platycerium
   bifurcatum 21, 41
   superbum 41
Plectranthus 95
   forsteri 69
    —'Marginatus' 69
   oertendahlii 69
Pleioblastus viridistriatus 57, 69
Plumbago auriculata 117, 153
   alba 117
Plumeria 95
Poinsettie 92, 104, 105
Polyscias scutellaria
   'Marginata' 70
   'Pennockii' 70
Portulaca grandiflora 117
   'Sundial' 117
Pomeranze 88
Portulak(röschen) 117
Präriegenzian 93
Primel 95, 150
Primula 95, 173
   auricula 95
   denticulata 118
   kewensis 95
   malacoides 95, 118
   obconica 95, 105, 118
    — Libre-Sorten 118
   x *tommasinii* 119, 150
   vulgaris 95, 119, 149
Prinzessinnenblume 127
Problempflanzen 104–5
Prunus persica 115
   'Bonanza' 115
   'Garden Lady' 115
   'Nectarella' 115
Pteris cretica 42, 173
   'Parkeri' 42
   'Rowei' 42
   var. *albolineata* 42
   'Wimsettii' 42
Puderquastenkaktus 140
Punica granatum 37
   var. *nana* 119
Punktblume 63
Purpurtute 20, 74, 153

R

Radermachera 42
Radermachera sinica 21, 42
Radieschen 114
Raupen 180, 182, 186
Rebutia miniscula 138, 141
Rebutie 141
Rhabarber von Guatemala 103
Rhipsalidopsis gaertneri 141
Rhipsalis baccifera 142
Rhododendron

   x *obtusum* 120
   —'Rex' 120
   simsii 105, 120
Rhoicissus rhomboidea siehe *Cissus rhombifolia*
Riemenblatt 89
Riesenpalmlilie 45
Rippenfarn 16
Rispige Orangenraute 35
Rittersteirn 99
Rochea coccinea siehe *Crassula ovata*
Rosa spec. 120
   Parade-Serie 120
Rose 95, 120
Rosengeranie 65
Rosenpelargonie 39
Rosenwein 133
Rosettendickblatt 132
Rosmarin 67
Rosmarinus officinalis 67
   Prostratus-Gruppe 67
   'Severn Sea' 67
Rostpilze 185, 187
Rote Spinne 180
Ruhmeskrone 98
Russischer Wein 19
Rußtau 185, 186
Rutenkaktus 142

S

Säulenkaktus 139
Sainlpaulia 20, 153, 171, 173
   -*Ionantha*-Hybriden 121
Salat 114
Salatblättriges Basilikum 67
Salbei 152
Salvia officianalis 152
Salvina natans 125
Samen aussäen 173
Samtpflanze 62
Sansevieria trifasciata 21, 70, 171
   'Golden Hahnii' 70
   'Laurentii' 70
Sansevierie 21, 70, 184
Sarracenia
   flava 43
   purpurea 43
Saumfarn 42
Saxifraga stolonifera 71, 173
   'Tricolor' 71
Schädlinge 180–3, 186
Schamblume 79
Schattenröhre 29
Schefflera 17
   arboricola 21, 37, 71, 173
    —'Gerda' 71
    —'Gold Capella' 57, 71
    —'Janine' 71
    —'Sofia' 71
    —'Soleil' 71
    —'Trinette' 71
   elegantissima siehe *Dizygotheca elegantissima*
Scheinrebe 49
Schiefblatt 50
Schiefteller 78
Schildblume 15
Schildläuse 183, 186
Schirmpalme 32
Schizanthus pinnatus 121
   'Star Parade' 121
Schlangenkaktus 133
Schlauchpflanze 43
Schlumbergera 142
   x *bridgesii* 142
   x *buckleyi* 153
   russeliana 142
   truncata 142
Schmucklilie 79

Schneiden 168
   Bonsai 37
Schnittlauch 66
Schönmalve 20, 78
Schraubenbaum 64
Schwefel 166
Schwertfarn 21, 38, 151, 153
„Schwiegermuttersessel" 139
Schwiegermutterzunge 70
Schwimmfarn 125
Schusterpalme 125
Scindapsus
   aureus siehe *Epipremnum aureum*
   pictus 'Argyraeus' 72
Scirpus cernuus 29, 43
Scutellaria costaricana 121
Sedum
   burrito 105, 143
   morganianum 143
   sieboldii 105, 143
   —'Mediovariegatum' 143
Seeigelkaktus 135, 139
Seerose 125
Selaginella
   kraussiana 44, 72, 174
   —'Brownii' 44
   —'Variegata' 72
   lepidophylla 44
   martensii 72
   —'Jori' 72
   —'Watsoniana' 72
Senecio
   -*Cruentus*-Hybriden 122, 152, 173
   macroglossus 'Variegatus' 57, 73
Silberkerze 139
Sinnblume 79
Sinningia speciosa 122, 154, 171
Serissa foetida 37
Solanum diflorum 105, 123, 171
Soleirolia soleirolii 20, 73, 110
   'Argentea' siehe *S. s.* 'Variegata'
   'Silver Queen' siehe *S. s.* 'Variegata'
   'Variegata' 73
Solenostemon scutellarioides siehe *Coleus blumei*
Spaliere 169
Spaltblume 121
Spanischer Pfeffer 84, 104, 105
Sparrmannia africana 123
   'Variegata' 123
Spathiphyllum wallisii 29, 126, 151
   'Chopin' 126
   'Cupido' 126
   'Euro Gigant' 126
   'Mozart' 126
   'Petite' 126
   'Quatro' 126
   'Vivaldi' 126
Spearmint 67
Spindelstrauch 59
Spinnmilben 180, 183, 186
Spitzblume 81
Spornbüchsen 103
Sprossen 114
Spurenelemente 166
Standort 146–9
Stapelia
   gigantea 143
   variegata 143
Stecklinge 170–1
Steinbrech 71
Stengelfäule 185, 187
Stephanotis floribunda 95, 126
Steppdecken-Peperonie 65
Stereospermum
   suaveolens siehe *Radermachera sinica*
   sinicum siehe *Radermachera sinica*
Stickstoff 166
Stiefmütterchen-Orchidee 108, 152
Strahlenaralie 17, 21, 31, 71
Streifenfarn 16

Strelitzia reginae 127, 153
Strelitzie 127, 153
Streptocarpus-Hybriden 21, 127, 153, 171
    'Constant Nymph' 127
    'Falling Stars' 127
    'Tina' 127
Strobilanthes dyerianus 57, 74
Strohblume 31
Stromanthe 44
Stromanthe
    amabilis 44
    sanguinea 44
    —'Stripestar' 44
Stützen und Formen 169
    Bonsai 37
Stutzen 168
Substrate 160–3
Südseemyrte 106
Süßholzbasilikum 67
Sukkulenten 21, 131–143, 185
Sulcorebutia crispata 139
Syngonium podophyllum 20, 74, 153
    'Emerald Gem' 74
    'Jenny' 74
    'Pixie' 74
    'Variegatum' 74
    'White Butterfly' 74

T

Temperatur 148–9, 150
Teufelszunge 139
Thymian 67, 152
Thymus
    x *citriodorus* 67, 152
    vulgaris 67, 152
    —'Golden King' 67
Tibouchina 127
Tibouchina
    urvilleana 127
    —'Edwarsii' 127
    —'Jules' 127
Tigermaul 136
Tigerrachen 136
Tillandsia cyanea 128

Tillandsie 128, 174
Tolmiea menziesii 74, 173
    'Goldsplash' 74
    'Maculata' 74
    'Taff's Gold' 74
    'Variegata' 74
Tomaten 115
    'Sungold' 115
    'Tiny Tim' 115
    'Totem' 115
    'Tumbler' 115
Topfazalee 120
Topfchrysantheme 85, 105, 152
Topfrose 120
Torenia fournieri 128
    'Clown' 128
    'Susie Wong' 128
Torenie 128
Tradescantia 17
    fluminensis 150, 171
    zebrina 28–9, 75
    —'Quicksilver' 75
Treibnarzisse 95, 109
Tropaeolum majus 114
    'Alaska' 114
    'Peach Melba' 114
    'Strawberries and Cream' 114
    'Tom Thumb' 114
Tropisches Helmkraut 121
Tulipa 86, 129, 152
    'Brilliant Star' 87, 129
    'Christmas Marvel' 87, 129
    'Coleur Cardinal' 87
    Greigii-Hybriden 129
    —'Peach Blossom' 129
    —'Pinocchio' 129
    —'Princess Irene' 87
    —'Red Riding Hood' 129
Tulpen 86, 87, 129, 152

U

Umtopfen 160-3
    Bonsai 37
Usambaraveilchen 20, 121, 153, 154

V

Venusfliegenfalle 24
Venusschuh 112
Vermehrung von Pflanzen 170–3
    durch Abmoosen 173
    durch Stecklinge 170–1
    durch Teilung 172–3
    durch Ziehen aus Samen 173
Versorgung von Pflanzen bei Abwesenheit 178
Versteckblüte 22, 55
Vitis vinifera 114
    'Buckland Sweetwater' 114
    'Chasselas Rose' 114
    'Foster's Seedling' 114
Vriesea splendens 129
Vriesee 129
x *Vuylstekeara* 129
    cambria 'Plush' 129
Vuylstekeara-Orchidee 129

W

Wachsblume 95, 100
Walderdbeere 115
Wandelröschen 106
Warzenkaktus 139, 140
Washingtonia filifera 21, 45
Washingtonie 21, 45
Wassergärten 124–5
Wasserhyazinthe 124, 125
Wasserpflanzen 125
Wassersalat 125
Weihnachtskaktus 142, 153
Weihnachtsstern 92, 104, 175
Weinrebe 114
Weiße Fliege 183, 186
Welken 164, 179, 187
Winteraster 85
Wintergarten 153
Wolläuse 182, 186
Wucherblume 85
Wunderstrauch 53
Wurmfarn 24

X, Y, Z

Xanthophyll 56
Yucca 75
Yucca 21
    aloifolia 21, 45
    —'Variegata' 75
    elephantipes 45, 151
Zebrakraut 75
Zebrina pendula siehe *Tradescantia zebrina*
Zentralheizung 149, 150
Zierananas 21, 49, 153
Ziernessel 54
Zierpaprika 84
Zierpfeffer 68
Zierspargel 15, 29
Zimmerahorn 78
Zimmeralarie 20, 25, 60
Zimmerazalee 120
Zimmeresche 21, 42
Zimmerhafer 82
Zimmerhopfen 103
Zimmerlinde 123
Zimmerwein 49, 150
Zimmerzypresse 55
Zimtbasilikum 67
Zink 166
Zitrone 37, 88, 95
Zitronenbäumchen 153
Zitronenbasilikum 67
Zitronenpelargonie 38
Zitronenthymian 67, 152
Zwergbanane 35
Zwergdattelpalme 41
Zwerg-Iris 101
Zwergpalme 21
Zwergpfeffer 65, 151, 154
Zwergrose 120
Zwiebelpflanzen 86-7
Zygocactus truncatus siehe *Schlumbergera*
Zypergras 21, 23, 153

DANKSAGUNG

Der Verlag dankt den folgenden Unternehmen für die freundliche Bereitstellung ihrer Pflanzen zu fotografischen Zwecken:
Arnott and Mason
High Trees Nurseries Ltd
John Robinson House Plants
Secretts Garden Centre

BILDNACHWEIS
Peter McHoy: S. 68, S. 69
David Middleton/NHPA: S. 149
K.G. Preston-Mafham/Premaphotos Wildlife: S. 149
Harry Smith Collection: S. 121, S. 122, S. 124, S. 125, S. 142
Friedrich Strauß: S. 32, S. 39, S. 68, S. 79, S. 80, S. 111, S. 127, S. 133
Andrew Sydenham: S. 165